三|国|职|场|探|迹

# 虎啸中原

冯立鳌 ——

著

中国书籍出版社
China Book Press

图书在版编目（CIP）数据

虎啸中原/冯立鳌著．--北京：中国书籍出版社，2023.1

（三国职场探迹）

ISBN 978-7-5068-9140-0

Ⅰ.①虎… Ⅱ.①冯… Ⅲ.①中国历史—研究—三国时代 Ⅳ.①K236.07

中国版本图书馆 CIP 数据核字（2022）第 155055 号

# 虎啸中原

冯立鳌　著

| | |
|---|---|
| 责任编辑 | 李　新 |
| 责任印制 | 孙马飞　马　芝 |
| 封面设计 | 中联华文 |
| 出版发行 | 中国书籍出版社 |
| 地　　址 | 北京市丰台区三路居路 97 号（邮编：100073） |
| 电　　话 | （010）52257143（总编室）　（010）52257140（发行部） |
| 电子邮箱 | eo@chinabp.com.cn |
| 经　　销 | 全国新华书店 |
| 印　　刷 | 三河市华东印刷有限公司 |
| 开　　本 | 710 毫米×1000 毫米　1/16 |
| 字　　数 | 237 千字 |
| 印　　张 | 16.5 |
| 版　　次 | 2023 年 1 月第 1 版 |
| 印　　次 | 2023 年 1 月第 1 次印刷 |
| 书　　号 | ISBN 978-7-5068-9140-0 |
| 定　　价 | 78.00 元 |

版权所有　翻印必究

# 前　言

2018年年底，我结束了近37年的在职工作正常退休，进入到人生另一新的阶段，面临着生活状态的自由选择。考虑到以前想做而没有来得及做的某些事情可以尝试完成，于是辞绝了教育机构的约聘，也退出了原有一些学会的职位，给自己准备了更为充足和大块的松散活动空间，想从事一些和自己几十年的职业职务活动没有直接关系的事情。经过半年时间的休整和思考，从2019年5月中旬起，我开始系统地阅读理解与三国历史有关的资料，主要有《三国志》全本，包括晋朝陈寿的原著与南朝裴松之的引注，还有《资治通鉴》以及《后汉书》《晋书》的相关部分。在阅读史书的同时，我围绕三国人物的职场活动作出应有的回味思考，书写出自己的看法与见解，同时表达个人相应的生活观、历史观乃至价值观，我自称这是对三国历史资料的系统"解读"。本人手头有一个与职场体会相关的公众号，每天写出二三千字的文稿，发到该公众号上，供几十亲友在小范围内选阅交流并作矫正。持续近两年半的时间，到2021年9月中旬，三国史料所能涉及的人物活动已全部搜阅回味完毕，结束了这一特定的解读。其后翻阅统计，共撰写了整七百篇文论，计176万多字，内容大体涉及叙述、议论与论理三个方面，即关于人物职场事迹的白话叙述、对人物职场行为方式的得失议论，以及针对相关社会问题的剖析说理。这些文字表达实际上相当于围绕三国史志全部人物职场事迹所做的"解读笔记"，其中涉及的时段从东汉末年184年黄巾起义开始，到280年晋朝统一约一百年的历史。

三国人物在历史上乃至当世都产生过重要影响，对人物活动事迹的重述与评议总是灌注着不同的社会生活观与人生价值观，至今已衍生出了大量体现于文学、艺术、教育、游戏等多个领域、表现纷杂的三国文化现象，而三国人物的真实事迹及其形象反而被湮没。事实上，对后世人们最有深刻教益作用的应该是发生过的历史，而不是演绎虚构出的东西。在世人特别看重三国文化教益的背景下，如能返璞归真，回归历史人物的本来面目作出体味反思，可能会成为三国文化和当代文化建设中更有意义的事情。出于这样的本心，我宁愿把自己对三国职场的解读拿出来，与有心的朋友和读者共享。现在呈现在读者面前的，就是对自己近三年解读文论的修订整理。整理后形成互相衔接的八本撰述：其中从汉末到三国的过渡《三国前奏》一本，《曹魏兴衰》四本，《蜀汉浮沉》一本，《孙吴起伏》两本，共合成一部成系列的"《三国志》解读笔记"，希望以此丰富当代历史文化的内容，并为三国文化增添新的枝叶。

叙述人物活动事迹占许多篇章中的重要分量，这里首先需要对资料的详尽占有。《三国志》全本既指陈寿"文辞简约"的原著，也包括裴松之"搜采广博"的引注，被称"本志简略，引注繁芜"。引注资料来源庞杂，文字远超原著，且有人物事迹相抵牾的情况；同时，史书中关于某一人物的事迹未必全部在关于该人的本传中，许多可能是在另一人物的本传及引注中出现，有些还在《晋书》相关的人物记述中。要弄清全部人物活动的事迹，需要资料的搜集辨析、穿插编排，以及必要的揣测推理。另一方面，人物事迹叙述还需要不可缺少的白话翻译。史书均为古文表达，其中有许多当代人不易理解的字词和文句，作者对许多人物的事迹也是初次涉猎，撰写叙述中参考过一些资料中对个别字词的译注解释，而对裴氏引注资料的翻译大体上都是从头做起，自认是在此做了些补阙的工作。

因为本书想要避免资料选用的片面性、随意性，追求对所涉人物事迹的全面把握，所以撰写中实际上需要对史志全部人物活动作出地毯式、不留死角的翻译叙述。当然，并非所有人物的事迹都有典型性，有些人物的活动可以说是记载不多且乏善可陈，但为保证人物出场的完整性，因而不能放弃对这些人物职场活动的叙述与评析，以尽力实现对三国职场活动作出全景式的扫描。本人在全部所涉人物事迹的叙述中力求扣紧原文，作出准确、精练的翻译，同时尽量少地舍弃个别极不合乎情理的资料，以保证内容的完整与协调。阅读本书，至少能够获得三国人物最原初的历史记录，了解到历史人物最接近真实的言论行为；能观瞻三国职场活动全面完整的场景，对当时职场活动的背景及各种因素的相互影响形成整体把握；由此也可对历史小说的剪裁虚构以及后来人们的各种演绎想象增强应有的识辨力。阅读该书的青年学生，不仅对三国人物活动可以形成初步印象，也会增进自身的古文翻译能力。

整个书系的绝大多篇章在叙述之后都有相应的评说议论，这种议论是结合人物活动的特定环境并观照其所引起的长远效果，针对指出其行为在职场的利害得失。在做这些议论时，会尽量探寻社会运动内含的底层逻辑，参照某种客观活动前后相继的内在因果，尽可能地指出相关人物思想理念的端正或偏失，也会关注其思维方式的特征及其正误。近代卢弼的《三国志集解》中辑录了不少前代学人对三国诸多人物事迹的评议，有时论及某一议题，会罗列多人发表的不同观点。本人参阅过这些观点，必要时把主要观点介绍出来，略加评议；有时仅介绍一种观点，当是作者基本认可的看法。从七百篇文论标题所涉及的对象看，全书粗略统计做出评说议论的共410多个人物，因为每个人物都有不同的人生路程和职场经历，也有不同的思想追求和行为方式，全书的评说议论因而是多角度、多侧面的，有时采取引而不发的态度，没有固定的格式，属随事而发，灵活展现，且与人物事迹的叙述相糅杂，总之是史论结合，以史带论，达到观史明理即可。"往者不可谏，来者犹可追。"本人探寻三国职场活动，实际是对一段社会历史演变过程的咀嚼和体认，不能保证全部认识深刻和到位，但却是尽量拓展观察社会的视角，激发人们看透现象世界的敏锐性。读者朋友一定能从中发现新的问题，再作反思，得出对自我人生和职场活动更多的经验教训，尤能助益养成优良的思想理念和上佳的思维方式。

全书在评说议论中试图逐步提升出关于社会人生不同层面的认识，而这种提升需要在人物活动与社会生活的相互观照前后联系中才得实现，也才能述说清楚。为建立这种联系，全书首先从结构形式上做了一些努力：在七百篇章的小标题上，有两到三位数的序号，其中第一位数1、2、3，分别代表曹魏、蜀汉、孙吴三家人物，0则代表东汉末到三国的过渡人物；第二位数字是分类的，与前一数字用"."相分隔；第三位数字是同一类别中对不同人物或相异问题的更细划分，外带括号以示区别，如果内容较多，对其需作多篇论述，则各篇顺次按"上""下"或其他中文序号标注在小标题之后。如"1.5（18）曹叡的用人和处事（中）"，这一小标题即代表：针对曹魏集团中第五个解读人物曹叡，该题目下要叙述议论他的第18个论题，内容是关于他治国理政的中间一部分。全书对各家的类别划分并不严格，而标号却是严谨的；标题的序号数字越相靠近，文论间的联系就越紧密。全书有统有分，逐次开散，七百文论覆盖了本书所涉三国人物历史活动的全部场景，希望这些篇章间能产生聚散为一的整体系统。

　　同时还有与完善史料覆盖系统相配合的叙写方式。因为某一人物活动的事迹中总是有其他一到多位相关涉事人，因而书中的叙事往往是对涉事多人活动事迹的共同叙述。为此全书于某人解读篇章之外，在叙述其他涉事人活动的篇章中，对共同参与的活动事实，就只简单提及事情的根由，同时标明"参见"之处，尽量省略掉可能引起重复的表述。比如在曹魏部分关于《司马懿的为人（中）》，及《名士管宁的坚定心志》等篇章，行文中就有"（参见1.5.18《曹叡的用人和处事》中）"的夹注式提示。全书中的这种标注提示是极多的，为减少文中括号的重叠，第三位数字的外括号变成了前面的分隔号。这里是要尽量避免事情叙述和某些议论的重复，又要保持对涉事人解读的全面性。总之建立对一段历史过程全覆盖的解读系统，既要基本上无所遗漏，又要减少叙事的重复，也增加读者观瞻的联想感。

　　本书的解读立足人物，看重细节，并且力求把三国社会的微观细节与宏观历史运动过程无缝化衔接起来，这是该书系在表达形式上的一大特点。阅读本书的读者，如果能观照人物活动前后进展的线索，把握某些不同事件间的人物关系及其相互影响，对文中的各种评说议论就会有更深刻的体认，并能形成自己独立的思想与判断；读完全书，把握了三国社会运动的整体态势，不仅有助于对当时社会状况，包括各层职场的运作特征和不同人物的复杂心性产生更多的联想与认识，而且能对人生奋争、集团兴衰和整个社会运动形成应有的见解。

全书在各处评说议论的同时还有针对具体情景的剖析说理，这是在复杂事态和各种混沌理念中论证其中评说议论的合理性，希望把自己的认识观点明确地展现出来。一般说来，作者的思想观点及其对社会历史活动的认识，是倾注在或明或隐的各处评说议论中，寓含在资料排比和叙事之外的各类文字表达中。无论是关于人物活动的具体点评，关于个别领导人格特征的综合议论，还是某些政治集团沉浮兴衰的总体评说，全书都始终持有某些不变的理念，包括对历史及其人物的尊重态度，对英雄人物的尊崇心理，对为数不多女性人物的敬重之情；对公平、正义、善良、美好的崇尚，以及对丑恶的鞭笞；对历史主义、唯物主义、民族优秀传统思想、当代先进科学理念以及思维辩证法在学理上的推崇等。对本人难以把握的卜筮、相术等现象则尽量作出客观介绍，并表达出对史志记载的基本看法。而全书所持有的历史进步观、主体有为观，以及对职场活动中某些共通性、规律性的认识、某些方式方法的主张，都有多种灵活多样的表达，希望能对读者提供观察社会生活的有益方法与思考。总之，讲故事、发议论、明事理，是整个书系的三重内涵。

关注本人公众号的许多友人和读者数年间对上述文论曾表达了不少鼓励，多年从事文化工作和图书经营的诸位朋友也都高度赞赏和充分肯定了该书系的社会价值，并做出了如何奉献给更多读者的设想与策划。吸收他们的有益建议，也出于不负时代的衷心，本人自完成书系撰写的半年多来，对全部叙述做了检查、梳理与某些意境的提升，整理形成了既相互独立，又紧密关联着的"解读笔记"系列——《三国职场探迹》，并以《三国前奏》《曹家龙兴》《魏天风雷》《虎啸中原》《北国毓秀》《蜀汉浮沉》《江东激荡》《孙吴落花》八本图书呈现给广大读者，书名仅表征该书的论及对象与人物层级，具体内容尽在各篇章的微观解读中。希望这一书系对三国文化、职场文化、历史文化的认识发掘都能发挥独特作用。

1988年本人在西安读研的暑假期间撰写过分析《三国演义》中领导活动的单本论著《谋略与制胜》，为本人系统探索历史文化题目的初步尝试，到2006年的十多年间有多家出版社改变书名出版过四次，发行数量不小，中国书籍出版社现今以《争胜谋略》为名，将其与《三国职场探迹》同时出版发行。《争胜谋略》属于多年后的再版，这次恢复保持了初始内容。该书的分析对象限于历史小说，而八本新著《三国职场探迹》则完全摒弃了文学小说的描写，纯粹以历史资料为据，两书各自属于不同的论述系统，希望有心的读者能够在比较中发现两者的区别，从中体味出对真实历史过程分析认识的意趣和深邃。

作者

2022年5月8日

于广州燕塘轩

# 目 录
## CONTENTS

前 言 ············································································· 1

**1.12  协助治世的名臣** ················································· 1

  1.12（1） 理念清晰的袁涣 ·········································· 1

  1.12（2） 张氏兄弟的人生追求 ···································· 5

  1.12（3） 凉茂与国渊的助力 ······································ 8

  1.12（4） 清高而义气的田畴（上） ······························ 11

  1.12（4） 清高而义气的田畴（下） ······························ 14

  1.12（5） 忠贞不贰的归降之臣 ··································· 17

  1.12（6） 王裒的坚贞一生 ········································ 21

  1.12（7） 德纯行直的邴原（上） ································· 23

  1.12（7） 德纯行直的邴原（下） ································· 27

  1.12（8） 名士管宁的坚定心志 ··································· 30

  1.12（9） 引善成风的王烈 ········································ 33

  1.12（10） 张臶与胡昭的政治意识 ································ 36

  1.12（11） 隐士焦先的生命轨迹 ··································· 39

**1.13  佐命兴魏立功业** ················································ 43

  1.13（1） 被屈死的崔琰 ············································ 43

1

1.13（2）功臣毛玠及其晚年受审 ………………………………… 47
1.13（3）并不出名的何夔 ………………………………………… 51
1.13（4）曾为曹植家丞的邢颙 …………………………………… 54
1.13（5）忠不顾身的鲍氏父子 …………………………………… 57
1.13（6）大理司马芝的司法理念（上）………………………… 60
1.13（6）大理司马芝的司法理念（下）………………………… 63

1.14　尽职守建硕功的名臣………………………………………… 67
1.14（1）钟繇的建魏之功（上）………………………………… 67
1.14（1）钟繇的建魏之功（中）………………………………… 70
1.14（1）钟繇的建魏之功（下）………………………………… 73
1.14（2）钟太傅的家事 …………………………………………… 76
1.14（3）钟会的成长与作为（上）……………………………… 79
1.14（3）钟会的成长与作为（中）……………………………… 82
1.14（3）钟会的成长与作为（下）……………………………… 85
1.14（3）钟会的成长与作为（末）……………………………… 88
1.14（4）华歆的人生追求（上）………………………………… 91
1.14（4）华歆的人生追求（下）………………………………… 94
1.14（5）王朗的德行与功绩（上）……………………………… 97
1.14（5）王朗的德行与功绩（下）……………………………… 100
1.14（6）青出于蓝的王肃（上）………………………………… 103
1.14（6）青出于蓝的王肃（下）………………………………… 106
1.14（7）学人董遇的执着奋争 …………………………………… 109
1.14（8）刘馥父子的垂世功绩 …………………………………… 111
1.14（9）梁习的社会治理（上）………………………………… 115
1.14（9）梁习的社会治理（下）………………………………… 117
1.14（10）守御陇西的游楚 ………………………………………… 120
1.14（11）张既的安西之功（上）………………………………… 123

2

| | | |
|---|---|---|
| 1.14（11） | 张既的安西之功（下） | 125 |
| 1.14（12） | 皇帝岳父张缉的不幸 | 129 |
| 1.14（13） | 温恢的灵活处事 | 131 |
| 1.14（14） | 多彩的贾逵（上） | 133 |
| 1.14（14） | 多彩的贾逵（中） | 136 |
| 1.14（14） | 多彩的贾逵（下） | 139 |
| 1.14（15） | 智者李孚 | 143 |
| 1.14（16） | 杨沛的做官与处事 | 146 |

## 1.15 特别岗位立殊功 …… **149**

| | | |
|---|---|---|
| 1.15（1） | 推行屯田的两大功臣 | 149 |
| 1.15（2） | 苏则的军政之功 | 152 |
| 1.15（3） | 杜畿平治河东郡（上） | 155 |
| 1.15（3） | 杜畿平治河东郡（下） | 159 |
| 1.15（4） | 忠诚履职的杜恕（上） | 162 |
| 1.15（4） | 忠诚履职的杜恕（下） | 165 |
| 1.15（5） | 郑泰对董卓的忽悠 | 168 |
| 1.15（6） | 郑浑的治政之能 | 171 |
| 1.15（7） | 治理敦煌的良臣 | 174 |
| 1.15（8） | 太守治郡之补缀 | 176 |

## 1.16 出名的武将与侠士 …… **180**

| | | |
|---|---|---|
| 1.16（1） | 忠勇将军张辽（上） | 180 |
| 1.16（1） | 忠勇将军张辽（下） | 183 |
| 1.16（2） | 乐进的战功 | 187 |
| 1.16（3） | 悲情将军于禁（上） | 189 |
| 1.16（3） | 悲情将军于禁（下） | 191 |
| 1.16（4） | 张郃的武战之功（上） | 194 |
| 1.16（4） | 张郃的武战之功（下） | 197 |

3

- 1.16（5）战功不凡的徐晃（上） …… 200
- 1.16（5）战功不凡的徐晃（下） …… 203
- 1.16（6）名亚徐晃的朱灵 …… 206
- 1.16（7）英年早逝的李典 …… 209
- 1.16（8）坚守节义的李通 …… 211
- 1.16（9）臧霸的人生与功绩 …… 213
- 1.16（10）守御江夏的文聘 …… 217
- 1.16（11）吕虔的军政功业 …… 219
- 1.16（12）"虎痴"将军许褚 …… 222
- 1.16（13）传奇英雄典韦 …… 225
- 1.16（14）不屈强敌的庞德 …… 227
- 1.16（15）庞淯的情仇国恨 …… 230
- 1.16（16）刚烈侠女赵娥亲 …… 233
- 1.16（17）闻名凉州的阎温与张恭 …… 237
- 1.16（18）侠义救困的孙宾硕 …… 239
- 1.16（19）杨丰与鲍出的游侠人生 …… 242

**参考文献** …… 246

**后　记** …… 248

# 1.12 协助治世的名臣

在东汉末年社会大乱的年代，各地都涌现出了一批力图拯救黎民、匡时济世的有志之士，他们虽然未能兴军起事，号召一方，但以自己的观察力看好并追随曹操，以各种不同方式协助曹操做好政务治理，并取得了突出功绩，同样成了具有一定社会影响的名臣。

## 1.12（1） 理念清晰的袁涣

人的一生应该如何度过，对这一问题三国时代不乏理念清晰的人物。袁涣与族弟袁徽两人虽然具有不同的个人追求，但他们各自对上述问题本身却是非常清晰的。其中袁涣后来追随曹操附骥建功，成为曹魏的治世名臣。《三国志·魏书十一》记述了名臣袁涣的人生抉择，介绍了他协助曹操治理政务过程中提出的诸多理念与取得的业绩，也展现了他为人处世的高尚品格。

袁涣，字曜卿，陈郡扶乐（治今河南太康西北十五公里）人。他的父亲袁滂在178年曾为东汉司徒，为人淳朴寡欲，在职场上从不说他人的短处。有些人掌权受宠，时福时祸，袁滂在朝中总是保持中立，没有过分的爱憎。受到父亲职场经验的正面影响，袁涣对自己的人生也有比较成熟的考虑。

**对自我人生的设定与考虑** 袁涣年轻时看到天下将乱，于是慨叹说："汉室衰落，战乱不知会到何时。如果天下纷乱，真不知该到什么地方安身？假如要安定天下，只能依靠道义治理，大概只有强大并且守礼的地方

1

才可以安身吧！"他的族弟袁徽说："古人说过：'看准时机就会神妙！'能见机而作的君子，才有最大的吉祥。天道有盛衰，汉朝是要灭亡的！如果兵革兴起，外患必多，我将远遁山海，以求免除祸患。"面临即将大乱的天下形势，袁涣对自己的人生是有所设定的，他不像袁徽那样取避世的态度，而是积极思考天下的治理，希望能够在强大而守礼的集团中发挥自己的治世之能，这种考虑是既要照顾自己的人身安全，又要合于自己的价值理念。到董卓进京后天下大乱时，袁徽去了交州（约今岭南两广之地）避难，不受征召，他们兄弟遂各行其志。

袁涣生活清静，做事情不逾越规范，他治世理想的施行经历了一个曲折的过程。当时郡守任命他担任功曹之职，不久举荐给公府，在官吏考核中获得较高等级，升任掌监察事务的侍御史，后来调任谯县令，他没有赴任。刘备197年任豫州牧时，推举袁涣为秀才，后来袁涣在江淮之间避难时，被袁术任用。袁术每次向袁涣咨询事情，袁涣总是说明自己的看法，袁术无法辩驳，但仍敬重他，对他以礼相待。袁涣当时在袁术手下做事，但他并没有认定这就是自己理想的献身之地。

**对吕布的无理请求作出拒绝**　不久吕布在阜陵（今安徽全椒东南六公里）攻打袁术，袁涣随袁术同行，他被吕布拘获。吕布当初与刘备关系和睦，后来产生了矛盾。吕布想让袁涣写信辱骂刘备，袁涣认为不能这样做，吕布再三强迫，袁涣仍不答应。吕布大怒，用兵器威胁袁涣说："你做就能活，不做就死。"袁涣脸不变色，笑着对吕布说："我听说只有用德行可以羞辱别人，没听说用辱骂羞辱别人的。假使他本来就是个君子，就不会以你的辱骂为耻；假如他是个小人，将用你的话回敬你，那么受辱的是你而不是他。再说我如果侍奉刘将军，就会像今天侍奉你一样，我在他那里辱骂将军，行吗？"（参见0.8.7《短视的眼光》）吕布自感惭愧而作罢。

**归附曹操赢得了敬重**　198年底吕布被杀，袁涣归附了曹操。曹操当时在下邳消灭吕布时，名士陈群父子也在吕布军中，他们见了曹操都叩拜，只有袁涣高揖施礼。当时曹操拨给众官员每人几乘车，让他们按自己的需要去取吕布的军用物品，众人都满载几车，只有袁涣装取了几百卷书和必需的粮食，众人听说后都深感惭愧。曹操知道了这些事情，对袁涣更加看重。

袁涣曾对曹操说："兵器，是种凶器，不得已才使用。用道德教化影响人，用仁义行为引导人，安抚当地的百姓，替他们扫除危害，这样百姓才可与之同生死。自战乱以来已有十多年了，百姓都迫切希望安定，然而暴乱不能停止，这是什么原因呢？大概是施政失去了道义。我听说英明的君主能够拯救社会，所以在乱世应该坚守道义，在伪诈盛行时应坚守质朴。时代不同，事情也变化，治国应该有不同的方式，对此应该审慎考虑。对于制度的变革，不必要求古今相同，心怀兼爱天下之心，坚持用武力平定暴乱，同时辅以德治，这是古今英明君主治国中不变的方式。"袁涣在得到曹操信任后，不失时机地向曹操提出了他关于治理社会的基本理念与想法，其中强调道德教化的力量，并有针对时代特点的诸多设想，这些都是不错的主张。

袁涣继续鼓动曹操说："您洞明事理超乎世人，古人用来争得民众的方法，您已经勤勉地实行了；当今官府失去民众的弊政，您也已经引以为戒了，海内依靠您才能免于危亡之祸，然而百姓还不明白道义，希望您教导他们，这才是民众的福分。"他是推动曹操把关于社会治理的具体设想公布出来，曹操采纳了他的建议，任他为沛郡南部都尉。

**主张顺应民心推动各项事务**　当时刚招募百姓去开垦荒地，百姓不乐意，很多都逃离了。袁涣对曹操说："百姓安于故土看重迁移，其心性不会很快改变，顺着他们做事就容易，违背他们心意做事就困难，应该顺其心意，愿意去垦荒的就让去，不愿意去的不可勉强。"曹操又采纳了他的意见，百姓非常高兴。

后来袁涣升任梁国（治今河南商丘南）相，他总是告诫各县说："一定要照顾好鳏寡者和年老之人，也要表彰孝子贞妇。人们常说：社会治理得好则礼节周详，社会战乱则礼节简慢。两种结果全在于人的选择和施行。现在虽然天下纷扰，难以使行礼义，但是我们就要坚持去做。"袁涣在现实的社会治理中特别看重民情的顺逆，主张一定要顺着老百姓的心意去安排做事，同时督促下属应该特别关注困难群体的生活，在解决具体事务的过程中坚持和张扬道德礼义，以求收到更好的效果。

**在适合自己的岗位上发挥作用** 袁涣因病离职，百姓一直想念他。曹操看重他所提的建议，任他为军师祭酒，袁涣说："在军阵之间做事不是我的所长。"他谦让不敢居于此位，后来任他为谏议大夫。袁涣应该是明白自己的长处和短处，他是力求把自己放在适合的岗位上，以便避短就长，发挥出自己更大的作用。曹操在213年封地建魏时，袁涣被任为郎中令，摄行御史大夫职责。袁涣对曹操说："现今天下大敌已经消灭，治国应该文武并用，这才是长久的办法。我觉得可以广泛收集经典图书，弄清先圣的教诲，以端正百姓的所见所闻，使天下弘扬正气，远方不归服的人我们用文化德性招徕他们。"在战乱的年代，提议以国家之力出面整理经典文籍，这是极有远见的主张，曹操很赞赏他的意见。

**处世清廉和知恩图报的高尚品格** 他前后得到的赏赐很多，但都散发给别人，家中没有什么积蓄，始终不问自己的家产，缺什么就从别人那里取用，不愿意做出清白的姿态，但当时人们都赞赏他的清廉。他忠诚于自己的职业和责任，而对自己的私事从不看重，随便能对付过去就行，具有传统文化中所崇尚的高尚情操。当时传言说刘备已死，群臣都向曹操祝贺，袁涣早年是刘备举荐的官吏，只有他不贺。正像当年吕布威逼他写信辱骂刘备而遭到拒绝一样，这里展现出来的是袁涣知恩图报、不负情义的个人品格。

**赢得了曹操的爱戴和敬重** 袁涣在郎中令职位上几年后去世，曹操为他的死而流泪，给他家赐谷二千斛，吩咐说"以太仓谷一千斛赐郎中令之家"；又吩咐"以垣下谷一千斛送给袁涣家"。人们不解其意，曹操解释说："用太仓谷，那是国家的规定；用垣下谷，那是我喜欢旧臣。"曹操当年以得到许劭对他"治世能臣"的评价而自豪（参见1.3.3《是"能臣"，抑或"奸雄"？》），当他真正实施世道治理的时候，袁涣给他提出了许多正确的理念与方法，曹魏的治理离不开这些忠诚有才的名臣协助，他忘不了袁涣的品格和奉献，在规定之外给了更多的奖赏，聊表自己的深情。袁涣长子袁侃，清廉俭朴而有父风，历任郡守尚书；其少子袁准著书十余万言，解释《周易》等经典，论治世之道，他们的品格和精神应该受到了父亲袁涣的影响。

曹操后来听说了袁涣当年拒绝吕布的事情，他问袁涣的堂弟袁敏："袁涣的勇怯胆量到底如何？"袁敏回答说："他表面上似乎和气柔顺，然而面对大事，在危难之时，就是孟贲和夏育那样的古代勇士也赶不上。"袁涣是一位有志向有思想的人，是坚强的精神道义给了他强大无敌的勇气。

## 1.12（2）张氏兄弟的人生追求

在军阀混战的乱世，曹操以挟天子令诸侯的方式实施他的政治目标，使他的政治军事行为拥有了极大的道义正当性，曹操凭借这一优势和他军事战场上的成功，逐渐取得了各地名士的倾慕和向往，他们即便暂时处在团队之外，也能作为相应的社会政治力量给曹操军政活动以足够的支持。《三国志·魏书十一》讲述了张范、张承兄弟确定人生目标、慎重考察最终跟随曹操而奉献力量的事迹。

张范，字公仪，河内修武（今河南获嘉）人，祖父张歆在桓帝时做过司徒，父亲张延在灵帝的朝廷任过太尉，他应属于出身不凡的人物。张范生性恬静，志在乐道，不看重名声利益，属于当地的名人。当时袁绍的叔父袁隗担任朝廷太傅，他想把女儿嫁给张范为妻，张范推辞不受，朝廷征召也不就职。后来他与弟弟前往扬州避难，袁术备下礼物招请他任职，张范称病不去，袁术也敢不强迫。

张范的弟弟张承字公先，也是知名人物，朝廷征召他为议郎，升伊阙（在今洛阳南伊阙山上的关隘）都尉，这是汉灵帝设置的八关都尉之一。189年董卓乱朝，张承准备组织力量与天下志士一同讨伐董卓，他的弟弟张昭（与吴国大臣张昭同名的人物）当时为朝廷议郎，恰好从长安东来，他对张承说："现在要讨伐董卓，力量太小，不是他的对手，况且战事一起，百姓要受到伤害；手下不聚集人才，兵卒不练得精良，就难以成功。董卓兴无义之师，必然不能长久，不如选定归附的处所，等待时机而行动，最终也能实现心中的志向。"因为董卓在政治上倒行逆施，想要起兵对抗的人其实很多，曹操、袁绍就是其中的代表；当时个人组织军队的确有人力和物资上的许多难处，张昭对张承的劝谏代表了许多有志之士的现实想法。张承觉得弟弟的话有道理，于是留下都尉的印绶从小路返回家乡，他与兄长张范一同到扬州避难。

张范没有应聘袁术的征召，他让弟弟张承去与袁术相见，大概也有探看对方志向与政治理念的意味。袁术问道："过去周王室衰颓，就出现了齐桓、晋文的霸业；秦朝政治衰败，汉朝乘势而兴起。现在我凭借广阔的土地和众多的士民人口，想要取得齐桓公、汉高祖那样的功业，怎么样？"张承回答说："这决定于德行而不在于强力。如果能推行德政，与天下人的心愿相一致，即便只有平常人的资历，那取得王霸的功业也不难；假如所求超越了本分，不合时势而妄动，那众人都抛弃他，他怎么能兴旺呢？"袁术正在筹谋僭号称帝，听了张承的话很不高兴（参见0.6.1《袁术的称帝闹剧》上）。当时曹操正要与袁绍争锋，袁术又问道："现在曹公想以几千人的士兵抵敌十万大军，可真是不自量力。你认为如何？"其时曹操的实际兵力绝不止几千人，袁术这里对其兵力可能有些故意压低。张承回答袁术说："汉朝的德行虽然衰颓，但天命没有改换，现在曹公挟天子号令天下，即使与百万之众对峙也是可以的。"袁术脸色不悦，张承于是离去。

张氏兄弟从遥远的北方家乡来到扬州是为了躲避战乱，大概也有观察了解南方强势人物袁术究竟如何的心意，他们要谨慎地选择自己政治上的归附对象，但观察和接触的结果使他们很感失望，发现袁术其实是一个与他们政治理念不相符合、"三观"不正的人；兄长张范对面见袁术持有非常慎重的态度，张承代表兄长向袁术强调了他们的政治理念，当然也属传统政治文化的基本思想，他希望袁术能够接受并回到正确的立场上，而袁术推崇的是眼前的力量，对张氏兄弟一直坚守的理念并不相信。"道不同不相为谋"，张范和张承只好放弃对袁术曾经抱有的幻想。

<<< 1.12 协助治世的名臣

曹操204年攻取冀州，平定了河北后，派遣使者迎请张范，张范因病留在彭城（今江苏徐州），托弟弟张承去见曹操，也许这仍然是张范面见政治人物的慎重方式。张承当年担任伊阙都尉时曹操在朝廷担任典军校尉，为灵帝时的西园八校尉之一，两人应该早先熟悉，甚或会有些交往；他们早年同是董卓的反对派，曹操现在又打着复兴汉室的旗号，且已基本上实现了北方的统一，应该符合于张氏兄弟投奔归附的条件。曹操与张承会见后，向朝廷上表推荐张范为谏议大夫，这为执掌议论与顾问应对的职位，应是合于张范的优长。

就在这时，张范的儿子张陵与张承的儿子张戬被山东匪寇擒获，史书上并没有记录事情发生的原因和具体过程，张范直接去面见匪寇要求放还两人。匪寇大概知道张范名声很大吧，他们把张陵交给了张范。张范感谢说："诸君把儿子送还给我，这份情意很厚重的。人情虽然偏爱自己的儿子，但我怜惜张戬年龄更小，请用张陵换回张戬。"匪寇觉得他很讲义气，就把两个孩子一并释放。张范在事情危急时直接去见匪寇，不仅表现了一种无畏的勇气，也是把匪寇当作普通人去看待，对方应是感到了来自当世名人的颇大情面，因此宁愿释放张陵作为报偿。张范请求用张陵交换张戬，其内心应该是真诚的；他也没有提出更多条件，显示着对对方某种报偿的满足，但匪寇由此看到了张范的浓厚情义和高尚人格，他们大受感染，因此将两人全部释放。张范对子侄的救援以及超乎预料的收获，是向人们证实了道德与人格的力量。

曹操在208年底自荆州返回时，在陈县（治今河南淮阳）见到了张范，即任他为议郎，参丞相军事，对他非常敬重。此后曹操每次领军出征，都安排张范与邴原留下来协助世子曹丕居守邺城，还特别对曹丕说："做什么事情一定要咨询他们两位。"曹丕对他们执晚辈礼节。跟随曹操时间不长，张范就在212年去世。张范在职位上喜欢扶危济困，他家无余财，各地孤寡之人都人心所归，对于别人赠送的东西，他收下后始终不用，去世后将其全部归还，这也表现了他对人情世故的一种特殊应对方式。

魏国在213年封土建国时，张范的弟弟张承以丞相参军祭酒的身份兼

7

任赵郡（治今河北邯郸西南）太守，他在地方治理中施行教化，成效突出。曹操215年西征时，张承被任为丞相府参军事，到长安后不幸病逝，也算是为曹操的事业拼搏到生命终了。曹丕220年作了皇帝后，任张范的儿子张参为郎中，张承的孙子张邵在晋初为中护军，他们一直属当时的望族。张氏兄弟的政治归宿来得较晚些，但却完全符合于他们的人生追求，这一过程反映了当时知识学人队伍中一种普遍的现象。

### 1.12（3）凉茂与国渊的助力

曹操创就的宏大事业是用一种道义的正当性为号召，用特定的政治目标聚合起众多力量，赢取各方多种形式的支持，曹魏的出世兴起以及当初的气势之盛就是这些政治力量聚合凝结的结果。《三国志·魏书十一》及其引注中讲述了凉茂、国渊两位名士临事应变，以自己可能的方式助力曹操的事迹，事情不多，却展现了两位人物对曹魏事业的忠诚。

凉茂字伯方，山阳昌邑（治今山东金乡西北二十五公里）人。少年时喜好读书学习，讨论问题时经常引经据典以分辨是非。曹操任用他为司空掾，属于司空府的一般职员，因为考核名次较高，将他补缺为侍御史，执掌监察等事务。当时泰山一带盗贼很多，于是朝廷任命凉茂为泰山太守，不到一个月，拖家带口赶来泰山定居的就有千余家。传统文化非常看重在邦国治理中能促使境外民众主动归附的理想化效果，即所谓"襁负其子而至"。凉茂所治理的不是邦国的广大范围，但他把一个盗贼盛行的泰山郡在不长时间就治理成这样的状况，应该是极不容易的，这是他德行和才能的集中反映。史书上没有介绍他是用何种具体方式来啃这坚硬的骨头，但是地方治理的实际效果及其在当时的示范作用还是不能否认的。

后来朝廷任命他为乐浪（治今朝鲜平壤南）太守，这是当年西汉在朝鲜半岛设置的四郡之一。因为该郡与辽东公孙度靠近，公孙度就擅自扣留了凉茂，不让他离开辽东去上任，但梁茂始终没有屈服。公孙度有一次对众人说："听说曹公外出远征，邺城没有守备，我现在准备带领三万步卒和一万骑兵去进攻邺城，料定他们无法抵御。"众位将领都很赞成；公孙度回头又问凉茂说:"你的意思如何?"凉茂回答说:"当年天下大乱,国家即将倾覆,将军您掌握着十万军队,安稳地坐观天下成败,难道做臣子的就应该是这样吗!曹公心忧国家危难,同情百姓的苦痛,带领义兵为天下诛灭贼寇,功德没有人像他那样广大。现在只是因为天下初定,百姓刚刚安集,所以没有追究将军您的罪责,您现在反而要兴兵进攻,那生死存亡的结果,很快就会显示清楚的,将军您就好自为之吧!"

凉茂这番话对公孙度是质问,又是劝谏和警告,提醒公孙度要自己承担挑衅中原的后果。当时众将领大概没想到凉茂敢于这样说话冒犯吧,他们听到后个个内心震恐,不知公孙度会如何处置。过了许久,公孙度说:"凉茂的话是对的。"凉茂是来自中原的人物,公孙度从他的回答中应是清楚了朝廷和曹操对辽东的看法,他作出利害比较,大概终于想明白了这一问题,最终放弃了对中原的突袭进攻。凉茂在这里并没有受令阻战,但他在关键时候无所畏惧,临事应对发挥,协助曹操消除了一次战祸。后世有史家注意到,公孙度在204年去世时曹操刚夺得邺城,三年后才北征乌桓,在公孙度在世时没有发生"曹公远征、邺无守备"的情况,事情的背景记录似乎有误。史家的看法是对的,但不管凉茂当时面对的是公孙度还是继任人公孙康,也不管时间上是曹操夺取邺城之后还是之前,凉茂为曹军成功阻止辽东军队突袭进犯,其军事意义还是很重要的。后来朝廷征召凉茂返还,任命他为魏郡(治今河北临漳西南)太守、甘陵(今山东临清东北)相,他在职任上都有很好的政绩。

曹丕211年为五官中郎将,凉茂被选任为长史,升任左军师,213年曹魏封土建国,凉茂被任尚书仆射,后为中尉奉常,这是执掌邺城巡查的中尉和掌管宗庙祭祀礼仪的奉常(太常)两官合一的职位。曹丕217年确定为太子,凉茂为太子太傅,是负责太子监护教育的老师,二千石官员,很受敬重。凉茂不久逝于该任上。

国渊字子尼,乐安郡盖(今辽宁盖州)人,他少年时跟着大学问家郑玄学习,本人开始并不知名,郑玄曾经称赞他说:"国子尼很有才质,我看他将来会成为国家大器。"后来他与邴原、管宁等一同到辽东避乱。国渊学习踏实，喜好古典，在辽东时常在山岩间讲学，很多读书人都推崇和仰慕他，由此知名。后来他返回故乡，曹操任用他为司空掾属，每次在朝堂上论议公事，国渊总是直言正色，退朝后没有私人交往，是一位专注于工作责任的人物。

曹操准备多处屯田，他让国渊负责主管该事，国渊多次陈述应有的调整变化，他观察土地分配给民众，又按照民众的数量设置官吏，讲明考核的办法，五年时间就让国家仓廪丰实了起来，百姓也能安居乐业，缓解了战时的粮食问题，这是不小的功绩。

曹操在211年出关中征讨马超韩遂时，任国渊为留府长史，统管后方留府事务。田银、苏伯在河间郡（治今河北献县东南十公里）反叛，田银等被击破，他的余党按规定都应伏法。国渊以为这些人并非首恶，请求不予施加刑罚，曹操采纳了他的意见，因为他的这项建议，有一千多人得以生存下来。当时在战场上消灭了敌人的上报文书，过去以一报十，普遍夸大战果，而国渊上报斩获的首级，都是按实际数字上报。曹操询问原因，国渊曰："过去征讨外寇，多报斩获的数字，这是要张大我们自己的武功，同时也是显示给民众让他们听到。这次河间郡在我们国境之内，田银等叛乱，虽然我们战胜有功，但在国内斩首，我私下并不觉得很光荣。"

国渊的意思很明白：对外部的敌人斩首取胜，杀敌越多就越有成就，夸大些数字可能有鼓舞士气的作用；而在境内镇压反叛，杀敌越多说明反叛的人数规模越大，同时表明政府军对境内人的杀戮越多，这本身在对内宣传舆论上就有极为不利的副作用，如实上报人数就够了，如果反而夸大实际数字，当然会有非常不好的效果。曹操听罢他的陈述非常高兴，升他为魏郡太守。国渊在这里首先注意到了境内平叛战争与对外战争性质的不同，在处置作战对象和上报斩首数字的事情上一改先前的做法。他善于独立思考，能根据实际情况决定战后的应对方式，不是一味照章办事的平常官员，这对推进政府与国内民众关系的和睦融洽，以及促使各层人物战争理念的变化应该很有意义。

当时有人写匿名信诽谤别人，曹操非常痛恨，想知道谁是写信的人。

国渊请示把原信留下，而事情并不宣泄出去。他发现原信很多地方引用了《二京赋》，国渊嘱咐助手功曹说："这个郡很大，现在虽是首府，却少有喜好学问的人。这封信颇能启发开导年轻人，我想要派人去拜师学习。"功曹派遣了三个人，国渊在派遣前召见他们说："你们所学的东西还不广泛，《二京赋》是博物的书籍，世人不重视它，能讲解的老师很少，你们去找寻能读懂的人拜师学习吧。"又秘密地告诉自己的意图。这些人十几天就找到了能讲授该书的人，他们就去拜师，助手请那个人写了笺书，拿出来做比较，与匿名信的笔迹相同，随即把那人拘捕审问，事情被全部弄清。这里他采用了侦探破案的方式，并不一定妥当，但也反映了他的思维灵活与某种意义上的聪明机智。国渊不久被提升为太仆，这是传达王命、侍从出入的官职，为九卿之一，但他仍穿布衣吃素食，把俸禄赏赐都分给故旧亲族，自己保持着谦恭节俭，最后逝于职任上。

凉茂与国渊两位名臣是曹魏集团的重要官员，他们为曹操的创业做出了积极奉献，直到个人生命的终逝。因为史料记录较少以及在历史小说中的缺名，他们在后世的影响自然不大，但现实中曹魏事业的壮大和成功，其实离不开像他们那样自觉追随的一批有志之士。

## 1.12（4）清高而义气的田畴（上）

义士田畴是河北早年知名的人物，经历了刘虞、公孙瓒、袁绍在幽州的争夺，后来又组织起了远避战乱的微小型社会组织，他给曹操的军事活动做过直接的协助，但却一再拒绝曹操的任用，宁愿保持自己特立独行的自由身份。《三国志·田畴传》及其引注记述了田畴一生的事迹，表现了战乱年代一位清高之士秉持的高尚义气和他内心的政治态度。

田畴字子泰，右北平无终（治今天津蓟州）人，年轻时喜好读书，善于击剑。190年关东义兵兴起，董卓将朝廷迁至长安，当时幽州牧刘虞叹息说："贼臣叛乱，朝廷流亡，天下骚然不安。我身为皇家宗室老者，不能与众人相同，现在想派使者去朝廷表达我为臣的礼节，怎样能得到不负使命的人呢？"众人议论说："田畴虽然年轻，但他是个奇人。"田畴这时才二十二岁，刘虞随即准备下礼物请田畴来相见，见后十分满意，于是让他担任从事，为他置办了车马。将要出发时，田畴说："现在道路阻塞断绝，贼寇纵横，如果自称官员奉命出使，沿路众人都会知道，我愿以私人身份上路，只要能够到达就行。"刘虞就按他说的办。田畴回到家里，自己挑选了家人和慕名愿从的年轻勇士二十多人，骑马西行，刘虞为此亲祭路神为他送行。上路以后，田畴从居庸关出边塞，沿着阴山直赴朔方郡（治今内蒙古杭锦旗北），顺着小路向西，终于到长安传达了使命。朝廷任命他为骑都尉，但田畴认为天子流亡尚未安定，自己不可以承受荣宠，于是坚辞不受。朝廷非常赞赏他的义气，三公之府同时想任用他，他都没有接受。

　　刘虞当时和驻守幽州的骑都尉公孙瓒有矛盾（参见0.4.3《明白人有懵懂处》），田畴在192年临行前私下对刘虞说："现在皇帝幼弱，奸臣掌政，上表向朝廷报告的事情，恐怕难于守密。况且公孙瓒用兵对抗，不早除掉必有后患。"刘虞没有听从。田畴离开幽州后，刘虞和公孙瓒就一直相互攻打，田畴在长安听到消息后很快驰马赶回，还没到达，刘虞已被公孙瓒杀害（参见0.4.5《他没有战胜冲动的魔鬼》）。田畴回来后，到刘虞坟墓前拜谒祭扫，哭着离开。

　　公孙瓒听说了田畴的事情后大怒，悬赏捕获了田畴，对他说："你为何到刘虞墓前去哭，却不把章报送给我？"田畴回答说："汉室衰败，人怀异心，只有刘公未失忠信节操。章报中所说的，对将军您没有好话，您知道后不会高兴的，所以没有送上。况且将军正在兴办自己所求的大事，既已杀了无罪的主君，又要仇恨守义的臣子，如果真是这样，那么燕赵之士都将投东海而死，还有谁会跟从您呢？"公孙瓒认可田畴的回答，就给他松绑而不加害，把他拘留在军营中，禁止他的朋友与相往来。有人劝说公孙瓒说："田畴是个义士，您不能礼貌待他，反而把他关了起来，恐怕会失去众人之心。"公孙瓒于是放走了田畴。

　　田畴回到了家乡，与自己宗族以及从别处前来依附的共几百人扫地盟誓说："主君的仇不报，我就不再立于人世！"随即率领众人进入徐无山

（在今河北玉田北十公里）中，在深远险峻又很平敞的地方营造了一块空地居住下来，他自己耕种以供养父母，各处有许多百姓前来归附，几年间达到五千多户。田畴对父辈老者们说："诸位不认为我田畴是不肖之人，从远处来依靠，现在人多形成了村落城邑，但不相统属，这不是长久安定的办法，希望推举贤能的长者做首领。"大家都赞同，一起推举了田畴。田畴说："现在我们来到这里，不是只图眼前的安定而已，而是要图谋大事，报仇雪耻。"田畴征得大家同意后，制定出了有关杀伤、盗窃、诉讼的法规，规定犯法重的人治死，其次的要抵罪，共有二十多条。又制定了婚丧嫁娶的礼仪，还有兴办学校讲授知识的规划，向众人颁布。众人遵照实行，觉得这样很好，后来以至路不拾遗，北方边境之民纷纷聚拢服从，乌丸、鲜卑部落也派遣使者送来贡物，田畴予以接纳抚慰，令他们不再为寇。

　　田畴为了为主君刘虞报仇，他组织宗族和民众脱离了一直生存其中的社会行政系统，来到偏远的深山中，又重新建立起了完全独立的微小型社会组织，他通过公开选举的方式产生了组织首领，并且开启了具有一套特殊治理方式的社会运行机制，竟然众人满意，似乎具有自身较好的凝聚力和对外部的吸引力，这应该属于战乱年代一种特殊的并有文字记录的人众生存方式，当时在外界也产生了一定影响。袁绍几次派遣使者前来招请，又授予将军之印，希望以此安抚田畴治下的民众，田畴拒绝了这些职位。袁绍死后，其子袁尚又来征召，田畴始终未去。

　　田畴时常因为乌桓残杀当地士大夫而痛恨，想讨伐他们而实力不够。207年曹操北征乌桓，还没到时，先派使者征召田畴，又令田畴作出回复。田畴知道后令属下人赶快整理行装，门人问他说："过去袁公倾慕您，礼物和征召之令来了多次，您一点也不屈服；现在曹公使者一来，您好像担心来不及一样，这是为什么？"田畴笑着回答："这就不是您能明白的了。"于是跟随使者到了曹操军中，暂时代理司空府户曹掾，这是主持农户耕作和祠祀事务的三百石七品官员，军中安排他以此身份与曹操相见并商议事情。按照史料叙述的情况，田畴在这里愿意配合曹操的北征行动，只是出于对乌桓骚扰生事的痛恨，是共同敌人的存在促使他支持曹操的军事行动。曹操军队中安排给他的临时身份，大概只是为了他与曹操见面的方便，应该没有任何实际意义。

第二天曹操发令说："田子泰不是我应该任命为吏的人。"于是就举田畴为茂才，任命为蓚县（治今河北景县南）县令。田畴没去上任，随着军队到无终县，这是他的家乡。当时正当夏季降水，泥泞不能通行，贼兵又把守险要路段，军队不能前进。曹操很忧虑，他就此事询问田畴，田畴提出大军可绕道卢龙塞，从弃用了二百年的路段行走，直达柳城而突袭乌桓，他认为"乘敌不备去攻打，蹋顿可以一战俘获。"（参见 0.9.20《奔袭远方的征战》）曹操接受了他的建议，田畴于是带领他的部下作向导，走上徐无山，过了卢龙，经过平岗，登上白狼山，在此与乌桓军队遭遇，曹军大获全胜，追赶败兵到了柳城，歼敌二十多万。曹军返回关内后论功行赏，田畴被封为亭侯，并有封邑五百户，这里充分肯定了田畴在远征中的功绩。

田畴认为自己当初是因为主君死难，才率领众人相聚山中，报仇的志向还未实现，反而以此获取利禄，这完全不是自己的本意，于是坚持推辞。曹操知道这是出于他的本心，就允准了他的辞让而没有勉强。

## 1.12（4）清高而义气的田畴（下）

曹操在 207 年北征乌桓时因为田畴的大力协助才有了后面的重大胜利，《三国志·田畴传》及其引注记述，当年远征返回后，曹操上表专门表彰田畴的功劳说："大军出塞后有九百多里山路，田畴率领五百士兵在山谷中带路，最终打败了乌桓，平定了塞外。"其中还特别提到田畴的文武之才和节义品格，为此封他为亭侯。田畴觉得封侯取利并不合于自己的初衷，于是坚决推辞，而曹操对人说：节义崇高的人自古就有，应该让这些高尚优贤的人不绝于本代。于是决定尊重田畴的选择。

不久辽东太守公孙康把袁尚的首级送到了邺城，曹操发令说："三军有谁敢为袁尚而哭的斩首！"田畴因为早先曾被袁尚所征召，就前往吊唁祭奠。在这里，曹操的禁令是发给自己部队的，因为在争夺河北的八九年作战中，袁绍军中有许多士兵归降了曹操，即是说，曹军当下部队中有不少原属袁军并接受过袁尚统率的兵卒。曹操所以发出该禁令，是要避免军中怀念故主的消极情绪蔓延；而曹操在理念上并没有把田畴看作自己部队的成员，所以对田畴的哭祭也并没有追究，他理解一位义士对知遇之情要作最后报偿的意愿。

在跟随曹操征战和生活的一段时期，田畴大概是在这里感觉到了对社会环境的不小满足，或许是在比较中更深切地体会到了山野生活的艰难和组织民众的不易，他其后率领家属及族人三百多户全部到邺县居住，自此放弃了徐无山中业已建起的村落城邑，中断了他微型社会组织的建构。这显示了他对曹操政治治理的认可，也展现出了他在军阀大战的混乱世道中一种明确的政治态度。当时曹操赐给田畴车马粮谷丝帛，田畴又都转送给了族人和旧友，仍然保持着他原本具有的浓厚义气。

208年田畴随从曹操征讨荆州回来，曹操追念他几年前助力北征的功劳，后悔上次听从了他的辞让，说："这是成全了你一个人的志向，而损害了国家的法律制度啊。"他觉得还是让田畴作为自己的臣属更好些，于是又决定将上次的爵位封给田畴，为此发令说："蓨县县令田畴，志节高尚，早先幽州战乱，他退居深山中体察纯正的道义，百姓跟从他建成了村落城邑；袁贼兴盛时召请他任职，他慷慨守志而不屈服，等待真正的君主。当我奉诏征讨河北并平定了幽都，准备远征乌桓敌寇时，以朝廷的礼节征召授命，田畴当即前来，献出了攻袭乌桓的必经山路，率领他的人众为我们的军队助力，他引导军队从山道行军，路途近并且方便，令敌人出其不意，大军在白狼山斩杀了蹋顿，于是能长驱至柳城而取胜，田畴为此有极大功劳。部队返回后按功行赏，封田畴为亭侯，并有食邑五百，但他恳切表达心意，多次辞赏，前后三年从未受赐，这是成全了一人的高尚，却违背了国家的法典，损失是很大的。现在应该根据上表而授封，不要让我的过失长久存在。"曹操在这里对事情的来龙去脉基本做了清楚的阐述，可以看出，他对田畴的才质与人格异常崇尚，对其拒绝袁氏征召而跟随自己的政治选择是非常自豪的；但在个人自由与国家法规的分量比较面前，曹操在经过几年的犹豫后，最终还是决定要加强后者的比重。但田畴上疏陈述自己的本心，他以死来发誓。曹操并没有听从，想把他招来授予，田畴再三推辞，终究没有接受。

当时主管部门为此弹劾田畴偏狭固执，违背道义，认为他只知固守小节，这实际上指责他放弃了君臣大义，因而要求对他免官加刑。曹操很看重这件事情，很久决定不了到底该怎么办，于是把事情交给世子曹丕与大臣们广泛讨论。曹丕认为："田畴和春秋时楚国令尹子文辞让俸禄、申包胥逃避封赏是相同的，不宜勉强他，应成全他的志节。"他认为免官加刑，在法律上也太重，因而反对主管部门的提议。尚书令荀彧认为："君子做事情有灵活的出入，只要目的是向善就行，对于普通人坚守心愿志节，圣人都会成全他们。"钟繇认为："田畴的做法虽然不合大义，但有助于在社会上形成推让之风。"他也赞成曹丕的意见。

当时魏国有一份文书记录官方的表态说："古代伯夷、叔齐放弃官爵而讥讽周武王，这可以称作是愚暗的行为，孔子尚且主张'求仁得仁'。田畴所坚持的行为，虽然不合道义，但他只是想追求清高罢了。假如天下人都有田畴那样的志节，这就是墨翟所说的兼爱尚同之世，也合于老子描绘的古代淳朴生活之道。"文书强调伯夷、叔齐放弃官爵的行为与周武王的官场进取行为，都是各人自己的正当选择，既不能以后者非议前者，也不必以前者讥讽后者，主张保持孔子那种维护各人正当要求的宽宏心态。这里把田畴辞爵行为定义为"追求清高"，虽然并不大合于他本人的心性，但从原则上肯定了其行为的正当无邪，并认定它符合于墨翟、老子的政治理想，实际上是给了较高的评价。这份文书最后还特意表示说：各种议论虽然都很好，但还是希望让司隶做出最后决定。司隶校尉是专职纠察百官的官员，这份文书只发表看法，明确表白了对事情的态度，而把最后的处置权留给了专职部门。

虽然有各方面的意见，但曹操还想给田畴封侯。因田畴平素与夏侯惇友善，曹操遂对夏侯惇说："你去用你们的情谊劝谕他，以你的名义劝告，不要说是我的意思。"夏侯惇到田畴那里住下，就像曹操吩咐的那样去做。田畴揣测到了他的意旨，对受封一事并不提及。夏侯惇临别时抚摸着田畴的后背说："田君，主君的心意非常恳切，你一点都不能顾及吗？"田畴回答说："这话说得过分了！我田畴不过是个背负信义而逃窜的人，蒙受恩惠得以活着，已经是很幸运了，怎可以用卢龙要塞来换取利禄赏赐呢！即便国家独加恩宠给我田畴，我田畴难道就不心里有愧吗？将军您向来了解我，尚且这样逼迫，如果实在不得已，我宁愿就此死去，自刎在你的面前。"话没说完，就涕泪横流。田畴始终认为自己是刘虞的臣属，他当年立下的复仇之志并未实现，而在徐无山避世只是对现实的一种逃避，时常怀有愧疚之情，在内心并没有把自己看得多么高尚，不愿接受非要强加己身的功名利禄。

夏侯惇把见到田畴的所有情形都报告了曹操，曹操喟然叹息，他明白对田畴不能再加勉强了，于是拜田畴为议郎。田畴214年在四十六岁时离世，他的儿子死得早，曹丕受禅为帝后，敬重田畴的德行节义，赐给田畴的侄孙子田续关内侯之爵，让他作田畴的后嗣。田畴是三国时代一位特立独行的人物，他是非清晰，爱憎分明，富有政治理想而弃置功名利禄，赞赏曹操的社会治理，并支持他的统一战争。因为早年的一段未了情义激勃了他更为高亢的气节，所以他始终不能屈节融入现实社会。田畴讲气节重情义的品格与人格测量了社会的宽容度，为时代增添了一丝清亮之色。

### 1.12（5）忠贞不贰的归降之臣

曹操在平定河北时收降了一位对自己主君极为忠诚的高尚纯洁之士，他在年轻时从自己的家乡开始做事，先后跟随过孔融、袁谭，而后归附曹操，每位主君对他都高度信任。人们总以为传统文化信奉"忠臣不仕二主"，但跟随过三位主君的王脩，却是曹操最为信赖的忠贞僚属。王脩无论在他生前的任何时期，还是在其身后，没有人怀疑他是品格高洁的忠臣。《三国志·王脩传》记述了王脩一生的职业变化及其行为事迹，他的为人处事对后世人们的职场活动会有不少启示。

王脩字叔治，北海营陵（今山东潍坊南）人。母亲在他七岁去世，去世时正逢民间祭祀社神（土神）之日，第二年邻里乡亲祭祀社神时，看见王脩感念他的母亲而非常哀伤，于是为他停止了祭祀。可见王脩与邻里关系的亲密以及乡亲们对他感情的珍重。王脩二十岁到南阳（治今河南南阳市）游学，在张奉家里住宿，张奉全家人都生了病，王脩自己照料，直到他们病好才离开。这里体现的是一位极有责任感并在关键时候勇于担当负责的人物形象。

当时在朝专权的董卓为排挤虎贲中郎将孔融离开朝廷，故意安排他去任职北海相（参见0.8.2《孔融守北海及其学者人格》中），这相当于郡太守的职务。孔融主政北海时征召王脩为主簿，让他代理高密县令。高密人孙氏素来强横任侠，他的门客多次犯法。当地发生抢劫，案犯进入孙氏家中躲避，因为孙氏抗拒，吏役无法进门捉拿。王脩带领吏民包围了孙家，对畏惧不敢靠近的吏民发令说："有敢不去攻打的人，与劫犯一同治罪。"孙氏害怕了，于是交出了劫犯，从此当地不法豪强都惧怕屈服。王脩被孔融推举孝廉，他让给了邴原，孔融没有答应。当时天下动乱，举孝廉的事停了下来。这些事情表现了王脩做事的勇敢果决，以及他对名利的淡薄；举孝廉虽未成功，但名士孔融对他的欣赏还是非常真实的。

不久，郡中有谋反的人，王脩听说孔融遇到危险，连夜从高密赶来救援。叛军刚起事时，孔融对身边人说："能冒着危难来救援的，只有王脩了。"话刚说完，王脩就到。后来王脩被任功曹，当时胶东强盗作乱，孔融又命王脩为胶东县令，胶东人公沙卢宗族强盛，他们设置营寨壕堑，不听从官府的命令，王脩自带几名骑兵进入公沙卢家中，斩杀了公沙卢兄弟，公沙氏族人惊愕，没有人敢反抗。王脩安抚了其余的人，自此贼寇渐少。孔融每次有了危难，王脩即使在家里休息，也会马上赶到，孔融时常倚仗王脩得以免祸，他对孔融的忠诚是通过在危难关头施予的勇敢救助行动来证实的。

袁谭在青州时，征召王脩为治中从事，这是协助州刺史主理文书案卷的职位，与别驾分别为州府内外总管。当时州别驾刘献几次诽谤诬陷王

> 1.12 协助治世的名臣

脩，后来刘献犯罪应当处死，王脩审理该案，刘献反而得以免死，人们为此更加称赞王脩。王脩曾被袁绍任为即墨县令，后又调任袁谭属下的别驾，202年袁绍病逝，袁谭与袁尚兄弟不和，袁谭受到袁尚进攻而失败，王脩率领吏民前往救援，袁谭高兴地说："成全我的部队之人，就是王别驾啊！"袁谭战败时，刘询在漯阴（治今山东济阳西）起兵，许多地方起而响应，袁谭叹息说："现在全州都反叛，难道真是我德行不够吗？"王脩说："东莱（治今山东龙口东）太守管统虽远在海边，他不会反叛，一定会来。"十几天后，管统果然抛妻舍子来救袁谭，其妻儿被叛军杀害，袁谭让管统改任乐安（治今山东博兴）太守。袁谭又想进攻袁尚，王脩劝谏说："兄弟之间互相攻击，这是走向败亡之道啊！"袁谭不高兴，但理解他的忠节，袁谭询问王脩后面有什么策略，王脩劝说他们兄弟和好，共同对敌。袁谭对此根本听不进去，他与袁尚继续相攻击，又派辛毗去结盟曹操联合攻打袁尚（参见0.9.17《袁氏兄弟的窝里斗》）。

曹操204年攻破冀州后，袁谭又背叛了曹操，曹操于是领军队在南皮（治今河北南皮北八公里）进攻袁谭（参见0.9.18《他和曹操玩起了心眼》）。王脩这时运送粮食正在乐安，听说袁谭危急，他率领带去的士兵和从事几十人赶赴援救，到了高密时，听到袁谭已死，王脩下马大哭说："没有主君了，我回归哪里呢？"于是去了曹操那里，请求让他收葬袁谭尸体。曹操想要观察王脩的诚意，沉默不言，王脩又说："我受袁氏厚恩，让我收殓袁谭尸体后即便受戮而死，我也不会后悔。"曹操赞赏他的义气，任他前去，事后曹操让王脩担任督军粮一职，随自己一同返回了乐安。曹操与袁谭这里已成公开的对手，王脩对已经死亡的袁谭报答了真诚的恩义，甚至愿意为此而受死，这一行为反而让曹操感到了他个人品质的珍贵，认定了他是一个忠贞不贰的少有人臣，这仍然源于他对故主在危难时刻勇敢无畏并毫无功利之心的责任担当，曹操应该是怀着极为敬佩的心情主动收纳了王脩的归附。

袁谭被击破后，当地各城都归附了曹操，唯独管统据守乐安，不愿归顺。曹操命令王脩去取管统首级，王脩以为管统是亡国的忠臣，于是前去

19

劝慰，让他去见曹操，曹操高兴地赦免了他。袁氏政令宽纵，在职有权势的人大多都积聚财物，曹操攻破邺城，查抄没收审配等人的家财数以万计；而攻破南皮时，王脩家的粮谷不满十斛，却有书籍几百卷，曹操感叹说："名士不是空有虚名。"于是礼聘王脩为司空掾，这是曹操司空府的一般官员，安排他代理司金中郎将，实际主管冶铁收利的二千石四品官员，不久调任为魏郡太守。曹操一下子给了王脩很高的职位，让他担负重要的事情，当然是出于对他人品的认可，王脩在政务治理上抑制豪强，扶助弱小，赏罚分明，受到百姓的称道。他所采用的这些方法与曹操的治国理念相符合，其治理的效果也对曹操的整体事业有所促进，他们的关系完全可以称之为明君良臣之配。

213年曹操受封土建立诸侯国，王脩被封为大司农郎中令，这是大司农和郎中令两职合一的职位，前者掌管国家财政收支，后者为宫内总管，职位和权力都很重，这表明曹操对王脩的高度信任。曹操想以肉刑替代死刑，王脩认为时机未到不可实行，曹操采纳了他的建议，后来调任王脩为奉常（又称太常），掌管宗庙祭祀礼仪的九卿之一。当时一个名叫严才的人反叛，他与属下几十人攻打魏都宫殿的旁门，王脩听说兵变，急唤车马而未到，就率领属下官吏跑到宫门，曹操在铜雀台望见一群人赶到，对身边人说："那赶来的人一定是王叔治（王脩）。"他大概觉得在这种关键时刻有责任敢担当的人应该非王脩莫属了。相国钟繇对王脩说："过去的惯例，京城发生变故时，九卿都是各自居守官府不出。"王脩说："吃国家的俸禄，怎能躲避国家的危难呢？居守官府虽是旧例，但不合于奔赴危难的大义。"钟繇这里强调往日旧例，大概对王脩的行为不以为然，而王脩一心考虑事情的需要、国家的利益以及自己必须承担的责任，曹操对他心性的把握是准确的。

不久，王脩病逝任上，他的儿子王忠官至东莱（治今山东龙口东）太守，散骑常侍。名士王脩在他特殊的人生经历中，以他出于至诚的忠贞品格处事为人，受到了每位主君的高度信赖，也得到了后世人们的赞赏和敬佩；他用危难时刻无私无畏的责任担当深化了人们对忠诚理念的理解，丰富了忠贞之臣的形象。王脩去世多年后人们发现，曹魏晚期的重臣高柔、王基其实都是王脩在他们年少时培养选定的，由此人们也称赞王脩有识才之能，并认定他是一位难得的曹魏名臣。

### 1.12（6）王裒的坚贞一生

名臣王脩在跟随孔融后追随袁谭，在故主袁谭战死后归附曹操，由于曹操的高度信赖而在后期拥有较高权位，最终病逝于九卿职位上。《三国志·王脩传》引注资料及《晋书·王裒传》中记述，王脩有一位儿子叫王仪，是一位磊落正直之人，252年司马师主政期间，魏国三路出兵东兴以对抗东吴，进军后因为吴将丁奉的突袭而全军溃败。朝中大臣提议贬黜几位领军将领，执政的司马师则主动承担责任，他并没有追究几位将领的战场过失，只对在前方担任监军的弟弟司马昭削去爵位（参见1.7.4《再起的对外战争》下）。当时司马昭为安东将军，担任监军并统属伐吴的三路军队，王仪为司马昭手下司马，他在战前曾提醒司马昭慎勿轻进，而建议未被采纳。战后司马昭询问身边的人说："这次战败，谁应该负责?"王仪说："责任在军帅。"司马昭发怒道："司马是想把责任推给我吗?"就找借口杀掉了王仪。

王仪的儿子王裒字伟元，北海营陵（今山东潍坊南）人，年轻时就有高尚的情操，不做不合礼仪的事情，身长八尺四寸，约今1.9米以上的个子，容貌出众。他因父亲被司马昭滥杀而伤心，所以终身辞绝朝廷"三征七辟"的各种征召聘用，不与官场往来；他也从不面西而坐，以表示他誓不为晋朝之臣。王裒在安丘县父亲的坟墓旁建起了房舍，以教书为生，他早晚常到父亲墓前祭拜，会哭得换不过气来。墓前有一柏树，他爬在旁边哭泣，涕泪浸染，树色与其他平常树竟有不同。他的母亲生前怕听雷声，母亲去世后，每到打雷时王裒就跑到墓前大喊："我在这里!"王裒对父亲的真切之念和对母亲"闻雷泣墓"的行为，使他成为后世"二十四孝"中的典型人物。王裒读《诗经》到"哀哀父母，生我劳瘁"时，总是反复流涕，泣下沾襟，他的学生们于是再不提起《小雅·蓼莪》之篇。

王裒家中贫穷，他亲自耕作，按照家里的人口种地，预计全家的穿衣而养蚕，应该是刚够自家需要而已，没有多余的财物。他的学生中有人暗中割麦子送来，王裒将其弃置，其拒绝帮助的态度极其坚决，此后没有人再割麦子送他；有馈赠给财物的，王裒一律不予接受。他的学生中有人被本县派了劳役，请求王裒向县令说情，王裒说："你的学问太少不足以保障自身，我的德行太薄不能够保护你，说情有什么意义？况且我不提笔已有四十年了。"他拒绝了门生的请求，于是自己担着饭食步行，儿子带着盐料等物，有许多学生跟随一同前往县府，安丘县令以为王裒是来拜访自己，他整理好服装走出门外迎接。王裒站在路旁，弓身施礼说："我的门生被县里派了劳役，所以前来送别。"随后拉着学生的手道别，最后流泪离去，县令当即取消了学生的劳役，全县都觉得县府这件事很不光彩。在这里，学生承担的劳役大概不属于合理合规的范畴，从当时的情形看，王裒身为地方名人，县令对他是很看重的，他如写书信求情，相信县令也不会怠慢，但王裒一生拒绝了官场的征召任用，他是不屑于与官场主动打交道的，而宁愿用一种特别的形式张大其事，营造出了不良的舆论，迫使县里取消了这一安排。

同县人物管彦，年轻时有才气和能力，但不知名，王裒觉得与自己很知心，就交为亲近的朋友，两人当时生孩子时正好生了一个儿子和一个女儿，于是约定了婚姻关系。管彦后来成为主持巴蜀夷民事务的西夷校尉，作了朝廷官员，死后家人将其安葬在洛阳。王裒遂将女儿另嫁他人，管彦的弟弟管馥询问王裒，王裒说："我的一点心意是毕生就生活在乡野，过去姊妹们都嫁得远，连她们的吉凶信息都断绝了，我总是用这事来自我警示。现在你哥哥的儿子把父亲安葬在了京都，就成了洛阳之人，这完全不是我与他结亲的本意！"管馥说："我的嫂嫂是齐地之人，以后会回到临淄的。"王裒曰："哪有把父亲安葬在河南，然后跟母亲返还齐地的道理！既然要在洛阳，就不必结亲了！"于是中断了与管家的婚亲关系。王裒不愿意女儿远嫁，这是他就女儿变婚一事说给管馥的明确原因，这一说法并不虚假；相信王裒还有另外一层未能说出的原因：管彦后来任职做官是他没有想到的，王裒不愿意与进入官场的人交往，接受不了亲家做朝廷之臣的现实，在世俗理念与个人理念的冲突中他毫不犹豫地挺起了后者。

邴春是朋友邴原的儿子，从小就怀有志向，他独自居住，能够忍受贫寒困苦，时常带着书籍到处游学，家乡的人都认为他将是邴原那样的人才。但王裒却认为邴春这个人险谲狭隘又爱慕虚名，最终不能成才。后来邴春果然没有德行，学业也没有完成，人们把这一正确判断归于王裒的见识。王裒一直认为人的行为最重要的在于应当归于善道，不能以自己的所长来要求别人的所短。

晋朝建立几十年后发生永嘉之乱，洛阳被外族人占领，盗匪像蜂一样到处都是，王裒的亲族都想移居到江东去，王裒留恋父母的坟墓不肯离去，等盗匪横行时才离开，向南走到了泰山郡，又思念故土不肯远离，最后被匪徒所杀害。

王裒是王脩家族中又一位心志坚定的不凡之人，和他的祖父王脩相同，王裒思想成熟，信念牢固，有他自己对人生的深沉理解，在变幻不定的社会生活中有足够的毅力与韧性依照个人特有的理念去生存；但和王脩不同，他遭受了父亲被执政人物司马氏所妄杀的个人经历，在报复和复仇难以实现的困境中，确立了与现实执政者绝不合作的政治态度。这是他对当权者最有可能的反抗方式，而由此失去了一生可以效忠的对象，于是王脩对主君的连番忠诚在他这里转换成了对父母的超常孝敬，祖父的忠贞心性同时也转化成了他意志的坚贞不屈：他不向困难低头，不向权势低头，也不向世俗低头。因为父亲的耿直被害，他的一生是艰辛而悲苦的，但他挺着高昂的头颅去做人，用一生的坚守赋予了生命的血性与崇高。

## 1.12（7）德纯行直的邴原（上）

曹操在事业的兴盛期任用过在当时很有名声的人物邴原，不仅对他特别看重，而且将其特意安排为太子曹丕的辅佐，人们称邴原可以作龙凤的羽翼，给了他极高的评价。后世人们对邴原的了解可能并不多，从《三国志·邴原传》及其大量引注中可以窥见邴原一生的主要活动以及他端正行事的人格。

邴原字根矩，北海朱虚（治今山东临朐东南）人。他家中贫穷，十一岁父亲去世，早早成了孤儿。他家隔壁有学堂，每次经过学堂就哭泣。老师问他说："小孩子为何悲伤？"邴原说："孤儿容易伤心，穷人容易感怀。这里上学的人都有父兄，他们不是孤儿，又能上学，我为此羡慕他们，心里悲伤，因此流泪。"老师也为邴原的话哀伤，说："想读书是可以的！"邴原回答说："没有学费。"老师说："如果有读书的志向，我教你，不要学费。"于是邴原就入了学。一个冬天的时间，他便将《孝经》与《论语》背诵下来了，在同龄儿童中成绩特别突出；及长大后，德行非常优秀。

邴原少年时与管宁都以德行受到称赞，州府征召准备任用，两人都辞绝未去。184年黄巾军在各地起事，邴原带着家属到海上，住郁洲山（今江苏连云港东云台一带的海中）。当时孔融为北海相，他推举王脩为孝廉、彭璆为方正，同时推举邴原为有道，所谓有道也是东汉选举人才的科目之一，意指明习图谶占象而有道术。邴原觉得当地黄巾势力正盛，于是到了辽东，与同郡人刘政都以勇略胆气而出名。

辽东太守公孙度畏惧并厌恶刘政，想要杀掉他，将其全家拘捕，而刘政得以脱身。公孙度通告各县："敢有窝藏刘政的人，与刘政同罪。"刘政窘迫危急，于是投奔了邴原，对邴原说："无处可飞的鸟儿飞到怀里了。"邴原说："怎么知道这怀里可以来呢？"两句玩笑话表明了当时各人的处境，也显示了他们的知己关系。邴原把刘政藏匿了一个多月，当时避居辽东的东莱人太史慈正要返回中原（参见3.1.2《攻取扬州及事后的自辩》），邴原于是把刘政托付给了太史慈让其离去，然后对公孙度说："将军前些日子要杀刘政，把他当作祸害，现在刘政已经离去，您的祸害不是已经除去了吗？"公孙度说："是这样。"邴原说："你所以害怕刘政，是因为他有智谋。现在刘政已经脱身，他的智谋将被使用，为什么还拘押他的家属？不如赦免他们，也不会有仇怨。"公孙度于是释放了刘政家属，邴原又出资把他们送走，让其全家人都得以返回故乡。邴原在辽东郡，一年内前往归附居住的人有几百家，游学的士人很多，教授学问的声音不曾中断。

后来，邴原从辽东返回中原，曹操征召他为司空掾，为司空府官员。208年，曹操十三岁的爱子曹冲不幸病逝，恰好邴原的女儿早先已亡，曹操想将曹冲与邴原的女儿合葬。邴原辞绝说："合葬不合于礼仪。我邴原之所以赞赏明公，明公之所以接纳我邴原，是因为我们都能坚定地遵守礼仪，如果我听从了您的命令，那就是庸俗之流，明公认为这事值得吗？"曹操于是打消了这个念头。邴原这里对曹操安排儿女冥婚一事的拒绝，是他刚正守礼、不媚权势心性的反映，他也善于用直率而清晰的思路表达出来以求得对方理解。曹操在210年设置丞相征事职位，安排邴原与王烈两人担任，从这次的职位调整看，曹操并没有因为他前面的拒绝而心生芥蒂，邴原这里是以自己的君子人格唤醒了曹操的君子情怀。

曹操曾让邴原兼任东阁祭酒，东阁是代指贤达人士参与中枢谋议的机构，邴原为该机构主持人。曹操北伐北方三郡单于，于回军途中在昌县（治今山东淄博东南）与将领们聚宴，饮酒间说道："当我返回时，邺城各位官员必会来迎，从今天到明晚想必都会到来，不会前来的应该只有邴祭酒！"曹操料定以邴原的为人处事，他不会对自己远道来迎。但话后不多久，邴原竟然首先到来，当门下人通报时，曹操非常惊喜，他拾起鞋就出去迎接说："贤者真是难于揣度！我说你不会前来，你却屈身远迎，确实满足了我的虚荣心。"邴原拜谒之后就离开了，军中士大夫去看望邴原的有数百人。曹操为此询问身边的人，当时荀彧在座，他回答说："这只能询问邴原本人！"曹操说："邴原名声大，许多士大夫都很敬佩他吧？"荀彧说："这是当世非凡之人，士人中的佼佼者，您应尽礼对待他。"曹操说："这正是我本来的心愿。"自此以后更加敬重他。邴原虽在军队中挂职，但时常因病而居处家中，并不担当具体事务，又很少与他人见面。

曹丕任五官中郎将后，朝臣都很倾慕，宾客如云，而邴原却坚守道义保持常态，没有公事不轻易接近。曹操打发人从侧面询问原因，邴原说："我听说国家危急时不侍奉宰辅，君主年老时不奉承世子，这是古来的典章制度。"邴原的回答内容不知出自何种典籍,但却揭明了身处国家权力中心人物应该把握的政治活动规则,即是要防止政治权力向次级人物的非规范转移,避免主君产生不必要的疑忌,这是传统社会高层政治人物应该具有的智慧。邴原也许能揣测到询问者是秉承曹操旨意而来,他的回答是向曹操表明:自己不主动接近曹丕,并不包含对曹丕的拒斥与疏离,而是要遵守政治生活的规矩,避免引起不必要的误会,同时也要借此展现自己清正无邪的政治节操。他的行为表现和回答应对都是极富识见的。曹操知道了这层意思,大概内心对邴原更加赏识了吧,于是将他改任为五官长史,让他接任凉茂的职位作五官将属下的辅助官员,这是有意安排邴原辅佐年轻的曹丕。曹操还特别叮咛说:"儿子幼弱少才,恐怕他难以提升,所以特别想委屈你,以便随时对他匡正勉励。虽然说要接近贤人才好,但这一安排怎能说没有一点私心之愧。"曹操刻意搭建起了邴原和儿子的直接工作关系,想要借助邴原的智慧辅佐曹丕,话说得是极为客气和到位的。

  曹丕被立太子后有次举行宴会,宾客有上百人之多,他给宾客出了一道题目说:"一个人的君主和他的父亲都得了重病,有一丸药,只可以挽救一人,这时候应该救君主,还是应该救父亲?"众人议论纷纷,有的人说救父亲,有的人说救君主。当时邴原在座,他没有发表议论。曹丕前来咨询他,邴原坚定地回答:"救父亲。"曹丕也没有再加追问。曹操后期出征时,经常留下邴原与张范,协助曹丕一同留守邺城,并对曹丕说:"有什么事情要多向这二人讨教。"于是曹丕对邴原与张范执晚辈之礼。

  邴原作了曹丕的下属,他仍然不参与公务之外的活动,曹操约在215年征讨孙权时,邴原随军出发,不幸于途中病逝。曹操身边的东曹掾崔琰曾在推让官职的奏记中说:"征事邴原、议郎张范,他们的德行都纯正美好,做事守礼,行为端正,清正廉洁可以激励凡俗,志向坚贞足以求取事功,正是所谓龙羽凤翼,国家的重宝,举用他们,无仁德者就不会进前。"这大概也多少反映着曹操本人的认识。

## 1.12（7）德纯行直的邴原（下）

三国名士邴原归附曹操后被安排为太子曹丕的辅佐属臣，同僚称他为龙羽凤翼，国家的重宝，但不幸在一次随军出征时病逝途中。《三国志·邴原传》引注的诸多资料中记录了邴原读书游学、北海任职、辽东避难及辅佐曹氏等曲折人生中的不少事迹，表现了他德性纯朴和为人坦直方正的不俗特征。

邴原在家乡学堂受到老师无偿教授并取得很好成绩后，他准备去远处游学，首先到达了安丘（治今山东安丘东南）名士孙崧那里，孙崧推辞说："你们家乡的郑玄君，你知道吗？"邴原回答："知道。"孙崧说："郑君学兼古今，博闻强识，探究深远，的确是学界的导师楷模，你却舍弃他，远行千里求学，这就是把郑玄看成了东边邻家老头儿了。你似乎并不知道他，但却对我回答说知道，这是为什么？"邴原说："先生的说法，确实称得上是利于人的苦药良针，但却没有考虑到我个人的微小志趣。人各有志，对自己的设定有所不同，所以有登高山而采玉的人，也有入深海而寻珠的人，难道能说登山的不知道大海之深，入海的不知道大山之高吗！您说我把郑玄君当成了东边邻家老头儿，那您以为我就是西邻什么都不懂的愚夫吗？"孙崧看来的确对身居北海高密县的大学问家郑玄崇拜之至，他不能理解邴原舍近求远来到他跟前求学的行为，表现出了某种责备。这里听了邴原的解释，孙崧从对方的思维逻辑和清晰表述中察觉到自己误会了邴原，于是致歉表谢。

孙崧又对邴原说："兖州、豫州学界的人物我大多都认识，还没有像你一样的人，我可以写信给你介绍那里的学界名人。"邴原感到孙崧的情意很重，不好推辞，就带着孙崧的书信离开了。但邴原觉得拜师游学，志高者自然就能相交，不像交朋友那样需要介绍，书信没有多大用处，于是把孙崧的信放在家中，继续出去游学。邴原过去能饮酒，自外出游学后，八九年间酒不沾口，他背着书箱步行，先后在陈留（治今河南开封东南）韩子助、颍川陈仲弓、汝南范孟博、涿郡卢子干等名家门下游历求学。临

27

别时，师友们都以为邴原不会饮酒，只以米肉聚餐送别，邴原说："本来能饮酒，恐怕因酒荒废了学业，所以不再喝酒。今天要远别了，大家饯行送别，可以酣饮为欢。"他与师友一块儿坐下饮酒，一整天竟然不醉。返回后把孙崧的书信归还，解释了他没有使用书信的想法。邴原是怀着虔诚的心情前往各地游学的，他戒酒修业，一心精研学问，吸收各家精华，终也成就了自身的学业名声。

邴原刚出名时就被北海相孔融任用，当时本郡郑玄被用为计掾，彭璆被用为计吏，邴原被用为计佐，其中计吏比计掾的职级稍低些，计佐是前两位的助手。孔融认为参与官员考核的上计吏等人都应具备公卿之才，因而郡中三位学界名人都被安排作官员的政绩考核，也可见孔融对他们的看重。孔融平时很欣赏属下一位吏员，经常夸奖赞叹他，但后来因故对他产生怨望，竟然要杀掉该人，郡中官员多为求情，该吏员在座位上起来叩头流血，孔融仍然不愿赦免。邴原没有起来求情，孔融问他说："你为什么不为求情？"邴原回答说："您对这人本来很好，经常说年终就要推举他，称他就像你的儿子一样，郡中其他吏员蒙受的恩情都超不过他，但现在却说要杀他。我邴原愚笨，不明白您为什么喜欢他？又为什么憎恶他？"孔融说："这个人家庭贫寒，是我帮助成就了他们兄弟，提拔和任用他们，但他现在就辜负了我的恩惠。他做好事我就推举，做坏事我就处罚，我们做官员本来就是这样的。过去应劭任泰山郡太守（参见0.8.1《陶谦保徐州》下），他当时推举了一位孝廉，但十多天就杀掉了。作主君的人，对待一个人的薄厚好坏哪有什么定数？"

听了上司孔融的陈述，邴原说："应劭对人举孝廉，而后杀掉了，他的情义在哪儿？举孝廉是给国家选拔才俊，如果推举是对的，那杀掉就错了；如果杀掉是对的，则推举就错了。《论语》中说：'爱一个人就想让他活着，厌恶一个人就想让他死去。既想叫他活着，又想让他死去，这就是心中迷惑。'应劭的迷惑太过分了，您怎么能效法他？"孔融于是大笑着说："我只是开个玩笑罢了！"邴原又说："君子说的话，从自身发出，让百姓听到；言论与行为，就是君子施行治理要把控的关键。哪里有把杀人作为玩笑话的?"孔融无言以对。邴原在这里没有求情,但他利用孔融对自己的看重,对事情中内含的道理进行了透彻的分析剖示,孔融的心态明显转变,相信他提出要杀掉该吏员的决定自然难以坚持下去了。

因为东汉社会衰落,官场贿赂成风,加之北海一带黄巾军反复作乱,邴原与家人一同至郁洲山中避难。郡中将他举为有道,孔融写信给邴原赞扬了他的品德才能,招呼其返回,但邴原无意逗留北海,他一径去了辽东。而孔融在北海艰难地干到195年时,实在坚持不下去了,地盘难以保守,最后只好只身逃离(参见0.8.2《孔融守北海及其学者人格》中),这也可见邴原对北海前景预察的先见之明。

邴原到了辽东居住时,当地老虎很多,而邴原居住的村落却偏偏没有虎患。邴原曾在路上拾得了别人丢失的钱,他捡起来系在树枝上,大概是希望丢失的人前来寻找时就可拿走吧,但这钱长久没有人来取,而树枝上系钱的人越来越多,询问他们系钱的原因,回答说这是神树。邴原感到因为自己的行为反使这里成了不合礼制的淫祀之处,就想纠正过来,于是在该树所在的乡间敛钱作为供奉土神之所。当地百姓称颂说:"邴君行仁,邑落无虎;邴君行廉,路树为社。"他在当地民众中拥有了极高的威望。

邴原在辽东滞留了十多年,后来中原安定,他准备返回家乡,而辽东太守公孙度不让他离开。邴原于是自己治好行装,对村落的人说可以迁徙到接近邻郡的地方居住,大家都愿意跟随他。那里有过去捕鱼的大船,邴原请村落的人喝酒,人们喝得烂醉,邴原遂连夜乘船离去。《世说新语·赏誉篇》及其注解《邴原别传》中记有如下故事:邴原走了几天之后,公孙度方才觉察,辽东官员提出追回,公孙度说:"邴原正是所谓云中白鹤,不是鹑鷃的罗网所能捕获的。何况是我自己让他离开的,不必追赶了。"邴原于是返回了中原。

自从回到中原后,邴原又开始讲述礼乐,吟咏诗书,有门徒学生数百人,潜心跟随研读的几十人。当时郑玄博学洽闻,注解典籍,身边聚集了一批儒雅之士。邴原因为学问精深,志向高远,言行随意而行为方正,所以不少英伟才士对他非常崇敬。其时议论称颂青州具有邴、郑之学,邴原成了与郑玄并列的学界名人。曹操于是征召他,任用为丞相征事、东阁祭酒,后来特意安排为五官将长史,让他作曹丕的属下辅佐,直至215年逝于任上。

邴原是三国时代德行学问极高而社会影响颇大的名人,他因少年读书的不易而发奋苦学,其后多年游学,吸收了各家学问所长,学问自成一家。他在北海任职和辽东避难的近二十年间,经历了复杂的社会生活,其间展现了高尚的道德风范,同时又通过讲学而传播了传统文化精神,并在研读中深化了对经典的理解,使他成了当时可与郑玄并列的文化名人。史书上没有记录邴原的出生时段和终世年寿,根据事件推测,他和曹操、孔融应是年岁相当的人物,约为153年–158年间所生,终年六十岁左右。他的一生学问精深,德行纯美,真正做到了知和行的统一,所以名声不凡,社会影响巨大,虽然没有看到他本人留传下来的文字,但三国典籍中永存着他的品格与人格。

## 1.12（8）名士管宁的坚定心志

名人管宁是坚定的隐士一族,他青少年时与华歆为好友,因为两人对学问的专注和对财富利益的关注程度大不相同,就曾发生过割席分坐的故事。据《三国志·管宁传》及其引注等处记述,管宁与邴原、王烈都从事过游学活动,也都前往辽东避难,但管宁晚年返回中原后仍然一如既往地坚守了自己本来的不仕心志,拒绝了魏国三代皇帝的征召任用,表现了对平民生活的衷心满足。尽管如此,他个人一生的德行与品格为社会生活树立了良好的典范,成为人们德性教化的活教材。

管宁字幼安,北海朱虚(治今山东临朐东南)人,是春秋齐相管仲的后代。管宁十六岁时父亲去世,他的中表兄弟(指舅父、姨母和姑母的儿子们)怜悯他孤独贫困,都赠予他治丧费用,管宁全都推辞没有接受,根据自己的财力为父亲办理丧事。他成年后身高八尺,胡须眉毛长得很美。曾与几位朋友都到其他郡游学,并且都敬重亲善名士陈仲弓(陈寔)。当时天下大乱,管宁听说辽东太守公孙度在推行利民之政,就与邴原及平原

    人王烈等人到了辽东。公孙度空出馆舍等候他们，管宁见到公孙度，只说经典而不谈世事，离开后他在山谷中建起庐舍。当时渡海避难的人大多住在郡的南部，而管宁却住在郡北，表示没有迁徙返回的意思，后来的人渐来跟他居住，不到一月就形成了村落。管宁给大家讲授《诗经》《尚书》和古代礼仪，公孙度就很看重他的德行，当地民众也都欣赏和追随他的生活行为。

    在管宁居住的村落，大家都取井水生活，有时候男女百姓为抢用井水而争斗，管宁对此担忧，他多买了些器具，分置在井旁，打好水等待村民，不让大家知道。来取水的人觉得奇怪，打问后知道是管宁所为，于是各自反省，不再相斗。有一次邻居的牛糟蹋了管宁家田间的庄稼，管宁把牛牵到凉处，给其提供的饮食比主家还好，牛主人知道这一切后非常惭愧，就像自己犯了罪错一样。因为管宁的这些行为影响，村落逐渐没有了斗讼现象，礼让之风在当地盛行。

    其时中原地区已较安定，避难辽东的人许多都返回了，只有管宁坦然自若，似乎要在辽东终老一样。公孙度的儿子公孙康继任后，对外以将军和太守为号，但在内却有称王之心，他想授予管宁官职，使其辅佐自己，而最后还是说不出口，对管宁有所敬畏。但管宁后来看到了公孙康的野心会给辽东带来的外部风险，遂有了返回中原的念头。曹操担任司空后征召管宁，公孙康截断诏命，不对管宁宣布。223年魏文帝曹丕诏令公卿大臣举荐特立独行的隐士，司徒华歆举荐了管宁，曹丕发诏征召。当时公孙康的弟弟公孙恭嗣位，管宁似乎看到了公孙恭与侄儿公孙渊可能会有的矛盾分歧，于是决定返回中原。公孙恭亲自把管宁送到南郊，赠给他服饰器物。管宁自从来到辽东三十多年，先后受到公孙度、公孙康、公孙恭许多资助馈赠，他接受后都收藏起来，这次将这些馈赠全部封好退还给了公孙氏，然后离开辽东。后来辽东执政集团果然发生内变，公孙渊夺取了公孙恭的权位（参见0.3.2《公孙家族的兴与亡》），管宁在这里成功避免了辽东政局动荡可能会引起的祸患。此前邴原在辽东秉性刚直，在议论中经常涉及具体的社会生活问题，执政的公孙度等人就为此非常不安。管宁当时对邴原说:"潜龙以不表现自己为德,因为还不到他表现的时候,这样就是致祸之道。"是他劝说邴原返回中原。可见,远离政治的管宁其实对所处社会的政治问题及其演变趋势极其敏感,并能有正确把握;从他对邴原的劝告看,所谓远离政治只是回避政治祸患的手段而已。

管宁返回中原的路上,乘船在海中遇到了暴风,当时海上许多船被打翻沉没,只有管宁乘坐的船没有出事。那天晚上夜色晦暝,船上的人辨不清方向,不知道在哪儿停泊。后来远远望见有火光,于是赶过去,上了一座岛,岛上无人居住,也没有烧过的火烬,大家都为这次能逢凶化吉而感到奇怪,觉得是得到了神光的保佑。后世学人皇甫谧不无赞叹地说:"这是积善的报应!"

管宁回到中原后,曹丕发诏任用他为太中大夫,管宁固辞不受,他上书给曹丕说:"我听说傅说做梦,所以感动了殷高宗;吕尚有了吉兆,所以打动了周文王,他们以通神之才启悟圣主,任用他们才能匡佐帝业,成就大功。我已属脏器衰朽之人,实在不是贤才。虽然贪恋清平世道,只是求得残体蝉蜕,身内的顽疾尚在,就像太阳快要落下西山的人。只愿陛下满足山湖野人的心愿,让一位老者度尽他的小命。"管宁以年老疾病而推辞任用,话说得非常决绝,曹丕亲自看过了他的奏书,只好搁置此事。

226年曹叡继位为帝,朝廷太尉华歆主动提出让职给管宁(参见1.5.1《迎来命运的转折》),后来司空陈群又推荐管宁,荐书中称赞其"行为世表,学任人师",认为他清正简朴的风格可以抑制社会浊流,忠诚正直的德性能够矫正时弊,即便让其坐而论道,也有益于全社会的教化。于是曹叡下诏征召管宁,他把老年管宁比作《周易·乾卦》所示的初起之龙,又比为周文王聘请的姜太公,说明朝廷政治对他的需求,应该是给了他极大的荣誉。曹叡同时又给青州刺史下令,让地方官员做好管宁赴任上路的各种照顾。但管宁接到诏书后再次上疏推辞,他把来不了京城的责任全部揽在自己身上,祈望曹叡理解。曹叡无奈放弃了任用,但每年八月总是按礼节赐给牛肉和御酒。曹叡后来还向青州刺史程喜询问管宁在家中的生活习性。管宁有一个族人叫管贡,当时在青州府任职,他与管宁是邻居，程喜通过这一关系暗中打探了管宁的生活起居，汇报给了曹叡，曹叡终于明白管宁的确无意做官（参见 1.5.18《曹叡的用人和处事》下），这才彻底打消了任用的念头。

在曹芳为帝的 241 年，太仆陶丘一、永宁（太后宫）卫尉孟观、侍中孙邕、中书侍郎王基一同推荐管宁，他们写了篇幅极长的奏章，其中提到管宁"淡泊清高，德行卓绝，海内无双"，认为应该给他备下厚礼，授予几杖，用最大的诚意去延聘。于是掌政的曹爽特意准备了安车蒲轮的高级车辆与珍贵礼品去迎请，但去后正逢管宁去世，魏国朝廷的最后一次努力终于也未能把他拉进仕途，管宁时年八十四岁。朝廷于是任命他的儿子管邈为郎中，后为博士，其子应该也是一位很有学问的士人。

管宁家中储粮不过担石，但每次遇到有生活困难的姻亲、故友、邻里家去，必定分些粮食来周济他们；与该家孩子说话，必会教给孝道；与其人的弟弟说话，必会劝之以悌；说到如何为臣，定会以忠诚教诲。他说话的态度非常恭敬，言语极其和顺温柔，他总是根据不同的事情引导对方向善，身边的人逐渐会被感化。管宁去世后，天下认识与不认识的人，凡是听到的无不遗憾感叹，他的醇厚德性在社会上有极大感染力，是一位心志坚定、影响深广的高尚之人。

### 1.12（9）引善成风的王烈

汉末乱世中社会精英层有一批信念执着、品格崇高的人物，他们是传统文化的坚定守护者，生活中不屑于与社会上层的执政者同流合污，而与普罗大众保持着密切的接触，能以他们的德性人格而赢得底层民众的信赖和追随，往往成为基层社会道德风尚的引领者。《三国志·管宁传》中夹述了他的好友王烈的事迹，能够从中参照看到，管宁的行为风格不是孤立的存在，而是三国战乱时代一批传统士人面对社会剧变而做出的共同选择，其中反映着他们特定的价值理念，这是传统文化根深蒂固的一种表现形式。

王烈字彦方，平原（治今山东平原南）人，另一说为太原人，可能是史家撰述有误所致。早先王烈的名声在邴原、管宁之上，他年轻时师从名家陈寔学习，与陈寔的两个儿子结为朋友。当时一些颍川名士如荀爽、贾彪、李膺和韩融都跟随陈寔学习，他们都是《后汉书》中有传的名士，大家看见王烈的性格和学业很出众，非常佩服，都喜欢与他亲近交往，因此王烈的美好声誉在海内出名。王烈德行卓著学业有成后回到了家乡，正好父亲去世，他泣泪守孝三年，其间发生饥馑荒年，他把自己不多的储粮分给村里最困难的人救助生命，所以本宗族的人称赞他孝，同村的人效仿他的仁爱。他在家乡兴办学校，引导人们崇尚礼仪，对地方的教化起到了积极推动作用。王烈引导别人，总是以道义让他明理，使对方逐渐从善远恶，得到教益的人自己感觉不到什么就自觉走上了正道，并成为有作为的人。王烈以义行而著名，当时地方上的长官也到王烈那里筹划和咨询政令。他的学生门人走出去，行为举止与众不同，人们甚至能分辨出来。史书记载，由于王烈的示范带动，所在地方和乡间的风气大为改良，人们都争相为善。

有关王烈对当地社会风气的影响带动，《后汉书·王烈传》和《三国志·魏书十一》引注资料中介绍了其中的典型事迹：当时乡里有个偷牛的人，牛主将其捉住了，偷牛者说："我一时糊涂，从今往后我会坚决改过。您既然已经宽宥了我，就请不要使王烈知道。"有人把这事情告诉了王烈，王烈使人送给他六丈布。有人问："那人偷了牛，他这么怕你听到，你反而送给他布，这是为什么？"王烈说："这人偷牛悔过，又怕我听到，是有羞耻之心啊。既然有羞耻之心，那为善之心将会生成，送他布是要劝他为善。"

时隔不到一年，路上有个老人担着重物，有人代他担行了几十里，老人快到家时，那人放下担子离开了，想问他的姓名，那人并不告诉。又过了一段时间，担重物的老人因事外出，他把所带的剑丢失在了路上，后面有人捡到了，本想放下剑离去，但恐怕被别人捡走使剑主人永远丢失，于是就蹲在那里等候。到了傍晚，遗失了剑的老人前来寻找，却发现正是上次为自己担担子的那人。老人拉着他的袖子问道："你上次为我担担子，

>>> 1.12 协助治世的名臣

没有问到你的姓名；今天你又在路上为我守剑，我还没有见到你这样有仁德的人，请你一定把姓名告诉我，我必须把这事情报告给王烈。"那位守剑的人就留下姓名离开了。老人把这事告诉了王烈，王烈说："世上这样有仁德的人，我尚且没有见到。"于是打发人去了解，原来正是当年那位偷牛的人。王烈的行为不仅感染了基层社会的人们，使他们具有了浓厚的荣辱观念，他的刻意激励行为，甚至让那些有过劣迹的人能够改邪归正，转变为一个品格高尚之人，其引导社会向善的作用是很明显的。王烈受到当地人们的衷心爱戴，那些争讼是非曲直的人，本来准备请王烈判定，有的走到路上就返回，有的望见王烈的房子就回去了，他们羞于让王烈听到这些是非之讼。

王烈被举为孝廉，朝廷三公之府同时想征召任用他，王烈全都拒绝。其后董卓作乱，王烈于是到辽东避难，在那里自己耕种，他的农具经常提供给其他人使用，本人穿着粗布衣服，吃着简单的饭食，并喜欢钻研典籍，自得其乐，当地的人对他十分尊敬，就像君主一样看待他。当时因为国家纷乱，有识见的人不多，一些人结成朋党，互相攻击，而当时到辽东避难的人，很多都被这些人出言诬害，而王烈在那里居住多年却没有发生祸患。王烈不久任辽东太守公孙度的长史，负责其秘书和助手的事务，在他的协助治理下，辽东强者不欺负弱者，也没有人恃众凌寡，商人没有抬高价格牟取暴利。可以看出，王烈是在东汉政治大乱的年代离开了中原，而在遥远的辽东之地，他仍然以自己固有的高尚心性去面对新的生活，引善成风的种子在辽东之地同样开花结果，显示了其普遍适宜的生命力。

后来曹操多次征召王烈任职，但公孙度及继位的公孙康都没有送他返回上任，最终没有到职。也有资料说是王烈自己不愿返回中原做官，他为了让曹操放弃对他的征召任用，后来辞掉了辽东长史职务，却舍身作商贾以自我污秽。因为当时按照汉朝的制度，商人不得入仕担任官吏。《御览·晋令》中说：市场上做买卖的人，必须头上戴着有标志性的巾帖，在额头部位写上买卖人的姓名；同时一只脚上穿着白鞋，一只脚上穿着黑鞋，用这种自我作践和污秽的方式表明低贱身份。王烈不愿在中原朝廷做官任

35

职，他在不好辞绝的情况下就自己作了商贾，实际上是自我毁掉了入朝为仕的资格。并不清楚是什么原因导致王烈对中原人仕产生如此过分的拒斥，以至采取了这种极端的方式。

王烈比管宁、邴原大约年长十五岁，他们有着同样的思想理念与生活追求，但王烈对辞绝人仕却有着更为决绝的态度。218年，七十八岁的王烈病逝于辽东，他自189年东汉政局大乱后离开家乡，自此终生没有返回中原。无论如何，王烈的美好德行及其所引发的向善风尚应该深植在了他生存生活的南北大地，并会在悠长的历史进程中不断闪烁出熠熠光亮。

### 1.12（10）张臶与胡昭的政治意识

三国乱世中中原一带许多学问高深的文化人常有一种避世意念，他们能沉浸于自己的学问中而自得其乐，宁愿与社会保持一定距离，因而会一再辞却各级政府官员的征召任用。但另一方面，他们避世而不离世，不仅是物质生活上与世俗社会相融通，即便他们刻意回避的社会政治生活，也总是他们隔远而关注的重点领域。陈寿在《三国志·魏书十一》中介绍了张臶、胡昭两位隐者的事迹，同时也记述了他们对当世政治给予的关注或参与，展现了他们独特的心性特征。

张臶字子明，钜鹿（治今河北宁晋西南）人，他少年时曾在太学读书，通习经书和谶纬之学，后来回到家乡，袁绍多次征召他做官，他都没有应命。后来移居上党（治今山西长治北），并州（治今山西太原西南）牧高幹推荐他任乐平（治今山西昔阳西南）县令，他没有接受，于是离开上党到常山（治今河北元氏）讲学，门徒有数百人，又迁居任县。曹操在208年担任汉丞相后也曾征召他来朝廷，张臶仍然没有答应。

一直到了曹叡执政的前期，朝廷发诏寻求能消除灾异的隐逸高学人士，郡中多次推荐张臶，准备送他前往，但张臶以年老多病为由没有前去。广平（治今河北鸡泽东南）太守卢毓到任第三天，主簿报告可以按以前的做法，送交拜帖去见张臶。卢毓对他道："张先生是所谓上不侍奉皇帝，下不结交诸侯的人。这不是送去拜帖请见就能感到光荣的！"他派主簿奉书致羊酒之礼去拜见。

　　236年，张掖郡黑河水中发现了宝石背负的图像，图像画的是一只灵龟，又画有麟凤龙马。太史令高堂隆报告说，这种宝物显示的是大魏的吉祥命运，朝廷发诏书向天下公布了此事。任县县令于绰将诏书带去询问张臶，张臶私下告诉于绰说："神明只预言未来，而不追述以往，祯祥是先有兆预，事情的兴盛或衰落才在后面跟随。汉朝灭亡已久，曹魏已得天下，怎么会追述兴废呢？这块宝石预示今天的变异，它只是将来的征兆。"（参见1.5.13《对忠臣谏言的圆通处置》下）张臶认为瑞祥征兆与事情发生的关系是前后相继而不能颠倒的，他表明征兆只是对于以后的事态而言，进而确认曹魏时代的吉祥之兆，其实是对于另外兴起的政治集团作预示，而其对于曹魏反而属于灾异之兆。当时年轻有为的曹叡已经走上了心志沉沦之路，张臶这里的预兆分析首先表现出了对魏国的国祚运数这一重大政治问题的关注和思考；另外，张臶深通谶纬之学，今天人们认为这种学说是没有多少科学依据的，但从张臶对于绰的回答看，这一学问至少还在当时保持着它的逻辑自洽性。

　　曹芳在位初期的240年，一种叫戴鵀的鸟在门背筑巢，张臶告诉学生说："戴鵀是阳性的鸟，现在却在门之阴筑巢，这是凶兆啊。"张臶以戴鵀筑巢判断社会的吉凶，其吉凶的意念也必然是指向重大的社会政治问题。他为此弹琴唱歌，作了两篇诗，不到十天就离世了，时年105岁。据此推知，张臶出生于136年汉顺帝执政之时，他可能是史载中当时最长寿的人。这一年，广平太守王肃到任，他对各县发令说："先前在京都就听到张子明的名声，到任后准备拜会，他却已经离世，感到非常痛惜。"他要求县上派吏员去向他的家属问候，要求在其门户上题写标志，从各方面给予特殊对待，并赞扬说："这位贤君笃学隐居，不与人争，在学问中寻求快乐。"王肃是曹魏后期的大学问家（参见1.8.5《曹髦的经学探讨》中），他对张臶表现出来的是高度的崇敬之情。

　　胡昭字孔明，颍川（治今河南禹州）人，他开始选择在冀州生活居住，后来推辞了袁绍的征召任用，返回家乡。曹操在196年担任朝廷司空，在208年又做了丞相后，多次以礼征召胡昭，胡昭曾经有一次去见曹操，见到后自称一介乡野书生，在军国之事上没有特长，诚恳地要求离去。曹操说："人各有志，出仕还是隐居，各人兴趣不同，你有高雅的喜好，我不会勉强你。"胡昭于是移居陆浑（治今河南嵩县东北）山中，亲自耕种，以钻研经典自娱，乡邻都尊敬并喜爱他。

引注资料《高士传》上记录了一件出人意料的事情：早先司马懿为平民时，与胡昭关系很好，同郡人周生等想谋害司马懿，胡昭听说了这事，他走了许多陡峭山路，邀请周生到崤山、渑池之间，劝阻周生的行为，周生不肯，胡昭就哭着与他以诚结交，周生为胡昭的义气所感动，于是同意终止自己的行动，胡昭为此与他砍下枣树盟誓后方才分别。胡昭虽然有庇护司马懿的阴德，但他始终没有说过，也没有人知道。这里不清楚未入政界的司马懿为何在年轻时就有结怨的仇敌，但能由此看到，胡昭对未来的政治明星司马懿还是非常看好的；如果此事为真，未曾入仕的胡昭对曹魏后期政治走向的影响还是不能低估的。211年，百姓听说马超反叛，有千余家庭为躲避兵祸进入山中，因为缺粮饥困，相互间逐渐发生抢掠行为，胡昭经常以谦逊的言辞为大家作调解，所以大家都很看重他。胡昭过去居住的村落中，三百里内没有相互抢掠侵暴的行为。

218年，陆浑县长张固被命令调集壮丁派往汉中服役，百姓害怕远道服役，心情不安，平民孙狼等人趁机起兵杀了县主簿而叛乱，县城被摧残破坏。张固率领十几个吏卒，在胡昭住所周围聚集留下的百姓，恢复了政权。孙狼其后向南归附了关羽，关羽授给他官印并拨给士兵，孙狼返回成了寇贼，他到了陆浑之南的长乐亭，发誓约定说："胡昭居士是个贤者，一律不得侵犯他的村落。"整个地方依靠胡昭的关系，都用不着担心害怕了。局面安定后，胡昭迁居到了宜阳县，胡昭的信义在家乡很出名。

幽州刺史杜恕曾经到过胡昭所居住的草庐中，言事论理，用恭敬的言语致敬，他非常看重胡昭。太尉蒋济想征召任用他，胡昭没有答应。胡昭善于书法，他与钟繇、邯郸淳、卫觊、韦诞一并有名，他书写的墨迹，总是被人用作临帖。当时的学人傅玄称赞胡昭，说他"外表上与平常人相同，而内心非常纯洁；不是他所喜好的事，王公也不能让他屈服。我从胡君身上看到，人在八十岁时仍然能读书不倦。"胡昭的成就与行事风格得到了当世学人一致的赞赏。

在曹爽辅佐曹芳执政期间，骠骑将军赵俨、尚书黄休、郭彝、散骑常侍荀顗、钟毓、太仆庾嶷、弘农太守何桢等人相继荐举胡昭，他们给了胡昭很高的评价，希望朝廷将其任用。但朝廷借口对外战争没有停止，认为征召贤人的事情还需以后安排。胡昭与司马懿早先有很亲密的关系，这也许是执政人曹爽找借口不予任用他的根本原因。高平陵事变之后的250年，执政的司马氏也许本来就是群臣建议任用胡昭的幕后支持者，他们掌权后看来十分尊重群臣的提议，朝廷派出公车作特别征召，而胡昭正好去世，享年八十九岁。朝廷的任用落空，于是任命胡昭的儿子胡纂为郎中。胡昭生前刻意疏远政治，而他去世前后，也未能免于成为司马氏政治斗争的利用品。

## 1.12（11）隐士焦先的生命轨迹

传统社会的文化人由于身受儒道思想的双重影响，往往在求取功名而不得，或者在现实环境与理想社会反差过大的情况下，总会把隐居避世作为自己的退步之地。在必不得已时走出社会生活而做个自得其乐的隐士，是每一位读书文化人潜藏于心底的秘密设定。然而，真正的隐士生活究竟如何呢？在《三国志·魏书十一》中陈寿提到胡昭避世不仕的文字后，裴松之引注了三国时魏人鱼豢撰写的《魏略》，其中介绍了传奇人物焦先的生命轨迹以及他后来的隐士生活，向人们展现了一位真隐士的生命状态。

焦先字孝然，河东郡（治今山西夏县西北的安邑）人，大约188年，黄巾余党白波军在当地兴起，当时焦先二十多岁，他与同郡之人侯武阳相随活动。武阳年龄小，家有母亲，焦先与他互相接应帮扶，为躲避白波军，他们向东到了扬州，并娶妻结婚。大约196年汉朝廷迁徙许都后，他们两人向西返回本郡。武阳到大阳（治今山西平陆西南十公里）安了家，焦先留在陕县（治今河南三门峡西郊）边界，到了211年，关中大乱，焦先家人丢失，于是他独自一人在湖泽间流浪，其间食草饮水，没有衣服和鞋子。其时大阳县长朱南在远处望见焦先，知道他是流浪的士人，打算派船去捉住他带回。武阳对县府的人说："他是狂痴之人！"于是给他注册了户籍，发放给他每天五升粮食。后来碰上疫疾流行，死的人很多，县里常让他去安埋死去的人，乡间的儿童仆役都看不起他。这里不明白焦先为何丢失了自己的家人而不寻找就独自流浪，也不明白与他曾同历患难的侯武阳为何对友人没有进一步的救助？但能感到，传统文化人潜藏在心底的退步设定，在焦先的人生挫折时刻被他自己轻易提升到了生活选择的首位，他自得其乐地做了内心早有准备的隐士。

焦先行路不走邪径，必定走在正道上；在地里拾麦子不取大穗；宁愿挨饿也不求食，忍寒而不求衣。他自己制作了一个瓜牛庐，将里面打扫干净，用木头做了床，将草蓐铺在上面。到天冷季节，点起篝火取暖，独自哼着句子。饥饿时出去为人做佣工，去做工吃饱为止，不收工钱。他还用草做成衣裳，不戴帽子，赤着双脚，每次走在路上，如果与人邂逅相遇则尽量藏匿在路边，见了女人就躲藏起来，等对方走过去后才出来。有人询问这样做的原因，他回答说："草屋茅庐中的人，本是与狐兔同群。"他不说虚妄不实的话。

曹叡在位年间，焦先曾手持一根木杖南渡浅河，之前他自己总说"不能渡河"，由此人们认为他并不狂癫。在司马氏主政之初的251年，太守贾穆刚到任时，有意经过他的草庐，焦先对贾穆行了拜见礼。贾穆对他说话，焦先不作回应；送给他食物也不吃。贾穆对他说："国家派我来为你作君，我送给食物你不肯吃，我对你说话你不回答我，这样做，一定是我不合适为你作君，我应该离开吧！"焦先于是说："真是这样吗？"此后再无他言。次年魏国组织军队伐吴，有人私下问焦先："今年伐吴怎么样？"焦先不肯回答，其后胡乱唱着说："祝魶祝魶，非鱼非肉，更相追逐，本心为当杀羒羊，更杀其羖䍽邪！"歌中的"魶"，是挫败、失败之意。当时人们搞不懂他吟唱的意思，后来魏国三路大军败归，有人推测焦先歌中的意思，是以羒羊指吴国，而以羖䍽代指魏国，能看出他对战争的目标与结局及其二者的不相一致，事前都是有所预见的，人们认为他是一位并不癫狂的隐士。

朝廷议郎董经特别欣赏志节特异的人，他与焦先早先并不认识，后来暗中去观察他的行为。董经到后撩起自己的白胡子，好像认识的人一样，对焦先说："阿先好吗！记得我们一同躲避白波时的情景不？"焦先看着他好一阵儿不说话。董经知道他过去受过武阳之恩，于是又说："还能想起武阳吗？"焦先说："已经报答他了。"董经又寻找话题与他说话，焦先则不肯回应。其后一年多病逝，时年八十九岁。

西晋学者皇甫谧所撰《高士传》汇集了自唐尧至曹魏八个朝代二千多年间九十多位高士的事迹，其中对焦先作了更为传奇性的记述：当世没有人知道焦先是从哪儿出生，有人说他生于汉朝末年，从陕县来到大阳生活，没有父母兄弟妻子。他看见汉室衰落，从此绝口不与人说话。曹魏受禅立国时，他在河畔结草为庐，独自住于其中，无论冬夏都不穿衣服，睡觉不铺席子，也没有草蓐，全身亲近着地土，身上的垢污如同泥漆，形体全都暴露，不与人间接触。他几天吃一顿饭，想吃饭就去给人家做佣工，有的人送给他衣裳穿，让他有限度地做工并收取工钱，他总是做工后吃饱饭离开，如果多给工钱则不接受，也有几天不吃饭的时候。

他走路不行邪道，眼睛不与女人对视；口中不说话，即便有惊慌急迫的事情，也不和人应答，送给他的食物均不接受。河东太守杜恕曾带着衣服送去相见，焦先不与说话。司马师听说后特意让安定（治今宁夏固原）太守董经借故前去看望，焦先仍然不肯说话，董经接触后认定他是一位大贤。后来野火烧毁了草庐，他就在露天睡觉，冬天下了大雪，焦先在原地光着身子睡眠，人们以为他已经死了，去看时发现一切正常，也没有生病，没有人能明白他的心意，推测他的年龄可能在一百多岁时方才去世。皇甫谧的书籍成书较晚，他是根据晋时的传闻和能搜罗到的资料而做记，前面鱼豢私人撰写的《魏略》他当时多半没有看到，所以对焦先的记录有不少出入之处，而鱼氏的记述应该更接近事情的真实状况。

有人询问皇甫谧说："焦先是怎样的人？"皇甫谧回答说："我是无法

知道他，只是参考使用了以前的有关记录，才大略能说出他的事迹。世上之人常常追求的是荣誉，形体离不开的是衣裳，人身不能没有的是住宅，口中不能止息的是说话，心中不能断绝的是亲戚。现在焦先抛却荣誉，不要衣服，离开住宅，断绝亲戚，闭口不言，他以天地为宅室，过着远古之前的生活，超脱了人世，进入了玄寂至道的境界，整个世上之人都不在他的意念中，广大的天地不能唤起他的回顾，这是与三皇之时的先民相等同啊。"皇甫谧完全是用道家的价值理念去衡量焦先的行为，他对焦先的人格发掘如此丰富，得出的评价如此之高，这是毫不奇怪，同时也反映了他内心依稀尚存而为自己保留着的某种退步设定。

　　皇甫谧的评价并没有到此完结，他继续说："自结绳记事的人世产生以来，还没有人达到焦先这样的程度，这不是现在人几句话就能说清楚，不是我们的平常心就能度量的！焦先能够做人所不能做，忍人所不能忍；寒暑不能伤害他的生命，旷野不能损害他的人身，惊恐不能逼迫他思虑，荣爱不能拖住他的内心，所看所听不能污染他的耳目，他是走在不受损伤的道路上，置身在自我独立的处境中。他居世超过百岁，年寿逾越了人们的期冀，即便是上等智识的人也高不过他，他是自羲皇以来的唯一之人。"所以当时梁州（治今陕西勉县东）刺史耿黼就认为焦先是一位"仙人"。

　　的确，焦先并不像其他避世之人仅仅摆脱社会的政治生活为止，他以最大的勇气力求与自己生存的社会完全脱钩，刻意用人类结绳记事时的行为方式来安排自己的现世生活，同时他对自己已经选择走上了的人生之路在几十年间绝不后退畏缩，其内心的力量是足够强大的。按照道家那种崇尚古代的历史观，称他为"羲皇以来唯一之人"，也未尝不可。然而，拒斥采用文明已有的成果，并拒绝对社会进步作出自己的贡献，这样的人生果真最有意义吗？某种单一理论的思想局限性其实是显而易见的。

# 1.13 佐命兴魏立功业

曹操自兴兵起事就一直打着复兴汉室的旗帜，后来又迁汉帝于许都，自觉变身为汉朝廷直接的守护力量，这使他能争取到海内极具才华的一批能臣前来奔投效力，这些人物从不同的地方汇集一起，他们跟随曹操建功立业，成了顺应时势佐命兴魏的重臣，在社会历史发展中留下了自己的活动痕迹。

## 1.13（1）被屈死的崔琰

起先在袁绍集团任职做事的崔琰，因为生性耿直又坚守道义，因而与袁氏父子相疏离；后来归附了曹操后，为曹魏集团的发展壮大做出了不少贡献。但仍然因为生性耿直，不能轻易屈从权势，最终受人诬陷。《三国志·魏书十二》记述了名臣崔琰的事迹，展现了他端庄正直的人格以及不幸屈死的悲剧命运。

崔琰字季珪，清河郡东武城（治今山东武城西北十五公里）人。自小质朴少言，喜好击剑，热衷于武事。二十三岁时，乡里将他转为正卒。

**弃武从文的职业转换** 按照汉制，男子二十三岁服兵役两年：一年为本郡服役的正卒；一年为戍守边境的戍卒，或守卫皇宫的卫士。崔琰大概是不甘于终身从武吧，他自此慨然发奋，开始研读《论语》《韩诗》，二十九岁时，他与朋友公孙方等人到郑玄门下求学。不到一年间，徐州黄巾军攻破了北海，郑玄与弟子们到不其山（今山东即墨西南十公里）躲避兵难，当时粮食供应特别缺乏，郑玄只好停学，学生们挥泪离散。当时盗寇到处都是，崔琰西去返乡的道路不通，他于是在青、徐、兖、豫四州周旋游历，东往寿春，南到长江、洞庭湖地区。离乡四年后返回，在家中以弹琴读书自娱。

**投身袁氏及其个人遭际**　大将军袁绍听说后征召崔琰。当时袁绍的士兵专横暴虐，挖掘坟墓，崔琰规劝说："过去荀况说过：'对士兵平素不训练，战斗力就不强，即便商汤、周武王指挥也不能取胜。'现在道路上尸骨暴露，百姓未见到德政，应命令各郡县掩埋尸骸，以展现同情百姓疾苦的爱心，效仿周文王之仁。"袁绍似乎是赞赏崔琰的意见吧，他让崔琰作了骑都尉。

199年袁绍出兵黎阳，兵指延津，准备与曹操决战，崔琰规劝说："朝廷在许都，民心顺从天子，我们应该谨守本分，保证境内安宁。"崔琰看重战争中的民心所向，希望袁绍尊重天子，做好自身防御就行，而袁绍并不听从，最终在官渡大败。袁绍死后两个儿子互相对打，争着想得到崔琰。崔琰自称有病坚决推辞，由此获罪，被关进了监狱，依靠阴夔和陈琳的营救才免于一死。

**归顺曹操后的忠直坦荡**　曹操204年夺取邺城并兼任冀州牧后，征召崔琰担任别驾从事，他对崔琰说："昨天我考察了冀州的户籍，可以得到三十万军队，这是一个大州啊！"崔琰回答说："现在天下分裂，九州离散，冀州百姓暴骨荒野，百姓尚未听到王师为民众解除苦难的仁义之声，现在却在计算军队数量，如果将此看作首要事情，这难道是冀州百姓对您的期望吗！"这是一位败方官员与曹操的第一次见面，说话竟然没有一点儿客气，当时其他宾客听到崔琰的话，吓得低头失色，曹操也变了表情，而最后还是向他致歉。这是曹操在公开场合表现了胜利者的大度，但也能从中看到崔琰为人直率而坦诚的性格。

曹操206年率兵征讨并州时，留下崔琰在邺城辅佐曹丕留守后方。曹丕外出打猎，改换了服装车辆，以追逐猎物为乐。崔琰写信劝谏，他列举了历史事实，认为这是沉溺于狩猎之乐，而忘记了社稷之重，提醒曹丕应遵循正道，端正行为，思考治国策略才是。曹丕回信答复说："奉悉您的教诲，现在猎具都已焚毁，戎服也已脱去。以后再有类似的事情，还望继续给予指教。"应该是诚恳接受了崔琰的劝谏。曹操208年做了丞相，崔琰被任丞相府东曹掾，这是政府机构分曹治事的部门，后调任为征事。起初授予他相府职务时文告说："你具有伯夷的风范，史鱼的耿直，贪利的人因敬仰你而清廉，壮士因崇尚你而自励，这可以作时代的表率。所以授予东曹之职，愿你忠于职守。"这里是给了崔琰以极高的评价。

**票议太子时的明智做法** 崔琰所做一件最聪明的事情，是对曹操立太子时给出的意见及其特殊的表达方式。213年曹操封地建魏时，任命崔琰为尚书，这时尚未确立太子，曹操不能确定在曹丕和曹植两人中到底该立谁为太子，就向官员发出信函，暗中征求意见，应该是想看看两个儿子谁在群臣中的支持率更高些，属于极有参考价值的投票决定方式。而崔琰回复曹操的信封没有封口，他信中答复说："我知道《春秋》以立长子为大义，且五官中郎将曹丕仁孝聪明，应当承继大统，这一原则我将用生命来坚守。"曹植当时的夫人是崔琰哥哥的女儿，但崔琰坚定地投了曹丕一票，曹操看后就十分赞赏崔琰的无私品格；不仅如此，崔琰在回复时把私密信函开着封口，这当然不是一时的疏忽。因为和曹植的亲戚关系，崔琰预料到人们会把自己看作曹植一党，认定他会义无反顾地支持曹植上位。如果封口复信，即便他确实支持了曹丕，那也不会有多少人相信，这终究会成为一个有口难辩的问题。为此，崔琰有意开着封口回复信函，他不仅要表明自己支持曹丕的态度，而且要把这一态度明确地显示给朝廷君臣，以便自己能从曹家兄弟的政治争斗中清白地解脱出来。曹植的这位崔氏夫人不久因为衣绣违制而被曹操赐死，曹植后来因自身原因没有争得太子之位。崔琰这里表达给曹操的态度以及信函的送出方式就更加显示了他在关键时候的聪明和智慧，这件事情后曹操升任他为中尉。

**资料所记的"捉刀"事件** 崔琰身体伟岸，声音洪亮，眉目疏朗，须长四尺，仪态威重，使人有一种敬畏感。《世说新语·容止篇》讲述了曹操在会见匈奴使者时，安排让体态高大的崔琰假称魏王出面，他自己则捉刀站立在旁边观察。"捉刀"事件当然未必真有其事，但反映了崔琰身材雄壮并颇有威严的事实，也表现了崔琰当时作为曹操身边大臣以及他们两人间的密切配合关系。

**与曹操的矛盾与误会**　崔琰曾经推荐过巨鹿人杨训，说他才能虽然不足，却清廉贞洁，遵守正道，曹操于是任用了杨训。216年曹操作了魏王，杨训上表称赞曹操的功绩，论及曹操的盛德。有人讥笑杨训虚伪地迎合权势，认为崔琰荐人不当，崔琰取来杨训表文的草稿，看过后写信给杨训说："表文所说的很好！有些事情会随时间而变化！"崔琰的本意是指责批评者不考虑时间的变化，有人却报告说崔琰这是傲世并发泄怨恨。曹操说："崔琰称'事情会随时间而变化'，这意思很不恭顺啊。"于是罚崔琰为徒隶，其后又派人去观察，却见崔琰的言谈表情没有一点儿屈服之意。曹操发令说："崔琰虽然受刑，却与宾客来往，门庭若市，接待宾客时胡须卷曲两眼直视，似乎有所怨怼。"于是将崔琰赐死。

另有《魏略》中记述说，当时崔琰的文集被人得到，携带时用布包裹，与崔琰平素不睦的人从包裹中取来观看后，向曹操报告说崔琰的文章中讥讽朝政，曹操认为崔琰腹诽心谤，就将崔琰关入狱中。那位告密的人又称崔琰瞪着眼睛看人，内心有怨恨。曹操信以为然，吩咐审案的人："三天内要有结论。"崔琰最后受逼自杀。

**崔琰的识人与情义**　崔琰是曹魏集团中正直有为的官员，同时也有极高的识人之才，他早年与司马懿的兄长司马朗友善，崔琰对司马朗说："你的弟弟聪敏明哲公允，刚强果断英勇，大概你是赶不上的。"司马朗并不这样认为，而崔琰则坚持这一看法。崔琰的堂弟崔林，年少时没有名望，姻亲与本族的人也大多轻视他，而崔琰却说："这就是所谓大器晚成的人，最终必定很有前途。"（参见1.18.2《才智后发的崔林》）涿郡的孙礼、卢毓刚刚进入魏王府，崔琰就评论说："孙礼诚信耿直，刚毅果断；卢毓清醒机警，深明事理，百折不挠，都是做三公的人才。"后来崔林、孙礼、卢毓都官至国家辅佐。

崔琰对人情义至深，他的朋友公孙方与宋阶早逝，崔琰抚养他们的遗孤，那份恩爱像对待自己的孩子一样。作为一位贤良方正之臣，他遭受了诬陷，又被主君所误会，最终出现了不幸的结局。后世人对他的才能和品格给予了不少称赞，同时又称他"智不存身"，为他以极高的智识而不能保存自身而痛惜。

### 1.13（2）功臣毛玠及其晚年受审

在曹操身边供职多年的毛玠也是一位耿直无私的功臣，他为曹魏的事业发展奉献不少。《三国志·魏书十二》记述了毛玠一生的主要事迹以及他晚年遭受到的诬陷与审判，从中可以看到传统社会的官场复杂性，并能窥见当时国家审判的某种情景。

毛玠字孝先，陈留平丘（治今河南封丘东二十公里）人。年轻时做过县吏，以清廉公正著称。后来他准备到荆州避乱，尚未到达，听说刘表政令不明，于是就滞留在了鲁阳（治今河南鲁山）以等待时机。

**最早提出"挟天子以令不臣"** 曹操在192年占领兖州后，征召毛玠为治中从事，这是负责州府文书案卷、居中治事的刺史助理。毛玠对曹操说："现在国家分崩离析，国君飘落在外，民众的生产废弃，官府没有满一年的储蓄，百姓没有安心生活的念头，这都难以让国家长久。现今袁绍、刘表虽然士民众多而强大，但都没有长远打算，不是树基业立根本的人。凡用兵，总是合于义为正，也才能取胜，而保守权位须依靠财力。现在应当尊奉天子并向不肯臣服的人发布命令，同时致力于耕植，积蓄军用物资。这样，就可以成就霸王的大业了。"毛玠根据天下分崩离析而缺乏政治权威的现实，最早提出了"挟天子以令不臣"的政治策略，希望曹操能借助汉朝廷在全社会尚存的政治影响力来暂时填补当下政治权威的真空，同时依靠物质力量的长期积蓄保证自身的强大，最终成就自己的宏图大业。这是一种谋划长远，又极富现实性的政治行动方案，后来荀彧也再次强调迎接朝廷顺从人望的重要性，（参见0.2.11《有人看上了朝廷空壳资源》），于是曹操很敬重地采纳了毛玠的意见，转任他为幕府功曹，这是曹操司空幕府中主管选举的重要职位。

**选拔官员而正直守则** 在曹操担任司空和丞相期间，毛玠后来曾任东曹掾,与崔琰共同负责官员的考核选拔。他所举荐任用的人,都是清廉正直的士人,那些在当时虽有名望但行为不诚实的人,最终也不能被选用。毛玠特别看重俭朴并为人作出表率,由此全国士人无不以廉洁自勉,即使显贵得宠的臣僚,服饰器物也不敢违反法度。曹操赞叹说:"这样任用人才,使天下的人能够自我监督,我还需费什么心思呢!"曹丕任五官中郎将时,曾亲自去见毛玠,托他照顾自己的眷属。毛玠回答说:"老臣因为能够尽忠职守,所以有幸能够免罪,现在您所托的人不应升迁,所以我不敢遵命。"

**关键时候得到曹操保护** 曹操征讨乌桓后大军返回邺城,商议撤并一些机构。毛玠对私情求官的一概拒绝,官员们害怕他,都主张撤除东曹。他们一起提议说:"依照旧制,西曹为上,东曹为次,应该撤销东曹。"曹操知道其中实情,下令说:"太阳出于东方,月亮亮于东方,凡人说到方位,也是先说东,为什么要撤东曹?"于是撤除了西曹。这里表明了曹操对毛玠的理解和信任。

曹操平定柳城后分赏所缴获的器物,特意把素色屏风和凭几赐给毛玠,说:"你有古人的风范,所以赐给你古人的用具。"毛玠居显要之位,却常常穿布衣吃素菜,抚育哥哥的孤儿尽心诚意,得到的赏赐常用来救济贫苦族人,自己家里没有多余财物,后来升任右军师,这已是丞相府的高级属官。

**进一步赢得了君主的信赖** 曹操213年封土建国时,毛玠在魏国任尚书仆射,仍然负责官员的选用。当时曹操的太子还没有确定,而曹植受到父亲的宠爱,毛玠私下劝谏曹操说:"近来袁绍因为对嫡子庶子不加区分,导致族灭国亡。废立太子是大事,我不愿听到再有这样的事。"后来一次群臣聚会,毛玠起身如厕,曹操眼睛看着毛玠说:"他就是古人所说的国家司直,我的周昌。"司直是西汉时辅佐丞相、检举不法的官员,周昌是西汉初为维护刘盈太子地位曾与刘邦公开庭争的耿直忠臣,曹操应该是赞赏毛玠的忠直品性,这里的评价是极其正面的。

**卷入了一场冤案中** 毛玠与崔琰多年来同在曹操身边负责官员任用

事宜，两人性格也有不少相似。216年崔琰受屈被处死，毛玠应该充满着兔死狐悲的心情吧，他心中闷闷不乐。后来有人告发说："毛玠出门见到被黥面的反叛者，知道他们的家眷被判为官家奴婢，便说'天不下雨，就是因为这种事情'。"古人一直以天人感应的理念看待自然灾害，认为天不下雨多是人间冤情和社会政治的昏暗引起。毛玠如果真有这话，当然就是表达了他对株连罪犯家眷行为的反对态度以及对当时政治状况的不满。曹操听到告发之言后大怒，下令把毛玠收捕入狱。

**钟繇对冤案的审理**　审理毛玠的案子时，当时担任大理职务的钟繇亲自出面诘问了毛玠如下几个问题，其中涉及理论，历史，法律以及案件本身的诸多要素，不妨看看钟繇这位国家最高司法长官在审案中自己表述和提出的如下问题：

其一，"自古以来的圣帝明君，都会惩罚罪犯的妻子儿女。《尚书》上说：'作战中不听从我的命令，我会在神位前杀掉你。'司寇会把他家的男子判为奴隶，女子被罚给官家作苦役。按照汉律，犯罪者的妻子作了奴婢，还需黥面，这种黥墨之刑在古代就有。现今真正的奴婢，他的祖先有罪，即便经历了百年，犹有黥面作官家奴婢的。这条法律一能保留人的生命，二能宽宥同罪者的无辜。难道是违背了神明之意，以致引起了旱灾？"钟繇一开始就从历史延续上论证了黥面之刑与株连家眷行为的合法性，这一论证从古代经典和前朝法律中引申出来，表明了其在当下存在的合理性。面对毛玠可能对这一刑罚的否定，钟繇首先在理念上和话语上抢占了道义的制高点。

其二，"按照经书记载，事情过于急迫就生阴寒，事情过分舒缓就生出燠热；事宽生出亢阳，所以成旱。你毛玠说说，现在我们的法律是宽松了，还是急猛了？急猛了会生出阴气霖雨，为什么天气反而成旱？"钟繇这里运用天人感应论中关于阴阳、寒热、急缓等自然现象与社会行为间相对应的匹配关系，进行细致的逻辑梳理，这样推理引申的结果是：社会生活中用法严苛急猛，就会导致阴气淤积和淋雨出现；而毛玠的犯案言论是把天气大旱归咎于用法急苛，钟繇由此指出了毛玠言论在理论逻辑上的缺

49

陷，表明其言论为毫无根据的胡言乱语。

其三，"在成汤圣世时，田野中却不长草；周宣王是位贤德君主，当时旱魃肆虐，旱灾持续发生了三十年。如果把天旱归咎于颙面引起，能说得通吗？"

其四，"春秋时卫国大旱，他们准备讨伐邢国以报先前菟圃（今河南长垣境内）战败之仇，占卜并不吉利，但卫国刚一起兵就下雨。当时邢国并没有什么确定的罪恶，为什么攻打他们反而上天回应给卫国下雨的好处？"钟繇这里连续两问是要用历史事实说明旱灾并非由社会原因引起，实际是否定了毛玠关于"严刑致旱"的言论。可惜由于思想理念所囿，不可能进一步引申得出天人感应理论本身的荒谬性。

其五，"毛玠诽谤时政的话语已经流传在百姓中，所引起对朝廷的不满之声已经被君主听到。毛玠当时说话时，肯定不是说给自己，见到颙面罪犯时有几人在场？"

其六，"那些颙面的奴婢他是否认识？什么原因使他正好与其见面后就感叹说话？他对着谁说？对方如何回答？什么时间？什么地方？"这两条提问连续触及案件本身的诸多要素，似乎也有追求说话动机之意，最遗憾的是回避了对言论真实性的考究。钟繇最后表示说："事情已经被揭露出来，不得隐瞒欺骗，请根据实情回答。"

**受冤人的答辩及其结果** 毛玠在回答中列举了萧望之、贾谊、白起、伍子胥等人临终时受到诬陷的遭遇，以此类比自己的冤情。他说："我年轻时就做县吏，以勤勉获职，我处在中枢机要位置，牵涉复杂的人事关系。许多人以私情相托，即便有权势我也要拒绝。追求私利的人情是法律禁止的，而谁按照法律去禁止人求利，有权势的人就可能陷害他。"毛玠并没有与钟繇进行理论与法理上的辩论，他只是否认自己的犯案言论，并指出了遭受诬陷的原因，强调："一定要说我说过，则必须有证据。"当时桓阶、和洽也进言救助，毛玠最终被免官贬黜，不久逝于家中，与崔琰同年离世。曹操应该是回想到了毛玠一生的功绩，特意赐给棺木器物和钱帛，并任用他的儿子毛机为郎中。

毛玠早先提出的"奉天子以令不臣"和"耕植畜资"的政治战略，对曹魏事业的推进发挥了不可估量的作用；他后来在长期主持官员选拔的职位上忠于职守，严格守护着曹魏官员的进入之口，同时把正直清廉的作风带到了干部队伍中，促进了干部队伍的纯洁化。晚年遭受到了无端的诬陷，暴露出了他和同朝君臣间未曾显露过的矛盾，这其实是任何一种职位，尤其是重要职位隐性弊端长期积累的结果。

## 1.13（3）并不出名的何夔

曹操的事业汇聚了许多极有才华的名士，他们为曹魏的兴盛奉献了不少力量，在许多方面也显示了行事和为人的出众之处，其事迹为三国历史留下了精彩的篇章，然而因许多原因这些人物却并不出名。《三国志·魏书十二》中记述了何夔的一生活动，从中能看到他把握政治局势、从事地方治理，以及平定反叛等多方面的分析和行动能力，对人们的职场活动不无应有的启发。

何夔字叔龙，陈郡阳夏（治今河南太康）人，他的曾祖父何熙在汉安帝时官至车骑将军，屡有战功。何夔幼年死了父亲，他与母亲、哥哥一起生活，以孝母友兄而著称。身长八尺三寸，容貌庄重。何夔的叔父何衡为朝廷尚书，因直谏而受到宦官迫害，为此家中父兄都受党锢之禁。何夔感叹说："天地闭，贤人隐。"于是他放弃朝廷征召，避乱到了淮南。

当时占据寿春的袁术征召他，何夔不肯应召，遂被袁术扣留。后来袁术和属将桥蕤一起围攻曹操固守的蕲阳（治今安徽宿县南），因为何夔曾在蕲阳居住过，袁术想要胁迫他去游说蕲阳归降，但何夔对袁术的行为并不支持，于是就逃走躲到潜山。袁术的堂兄山阳（治今山东昌邑）太守袁遗的母亲是何夔的堂姑，因为有这层关系，袁术虽然知道何夔不愿为自己效力而心恨，但也没有加害他。

197年何夔返还家乡，他料袁术会派人追赶自己，特意从小路行走，次年到达本郡，不久被曹操征召任用为司空掾属。何夔是在朝廷迁于许都之后才决意返回家，很明显他是冲着曹操尊奉天子复兴汉室的事业而去的，他之前拒绝过多次征召，对袁术的真诚任用也都不屑顾及，对曹操的任用则立刻接受，这里无疑反映着他对天下大局的把握判断以及他个人的政治选择。当时有传闻说袁术军队发生变乱，曹操问何夔说："你认为可信不？"何夔回答说："顺应天意的人上天才予佐助，取信于民的人民众才给予支持。袁术没有理由能得到上天和民众的帮助，他不可能实现自己的愿望。失道的君主，亲戚都会背叛他，何况他身边的人！照我看来，他的军队发生变乱是一定的。"曹操说："国家失去了贤才就会灭亡。您不愿为袁术所用，他的军队发生变乱，不也是正常的吗！"

曹操性格严厉，下属办理公务，做得不好常常会受杖刑。何夔经常带着毒药，决心宁死也不受侮辱，因此终究没有遭受杖刑。自199年刘备领兵前往徐州而背叛曹操后，东南境常有变故，曹操于是在该地各县安排名士镇守，当时陈群为酇（治今河南永城）县令，何夔被调任城父（治今安徽亳州东南三十公里）县令，当地吏民才逐渐安定下来。何夔后来身任长广（治今山东莱阳东二十公里）太守，这个郡依山靠海，当时黄巾军未被平定，地方上强横有势的人多有反叛。何夔刚到任就面临三处叛乱的严峻形势，他用不同的策略很快解决了这些问题：一是，长广县人管承，纠集部属三千多家为寇，议事者提议举兵攻打。何夔坚持说："管承等人不是生下来就喜欢作乱，只是习惯了作乱不能改过而已，他们没有受到仁德的教化，因而不知道返身从善。如果军队逼得太急，他们害怕被消灭，必定拼力作战。攻打他们不容易，即使获胜，也会伤害民众。不如用恩德开导，允许他们改过，这样不用军队就能平定。"于是派遣郡丞黄珍前去，给他们讲清利害加以引导，管承等人都请求归服。何夔命令长广县丞领人带着牛酒到郊外迎接。在这里，何夔在地方治安治理上一改武力殄灭的方式，坚持教化在先的方针，从向善方面想象那些沦为贼寇的底层人众，理解他们的处境与困难，引导他们回归正常的生活。二是，牟平（治今山东烟台西北二十公里）寇首从钱有部属数千人，何夔带领本郡部队和张辽一同讨伐平定。三是，东牟（治今山东牟平）人王营，部属有三千多家，他胁迫昌阳（治今山东文登西南二十公里）县的人作乱。何夔派遣官员王钦等人，授给他计谋，使王营的人马分离逃散。他对两县分别采取武力征讨和以谋离间的方式解决了问题，应该是针对实际情况而制定的极有针对性的现实策略，一个月的时间平定了三处叛乱。

　　这时曹操制订了新的法令下达到各州郡，同时又征收租税和丝绵绢帛。何夔认为长广郡刚设置不久，近来又连续用兵作战，不能接着施行严法。他向曹操上书说："自从大乱以来，百姓流离失所，现在稍微安定了，但教化时间很短。"他强调说："古代帝王把京都以外的地区划分为九个等级征税赋税，同时制定三种不同的刑法来治理社会；而长广郡六县，辖界刚刚划定，又在闹饥荒，应当对该郡按照边远地区看待，并施行新封王国的法律。"他建议这里的民间小事，上级可以派官员根据情况灵活处理，等三年之后再考虑实施统一的法律。一句话，何夔是以历史前例为依据，要求在长广郡实行特殊的管理政策与法律制度。曹操觉得他说的话很有道理，于是听从了他的意见，何夔为自己治下的长广郡争取到了类似于后来特区的政策待遇，相信这种针对性的政策对地方治理应该大有裨益。可惜何夔在长广郡的主政并未长久，曹操大概是觉得他非常能干吧，不久调他返回京师，参与丞相府军务。后来海盗郭祖在乐安（治今山东博兴西南）、济南辖界内劫掠作乱，州郡吏民深受困扰，曹操又把自认精明强干的何夔调任乐安太守。到任几个月，当地的盗寇全被平定。

　　何夔在乐安平寇后又被调任为丞相东曹掾，他对曹操说："我听说根据才德来制定爵位，那人们就会看重德行；根据功劳来制定俸禄，那人们就会争相立功。我认为自今开始任用人，务必首先在乡里考察，这样使有才德和无才德的早有区分，同时也可以保证考察的真实性。"东曹掾是在曹操身旁主管人事任用事务，何夔一到任就提出了自己关于改进工作方法的建议，当时也受到了曹操的称赞。213年曹操封土建魏，何夔为尚书仆射。当时丁仪丁廙兄弟正在曹操手下得宠，丁仪与何夔不和睦。尚书傅巽对何夔说："与丁仪的关系要处好，你的朋友毛玠已经被丁仪陷害，你应该对他更谦逊一些！"何夔说："做不义的事最终会害了自己，怎么能害了别人？况且怀着奸佞之心的人，他在明主的朝廷能长久站住脚吗！"何夔终不屈志，丁仪后来果然因为虚伪而被惩处。

曹丕被确定为太子后，曹操以凉茂为太傅，以何夔为少傅。凉茂不久逝世，何夔即接任太子太傅。每月初一朔日，太傅入见太子，太子需要穿着正规的服装行礼。何夔后来升为太仆，曹丕称帝后，封何夔为成阳亭侯。后来何夔患病，他多次请辞而被曹丕挽留，不久逝世，谥靖侯，嗣爵的儿子何曾在魏国末年位至司徒，为国家高级官员。

何夔198年返回家乡接受曹操的任命，在魏国220年代汉不久离世，参与曹魏的事业二十多年，担任过地方和朝廷的许多职务。曹操欣赏他的才能，总想把他留在身边加以重用，但许多时候又必须把他派到事情繁难的地方去任职，何夔就像曹操手头的一位"救火队长"一样在多重职任上来回奔波，他的处事视野广、点子多、方法准、效率高，是曹魏集团不可多得的人才。

### 1.13（4）曾为曹植家丞的邢颙

曹操在平定河北后遇到了一位他特别欣赏的臣属邢颙，他此后对其进行过不吝言辞的表彰，不久又将其特意安排为爱子曹植的家丞，其中自然包含有特别的期待。《三国志·魏书十二》用不长的篇幅介绍了邢颙一生的经历及其重要事迹，叙述了家丞邢颙与平原侯曹植相处中的不睦，以及后来邢颙又被曹操安排为太子曹丕太傅的经历，表现了曹操对邢颙的特别看重以及对他寄予的巨大期望。

邢颙字子昂，河间鄚（治今河北省任丘北）人，被举孝廉，受司徒征召，他没有前往，改名换姓后到右北平（治今河北丰润东南），跟随田畴游历五年之久。204年曹操平定了冀州，邢颙对田畴说："黄巾军起事已二十多年了，天下动荡不安，老百姓流离失所。现在听说曹公法令严明，百姓已经厌倦战乱，乱极则治，我还是先回去探视一下。"于是就整理行装返回家乡。邢颙认为天下大乱已经二十多年，认定眼下进入了由乱到治的转折之时。田畴说："邢颙是民众中最有先觉的人。"他非常佩服邢颙感知天下形势演变的敏感性，认可了邢颙对天下形势的预察判断，于是自己去见曹操,后来主动担任曹军征讨乌桓的行路向导(参见1.12.4《清高而义气的田畴》上)。立志脱离社会而居处的田畴是受到邢颙的影响带动而走出深山归附曹操的。

曹操征召邢颙任冀州从事,当时的人称赞他"德行堂堂邢子昂。"后来邢颙被任命为广宗(治今河北威县东)县长。因为过去的上司去世而弃官吊丧,有关官员将此事报告给了曹操,这种罪错本来是要受到惩处的,但曹操说:"邢颙对故主感情深厚,有真诚不渝的节操,不必追究了。"调任他为司空掾,并任行唐(治今河北行唐北二十公里)县令。邢颙在行唐鼓励老百姓务农植桑,同时广行教化。后来他入京担任丞相门下督,为丞相府的七品属官,又升任左冯翊(治所长安的郡级官员),因病而离职。

当时曹操正在为儿子们挑选下属官吏,下令说:"诸侯的家臣,应该像邢颙那样深明法度。"东汉时食邑千户以上的侯爵,官方为其置家丞、庶子各一人,主要管理列侯的家事。曹操欣赏邢颙的才识为人,因而安排他为平原侯曹植的家丞。邢颙作曹植家丞时,他做事不超越礼仪,以防止闲言谤语,与曹植相处时也坚持应有的礼法而不迁就,由此与曹植不相合睦。曹操本是想把最理想的臣属安排给自己最亲爱的儿子,希望能对曹植起到督促和引导的良好作用,但未料到对礼法的坚守,恰好是对深层人性的约束;而家丞属于列侯的臣属,是侍奉列侯处理家务的职事,不拥有管理和约束列侯的权位。对于一位文人气质浓厚并习惯于自由散漫生活的曹植,想要守护礼法的家丞,只能在僵硬的规则与随性的主君之间两头碰壁,最后的结果只能是既未守住规则,又招主君所厌。

同为曹植属臣的庶子刘桢得到了曹植的更多亲近,刘桢上书劝谏曹植说:"家丞邢颙是北方的俊杰,年轻时就品行高尚,性情玄静淡泊,言语虽少但非常合理,是一位真正的高雅之士。我刘桢实在不足以和这样的人并列在您的身边。但如今您对我礼遇特殊,对邢颙反而疏远简慢,我恐怕看到的人会认为君侯您亲近不肖之徒,而缺乏待贤之礼;您是只知道采摘我庶子的春花,却忽视了家丞的秋实。这样给您招来谤言,我的罪责实在不小,因此整夜难以入睡。"刘桢是一位是非分明、头脑清醒而又品格端正的人，他看到了问题的实质所在，在向曹植的劝谏中话虽说得十分谦逊，但明确地表白了自己的态度，要求曹植一定要首先礼遇高雅大贤邢颙，实际上是要求曹植要按邢颙平时的主张去做事。这里不能不佩服曹操为爱子所安排的两位臣属的才质德行以及相互配合的默契。然而，一位绝世才子的生性却不是臣属的几句劝谏就可以改变得了的，家丞邢颙和曹植的关系大概是以不理想的状态而终结。

后来，邢颙又参丞相军事，转任为东曹掾。当时魏国太子未定，曹植受到父亲宠爱，曹植的亲信丁仪等人也不断赞誉曹植（参见 1.6.2《文学天才的失落》上）。曹操就太子一事询问邢颙，邢颙回答："以庶子替代嫡长的宗子，先代已有前例为警戒。希望殿下慎重考虑！"曹操明白了邢颙的意思，最终还是立曹丕为太子。曹操应该是由此看到了邢颙做事的原则和为人的品行，对其格外欣赏而舍弃不掉了吧，在太子确立之后，即任邢颙为太子曹丕的少傅，其后升迁为太子太傅。在曹操的心目中，只有把将要继位的儿子交给邢颙来督促引导，自己才觉得更为放心。曹操把邢颙从曹植的家丞改任为太子曹丕的少傅，能够看到这中间对邢颙充满了多么大的赏识和信任。

曹丕受禅做了皇帝，任邢颙为侍中、尚书仆射，并赐爵关内侯，邢颙所担任的都是国家政治中枢的职位，这也表明了曹丕与太傅邢颙的良好关系，其后邢颙出任司隶校尉，这是纠察朝廷与京畿百官的显赫职位，不久升任太常，为掌管宗庙祭祀礼仪的九卿之一。邢颙 223 年曹魏建国四年时离世，他的儿子邢友嗣爵。

邢颙自 204 年底追随曹操，被人们称为"德行堂堂"，他在不到二十年的时间中连续得到了曹操和曹丕两位君主的欣赏和信赖，共事的刘桢也赞赏他为真正的高雅之士，得到的评价都是不低的，遗憾的是史料中没有记述他为人做事的具体情节，无法知道其中的感人与突出之处，但能依稀看到他在社会生活中把握政治趋势的敏感，坚守礼义规范的坚定，对国家事业的忠贞，以及在各个岗位上恪尽职守的高度责任心。邢颙这样的人物在曹植和曹丕面前受到的不同对待，这大概也可以看作对他们两位处政合格性的检验。

## 1.13（5）忠不顾身的鲍氏父子

曹操在189年潜至关东兴兵起事时，有一位对他特别信服和崇拜的将军叫鲍信。鲍信是汉司隶校尉鲍宣的八世孙，鲍宣的后代从上党迁徙到泰山郡，后在当地平阳（今山东新泰）县世代繁衍。鲍信的父亲鲍丹在东汉朝廷任少府侍中，为侍从天子处理文书的近臣，因为儒雅而出名。鲍信年少时就有志节，宽厚爱人，沉着刚毅而有谋略。《三国志·魏书十二》及其引注《魏书》记述了鲍信和儿子鲍勋分别在创业时期和建国之后尽忠曹操曹丕两代君主的英勇无畏事迹，以及父子两人大相异趣的人生结局，从中能看到传统社会中君臣关系的复杂与无常。

鲍信出生在泰山平阳，史书上没有介绍他的字，早先他受大将军何进的征召，被任用为骑都尉，189年何进派他返回家乡招募军队，他招了一千多人，领兵到了成皋（今河南荥阳西北汜水镇）时何进已被宦官所杀（参见0.1.1《何进捅开了潘多拉的盒子》）。鲍信回到京师，董卓也刚到洛阳。鲍信料到董卓必然祸乱天下，于是劝袁绍说："董卓如今手握重兵，肯定心怀不轨，我们可以趁他刚到京都，士卒疲惫，立即发动袭击，一定可以擒拿董卓。"但袁绍畏惧董卓而没有行动。鲍信于是带兵回乡，征召了士兵两万人，骑兵七百人，运载粮草物资五千多辆。他与弟弟鲍韬领兵响应曹操在己吾县（治今河南宁陵西南二十五公里）的起兵。

曹操与袁绍推举鲍信为破虏将军，鲍韬为裨将军。其时袁绍兵众最盛，有不少豪杰追随，鲍信单独对曹操说："具备绝世谋略，能统领英雄豪杰实现拨乱反正的人一定是你。如果不是这样的人，即便力量强大也必定失败，你的才质一定是上天赋予的！"鲍信这里表达了对曹操的极高评价和内心崇拜，他与曹操深相结交，曹操对他也异常亲近。当时关东反董卓的盟军驻酸枣（今河南延津北）一带与凉州军对峙，曹操认为应该迅速与其决战，于是独自引军，与鲍信、鲍韬以及张邈部将卫兹领兵西进，与董卓部将徐荣在汴水（指今河南荥阳西南的索河）相遇，双方激战一天，曹操、鲍信受伤，鲍韬和卫兹在战斗中阵亡。

191年，袁绍劫夺了韩馥冀州牧之位（参见0.9.5《才不配位的韩馥》），鲍信对曹操说："现在奸臣乘乱颠覆汉室，英雄愤然对抗，天下所以起而响应，是人们心中大义尚在。袁绍作为盟主，利用权力为己谋利，这会引发变乱，看来他要作另一个董卓了。如果起而对抗，恐怕力量不够，不会起到什么作用，不如现在居黄河之南，静观其变。"曹操深表赞同。其后曹操被荐举为东郡（治今河南濮阳西南）太守，鲍信被荐举为济北（治今山东长清南）相。当时曹操和袁绍是志向一致的友军，但鲍信对二人已经有了截然不同的态度，并且看到了后面二虎相争的前景，其对天下趋势的预察力应是非常超前的。

192年青州黄巾军攻打兖州，兖州刺史刘岱准备迎击，鲍信劝阻说："目前敌兵众多，百姓惶恐，士兵没有斗志，不应与其对阵。我看黄巾兵眷混杂相随，他们军中也没有辎重粮草，只靠掠夺维持生计。现在不如让部队坚守以蓄养精力，敌人想战不得，想攻又不能取胜，必然会离散而去，然后我们挑选精锐士卒，占据要害地势，就能打败他们。"刘岱不采纳鲍信的意见，出军作战，结果兵败被杀。鲍信乃与兖州官员万潜等人到东郡迎接曹操代理兖州牧。可以看到，鲍信是一位很有战术思想的将领，如果他树旗领军独立行事，极有可能会创就不凡的业绩，但他却宁愿把占州立业的机会转交给曹操，这些都出于他早先对曹操的内心崇敬。

曹操作了兖州牧后，觉得黄巾军恃胜而骄，于是准备在寿张（治今山东东平西南）设奇兵伏击。战前他先与鲍信首先到达作战地点，但后续的步军尚未赶到，就突然与敌军相遇，双方交手后鲍信为救护曹操拼死搏战，使曹操突围而出，而鲍信则战死疆场，时年四十一岁。战后鲍信的尸体无法找到，只好木刻了鲍信之像，曹操十分悲痛地哭着祭奠他。

鲍信去世二十年后，身为汉丞相的曹操在朝廷已经位极人臣，他在212年追录鲍信的功劳，荐举其子鲍邵为新都亭侯，鲍邵有乃父之风，因而深得曹操喜欢，曹操任他为骑都尉，使持节。但鲍邵不幸早逝，曹操让鲍邵的儿子鲍融嗣爵，同时又任鲍邵的弟弟鲍勋为丞相掾，为丞相府的属官。曹操始终对鲍信推举兖州牧之情和危急时的救命之恩不能忘怀,要对他的后代作出报偿,也算是一位有情有义之人。

鲍勋字叔业,他以做事清白和富有高尚节操而知名。217年曹操确立曹丕为太子后,任鲍勋为中庶子,这是兼有教育管理责任的太子属官,后来调任黄门侍郎,为侍从天子的职位,不久又出任魏郡(治今河北临漳西南)西部都尉。当时曹丕郭夫人的弟弟因违法要受惩处,鲍勋正好为执法官员,曹操领军出征,留守邺城的曹丕多次写信给鲍勋希望从轻发落,鲍勋并未徇情而纵容,他将罪证上呈朝廷,曹丕遂心中怨恨,找借口密令中尉参奏罢免了鲍勋(参见1.4.10《褊狭的气度》),过了很久后方任其为侍御史。

220年曹操逝世,曹丕继任魏王,同年十月又受禅成了皇帝,鲍勋任驸马都尉兼侍中,他多次上表要求曹丕重视军事和农耕,宽惠百姓。曹丕有次要去打猎,鲍勋上疏劝谏说:"陛下仁慈圣明,可以建立同于古贤人的功业,怎么能在守丧期间去驰骋打猎呢?"曹丕亲手撕毁了鲍勋的奏表,前去行猎。中间休息时他问身边侍臣说:"游猎作为娱乐,比八音乐器怎么样?"侍中刘晔回答说:"游猎胜过音乐。"鲍勋反驳说:"音乐上通神明,下和人世之理,可以使政治兴隆,天下大化。要移风易俗,没有比音乐更好的了。"他认为游猎的事根本无法与音乐相比,进而斥责刘晔奸邪献媚,请求对其治罪。曹丕气得变了脸色,停止了游猎返回,让鲍勋出京任右中郎将,这是朝廷执掌宿卫门户的四品官职。

223年,曹魏老臣陈群和司马懿都举荐鲍勋任御史中丞,负有督察刺史公卿的职责。曹丕不得已而任用,鲍勋在任上执法严谨,百官都十分谨慎。225年秋,曹丕组织军队攻吴,鲍勋劝谏而不听,曹丕为此对鲍勋更为忿恨,将他贬为治书执法,执掌百官奏劾。曹丕这次征吴无功返回,大军在途中住于陈留,为陈留太守孙邕行路踩踏营垒地基的事情,曹丕借口鲍勋阻挡了官员的奏劾,下诏将其治罪。他不顾许多大臣的反对,拒绝代理廷尉高柔等人关于"鲍勋的父亲鲍信极有功劳"的免罪请求,并借故将高柔召至尚书台,然后派使者奉旨到廷尉监狱将鲍勋处死,表现出了对鲍勋恨之入骨、毫不留情的决绝态度（参见 1.4.10《褊狭的气度》上）。鲍勋注重美好的内心修养，对人施舍而行为清廉，死后家里没有余财，和他的父亲鲍信一样，深受同僚的爱戴。他被曹丕坚持处死后，人人都为鲍勋感到惋惜，曹丕则在处死鲍勋后二十天离世。

鲍信与鲍勋父子均以忠诚的态度侍奉君主，为了君主事业的兴盛都到了勇不顾身的地步，但他们任职的历史阶段有别，侍奉的君主不同，得到的结果大相径庭，这里能看到出自同一家庭的父子两代臣属在心性上的传承与相似，也能看到父子两代君臣在胸怀和气度上的巨大差异。

### 1.13（6）大理司马芝的司法理念（上）

曹操崇尚刑名，看重法制，这一思想倾向必然影响到曹魏的政治法制文化，并对他身后两代君主的国家治理产生不小影响。《三国志·魏书十二》记述了司马芝一生的事迹，介绍了他任职大理、担任国家最高司法长官及其以后施法审案的实践，涉及对国家某些具体法律条规的思考改革，能够从中看到当时魏国的法制实施与建设状况，使人们更深刻地理解法治与社会生活间的密切关系。

司马芝，字子华，河内温县人。他年轻时一直是个读书人，因中原战乱前往荆州去躲避，不料在鲁阳山（在今河南鲁山）遇到强盗，同行的人都丢下老弱之人逃走了，只有司马芝一人坐下来守护老母亲。强盗来到后用刀逼着司马芝，司马芝叩头说道："我母亲年纪大了，她的一切都靠各位了。"强盗们说："这人是个孝子啊！杀了他是不义的。"司马芝于是免于被杀，其后他用小车把母亲推走，在南方居住了十多年，亲自耕种并恪守志节。

曹操 208 年平定了荆州时，应该是司马芝前来奔投归附的吧，曹操任命他作了济南郡菅县（治今山东章丘西北）县长。当时许多地方刚刚统一，各地大多不守法律。郡中的主簿刘节是出身当地大族的豪侠，有宾客一千多，他们外出做盗贼，回来则扰乱治安。不久，司马芝派刘节的门客王同等人去服兵役，做助手的掾史据实禀告说："刘节家里的人从来就没有服过役，如果他们到时把人藏起来，您一定要为滞留误期而承担责任的。"司马芝不听，他给刘节写信说："您是当地大族，又在郡里担任要职，而宾客经常不服役，会让百姓怨恨，事情也会被上级听到。现在征发王同服兵役，希望能按时遣发。"后来士兵已经集结了，而刘节则把王同藏了起来，反而让郡中的督邮去责问县里。县里的掾史没有办法，请求自己代替王同服役。司马芝遂派人驰骑送信到郡城济南，详细列举了刘节的罪状，太守郝光历来信任司马芝，见信后当即下令让刘节代替王同去服役，青州人当时传说司马芝"能让郡中主簿去当兵"。司马芝坚持依法服役的平等性，并不照顾豪强大族的利益，他的行为因得到了郡守的支持，刘节自然无法抗拒，大概只好自己代为服役，司马芝的守法精神在青州出名了。

后来司马芝调任广平（治今河北鸡泽东南）县令。当时庐江太守刘勋被孙策打败后投靠了曹操（参见 3.1.6《乘胜进军扩大战果》），刘勋早年与曹操相好，归附后被封为征虏将军，因而地位尊贵，受宠骄横，他又是司马芝原来所在郡里的将军，其宾客弟子在司马芝的辖界内多次犯法；刘勋还给司马芝写信，信末不署姓名，却在信中多次嘱托司马芝帮忙。司马芝没有给他回复，一概按照法律处理。后来刘勋由于行为不轨被诛杀，与刘勋有关联的人都获罪，司马芝则因依法行事、不徇私情而被人们称道。

不久，司马芝被提升为大理，又称大理正，这是国家的最高司法长官。当时有人偷窃了官府的白绢放在厕所上面，吏卒们怀疑是女工干的，就把她们抓起来关进监狱。司马芝说："审案的失误都是在用刑苛暴，现在先有了赃物，然后才去抓人审讯以求供词，如果受审人经不住拷打，有可能被迫说假话；根据虚假的供词去定案，无法作出正确的审判。"司马芝在这里发现和提出了当时司法审判中一个非常普遍而严重的失误，就是审案人在没有其他证据的情况下凭着自己怀疑去抓人，后面以严刑拷打得到口供，再根据受审人的口供去定案。这种审案程序和方式自古以来不知催生了多少冤案错案，汉末大理司马芝真正看到了其中的荒谬性。司马芝当然不是发现这一失误的唯一之人，但他却是作为国家最高司法长官，敢于直面问题揭露司法业内丑恶现象的高尚之人。司马芝同时还对曹操说："法律宽简使民众容易理解服从，这是有德行的人教育引导民众的方式；不放过一个有罪的人，那只是平庸世道的治理方法。现在宽恕了这些疑犯，以弘扬本来应有的爱民道义，这样不是更好吗？"曹操接受了他的建议。司马芝这里是从一个具体案件的司法程序上提出问题，要努力遵守司法审判中看重证据而严谨不苟的要求，实际上也是在理性层面涉及到了"疑罪从无"的原则，只不过他的这一司法理念，完全是在对中国传统文化爱民思想的发挥和运用中表达了出来，这一思想的积极作用是显而易见的，所以得到了曹操的肯定。司马芝后来历任沛郡（治今安徽濉溪西北）、阳平（治今河北大名东）等郡太守，所到之处都有不错的政绩。

曹丕称帝后，司马芝被调入京城任河南（治今河南洛阳东北）尹。他抑制豪强，扶持贫弱，从不接受私下请托。朝廷有的官员想托他办事，又不敢开口，就去求司马芝妻子的伯父董昭说情。但董昭知道司马芝的秉性，也并不替人传话。司马芝教导下属官员说："君王能够设立法令，却不能保证下属吏员一定不违反法令；吏员们能触犯法令，却不能保证让君主始终不知道。设立了法令却有人触犯，这是君主治理之弊；触犯了法令最终会让君主知道，这是官吏会有的灾祸。君主在上面有劣政，官吏们在下面造成灾祸，这是政事得不到治理的原因，大家能不以此谨慎吗？"他的下属官吏没有不以此自勉的。

司马芝郡府中的门下循行官曾经怀疑小吏门干偷了发簪，门干受审时他的说法与事情不相符合，曹掾就把门干抓来投进监狱。司马芝说："凡物都有相似难以分别的，如果没有古人离娄那样的眼力，很少能不受迷惑。即便真是门干拿了，循行官怎么会忍心把一个簪子看得那么重，却把伤害同事看得那么轻呢？这件事放下不要再过问了。"与前面白绢被盗事件的审案理念完全相同，尽管时间地点和审问的人物对象变了，他自己也已离开了大理职位，但司马芝一如既往地坚持了疑罪从无的原则，他仍然用仁爱的观念说服审查的官员放弃此事，这表明他的这些司法理念都不是

<<< 1.13 佐命兴魏立功业

一时的灵机之动，而是经过深沉思考得出，是针对传统审案方式内含的弊端而形成的变革性理念，他是一位做事严谨、充满仁爱精神的官员。

## 1.13（6）大理司马芝的司法理念（下）

担任过国家最高司法长官的司马芝做事严谨，真诚爱民，他在大理正与河南尹的不同职位上处置不同的案件，都坚持了疑罪从无的原则，这是针对传统审案方式内含重大缺陷的革新化理念。《三国志·魏书十二》及其引注中还介绍了曹丕之后司马芝的从政施法行为，以及魏国某些法制规定的调整变革，促使人们对法治革新做更多的思考。

226年魏明帝曹叡继位后，封司马芝为关内侯。不久先朝功臣曹洪的奶妈当，和曹叡女儿临汾公主的侍者共同祭祀了无涧神，这属于国家法律上禁止祭祀的淫祀，两位女人为此被关进监狱，正好在河南尹司马芝的权力辖地。年迈的卞太后（曹操夫人卞氏）大概想要保护曹洪家的佣人吧，于是派遣黄门官到官府中传达她的命令。司马芝不让通报，当即下令让洛阳监狱把这二人加紧审理，事情完毕后他给曹叡上书说明了情况，并因为洛阳监狱将二人拷打致死而自请诛罚（参见 1.5.20《行为背后的真情》）。当时魏国法律不允许祭祀未经国家认可的山河之神，这一法律是曹叡诏书宣布了的。尽管两位受罚者都在皇家有很深的关系，但司马芝还是决意坚守法律的严肃性，他让人阻挡太后之令传入，同时加快审理该案，采取了针对性的方式，务使审理不受外界因素的干扰。曹叡从少年时就喜好律法，他明白法律应有的严肃性，看到司马芝上书中的情况说明后，对他的做法表示肯定和支持。

司马芝任职期间，多次评议法令律条中那些不便施行的条款，他在朝臣百官中间都是依据正道行事。后来各位诸侯王来京城朝见，他们有些与京城官员交结，因为魏国法律禁止诸侯王与朝廷官员结交，司马芝因此而被免职。

后来，司马芝被任大司农，为掌管国家财政收支的二千石三品官员。此前各郡典农属下的吏员和百姓，从事农业以外的经营以谋求收益。司马芝上奏说："王者的治国必须崇尚农耕而抑制工商，一定要重视粮食。现在吴、蜀两敌还没有消灭，战争不断，国家最重要的事务就是储备粮食布帛。武皇帝特地创设了屯田的官员，让他们专门从事农桑事业。可建国后听任各典农官自己处置，他们给自己的部下打算，这实在不是创立宏大事业所应有的行为。如今商贾们经商谋利，虽然能得到成倍的利润，但对于统一天下的大计而言，却造成了无法估量的损失，还不如去多开垦一亩田地去增加收益。臣下的愚见是，不应该再用商贩的杂事来扰乱农业，要专门把农耕蚕桑当作要事，要从国家大业考虑才好。"曹叡听从了他的意见。

史书上载，司马芝在职任上时，每当上级官员有事要召见下属询问有关情况，司马芝经常先约见掾史，替他判断上司的想法和事情的缘故，教他怎样回答应付，召见时果然全和他料想的一样。司马芝性情豁达正直，不以严格廉正自矜。他和宾客们谈论时，有认为不对的，就当面指出他们的短处，回来后不再有不同的议论。司马芝在任职期间死去，家里没有一点多余的财产。自从魏国建立以来，历任河南尹中没有谁能比得上司马芝。

司马芝逝后，他的儿子司马岐继承了爵位，并由河南丞改任廷尉正，这是国家司法界的高级官员。司马岐后改任陈留相，当时梁郡被关押的囚犯，因为案件牵涉到很多人，所以多年不能结案。朝廷于是下诏把囚犯迁到司马岐所属的县里来审理。县里的官吏请求置备狱中应用的刑具，司马岐说："这几十名囚犯的供词虚假，相互不合；他们对毒刑拷打也厌倦了。这些案情很容易弄清，不需要长久地关押。"囚犯被押到后，在审问时谁也不敢隐瞒说假话，司马岐只用一天功夫就把案子处理完了，为此他被越级升为廷尉，成为国家最高司法长官。和父亲司马芝当年所任职位相同，不同的只是，司马芝当年是汉朝大理，而司马岐已成了魏国的官员。

当时魏国大将军曹爽专权，尚书何晏、邓飏等人是他的亲信，因为官员圭泰说话触犯了曹爽一伙，被逮捕关押至廷尉署，邓飏亲自审讯，准备把圭泰判处重刑。司马岐指责邓飏说："执掌枢密机要的大臣是王室的辅佐，既不能效仿古圣贤辅助教化以形成德政，反而要发泄私愤，冤枉无辜，这正是让百姓感到恐惧不安的行为。"邓飏羞愧恼怒地离开了。司马岐害怕这样会招致罪过，就以有病为由离职。回家后不到一年离世，时年三十五岁。他的儿子司马肇继承了爵位。年龄不大的司马岐看来熟悉司法工作，且有一些能抓住要害、化繁为简的方法，虽不清楚他在审讯梁郡囚犯时有什么具体的设想与行为，但他的审讯结果得到了朝廷的高度认可而被越级提升，后来对邓飏枉法审讯的指责也能击中要害，他应该是受到了父亲司法理念的不少影响，同时继承了父亲高尚爱民的德性。

由司马芝任职大理时开始了对疑罪从无问题的思考和坚持，这一行为对后来的司法界人员应该有不小的启发，那位像"救火队长"一样奋力做事而并不出名的何夔，在220年去世后儿子何曾继承了爵位，这位何曾在司法条规改革方面就有着很好的建树。《三国志·魏书十二》引注东晋学者干宝《晋纪》中及《晋书·何曾传》记述：255年毌丘俭在淮南反抗司马氏掌政而被司马师率军平定杀害（参见1.8.2《淮南的两次平叛》），毌丘俭的孙女毌丘芝已嫁给了颍川太守刘子元，毌丘芝当时以怀孕之身也被抓捕关押，她的母亲荀氏已被族兄荀顗通过司马师求得了活命，但荀氏到廷尉府请求说，她愿意去做官方奴婢，以换取女儿毌丘芝的性命。事情反映给了时任司隶校尉的何曾，何曾为她们母女之情所感动，于是他让主簿程咸写出奏议并附上荀氏的请求，请官员们复议。其中写道："大魏继承了秦、汉法律中的弊端，没有来得及革新修改，所以对犯罪追戮到已嫁出去的女儿，本意是要灭除犯罪者的家族，然而这位女儿如果已经生育，那她已成了另一家庭的母亲，从预防犯罪上看并不能惩治犯罪的源头，从情理上看是伤害了孝子的心中思念。男子犯罪了并不伤害其他家族，而对女人则要株连杀戮到两个家族，这完全不是哀怜女性弱者，也不符合平等用法的原则。我以为未出嫁的女儿，可以跟随父母受刑；而对结婚之后的妇女，可以跟随丈夫家受刑。"何曾认为出嫁的女儿成了夫家之人，从法理上只能跟随夫家受刑，而不能既随夫家、又随父母受到两头牵连。朝臣们认为这种说法很对，于是就改定了律令。何曾的奏议发挥了平等、公正的法律原则，对事情的分析细致入微、思想逻辑清晰，揭开了以往法律法规中女性受到两头牵连的弊端，又符合于怜悯女性弱者的用法精神，不仅挽救了毌丘芝母子两条人命，推动了法律条令的革新，而且真正坚守了法律公正性的原则。他因为这些事情而成为晋初名臣，278年八十多岁时离世，受到当时与后世之人的高度评价，这些行为与司马芝当年坚持的法律纠错与革新理念是相一致的。

司马芝出生于河内温县，和大名鼎鼎的司马懿同乡，《三国志·杨俊传》中提到，司马芝为司马懿兄弟的族兄。司马懿的祖先司马卬在秦末汉初时被封于河内郡，后世一直居住于此，十一世后有司马懿的父亲司马防；可以说，人们无法确定两个司马家在族内的远近亲疏关系，但却能够推测确定，司马芝同样是司马卬的后代。司马芝具有极强的法制意识和仁爱之心，他在国家最高司法长官的职任上开始了对法律问题的思考和探索，其行为强化了世人的法治意识和法律革新精神，对儿子司马岐和后贤何曾的用法改法都曾产生过重要的启发和影响，三国后期曹魏社会法制建设的进展有司马芝的功绩。

## 1.14 尽职守建硕功的名臣

在曹魏占据的广大地盘上，涌现出了许多追求功名的多才之士，无论是处在京城朝廷的一定职任，还是在地方治理的郡守岗位上，他们都怀有理想，忠于职守，能以特有的理念和方式投入自己的工作，并取得极有影响的成效，成为史册有载的名臣。

### 1.14（1）钟繇的建魏之功（上）

曹操对关东和中原之地的争夺之战受到天下瞩目，也引起了周边各地军阀及将领们的某种恐慌。为了保证西境关中的稳定，曹操选派亲信臣僚钟繇镇守关中，钟繇早年就是曹操的倾慕者，他受任后几乎是只身前往。《三国志·钟繇传》及其引注记述了三国名臣钟繇一生的事迹，介绍了他对曹魏事业的重要贡献，展现了一位不凡人物的才智和情趣。

钟繇字元常，颍川长社（治今河南长葛东北）人。他小时与族父钟瑜一同前往洛阳，路上碰到了一位看相的人，那人说："这个孩子有贵相，但是会受困于水，要特别谨慎！"钟氏叔侄走了不到十里路，过桥时马受了惊，两人落水后差点儿溺死。钟瑜事后觉得看相人说的话很准，他越发看重钟繇，供给他学费，让他一心读书。钟繇学业突出，其后举孝廉，被本郡任为功曹，作了郡守的重要属官。

当时南阳人阴脩担任颍川太守，他很看重表彰贤良和举荐人才，希望以此为本郡争光。在本郡任职的年轻人张仲、钟繇、荀彧、张礼、杜祐、荀攸、郭图都得到他的举荐，钟繇被朝廷先后任为尚书郎、阳陵（治今陕西高陵西南)县令,他因为生病而离职。后来又受三司征召,被任为廷尉正,这是廷尉属下主决疑难案件的官员,后来任侍从天子的黄门侍郎。钟繇在朝廷任职后有不少政治倾向比较明确的作为。

**暗助兖州牧曹操**　当时汉献帝在长安,李傕、郭汜等把持朝政,与关东断绝了关系。曹操代理兖州牧时,他派从事王必来长安给朝廷上书,向天子问候致意(参见1.11.6《深察远谋的董昭》上),也是想建立与朝廷的良好关系,进而能让其正式认可自己兖州牧的地位吧。李、郭等人认为:"关东诸侯想自己拥立天子,现在曹操派使者前来,但并不是出于真心。"他们准备扣留兖州派来的使者,拒绝曹操的问候。钟繇对李傕等人说:"现在各地方割据,不听朝廷号令,只有曹兖州心念王室,如果不接受他的忠诚,会使后面奉献忠诚的人失望的。"李傕他们觉得钟繇的话有道理,就对曹操的使者热情报答,曹操自此和朝廷建立了联系。后来曹操几次听到荀彧称赞钟繇,又听说了钟繇曾说服李傕等人的事情,内心对钟繇非常敬佩。钟繇当时在朝廷任职并不是受曹操的指使而去,他与曹操并不相识,但他一定是听闻了曹操的名声,在关键时候助了曹操一臂之力,这既是对倾心朝廷力量的鼓励支持,也是钟繇为自己日后结交曹操所下的伏笔。195年,李傕等胁迫天子,由于君臣们的策划筹谋,汉帝刘协与朝廷离开了长安(参见0.2.1《献帝刘协的危机应对》下),其间钟繇与尚书郎韩斌是作出了贡献的。后来曹操在196年八月将朝廷迁至许都后,拜钟繇为御史中丞,升任侍中尚书仆射,并考虑前面的功劳封他为东武亭侯。当钟繇与曹操相会于许都,开始同朝干事时,他已经成了曹操的亲近信任之人。

**总管关中军事事务**　当时关中马腾、韩遂等将领各自拥兵相争,曹操正好忙于山东战事,时常为关中的情况担忧,于是他上表推荐钟繇以朝廷侍中代理司隶校尉,持节督关中诸军,安排他以朝廷重要官员的身份总管关中军事事务,并允许他不拘既成条规,遇到事情灵活处理。让钟繇统领关中军事,这一事务对忙于山东争战的曹操太重要了,他之所以选择了钟繇,一是钟繇属于自己的亲信,具有绝对的忠诚;二是钟繇极富才质,曹操看好他有处置复杂事态的能力；三是钟繇在关中干事多年，早年他被朝廷任为阳陵县令时就在关中奉职，后来又跟随汉帝滞留长安五年之久，熟悉关中当地的情况；四是钟繇在朝廷任职多年，在外有良好的名声和较高的威信。当时能同时具备这些条件的人是不多的，后来的事实表明，安排钟繇负责关中军事事务的确是曹操正确的选择。

**向官渡战场提供军资**　钟繇到了长安后，给马腾、韩遂等人写去书信，为他们陈述祸福利害，马腾、韩遂各自派遣儿子入朝侍奉。当时曹操在官渡与袁绍相持不下，钟繇送去二千余匹战马补给军用，曹操给钟繇写信说："得到你送来的战马，正应了急需。关中能平和安定，朝廷和将士都没有西顾之忧，这是您的功劳。"曹操还把钟繇与西汉初萧何镇守关中相提并论，这里高度赞扬了钟繇的工作成绩。

**消灭河东强敌郭援**　不久匈奴单于作乱于平阳（治今山西临汾西南十公里），钟繇率领诸军围困敌军，没有攻克；而袁尚所任命的河东太守郭援来到，他领的兵士众多，诸将商议想放他离开。钟繇说："袁尚势力正强盛，郭援到来，关中诸将暗中与他勾结，之所以没有全部背叛，只是顾忌我的威名罢了。如果回避郭援，就是显示了我们的软弱，这样的话，会有哪一个百姓不成为敌寇？即使我们想回长安也不能够了！这就是没作战自己先败了。况且郭援刚愎好胜，必定轻视我军，假若他要渡过汾水安营，在还没有渡过时进击，可以战胜他们。"当时的情况是，袁尚的将官郭援率众多兵马侵扰河东，并且派使者与关中马腾、韩遂等联合，马腾等人暗中已经答应。新丰（治今陕西临潼东北）县令张既对马腾陈说利害，劝说他会合钟繇攻打郭援，马腾在犹豫后最后决定派儿子马超率领精兵迎击郭援。郭援果然轻率地要渡过汾水，众将阻止不住。渡水未到一半，钟繇发起进攻，打败敌军，最终斩杀郭援，降服了单于。其后河东卫固作乱，与张晟、张琰及高幹一同为寇，钟繇又率领各位将领讨伐并击败了卫固等敌寇。

钟繇镇守关中时手头并没有多少人马，他是依靠自己身为朝廷官员的政治优势和善于联络各军的统战策略来掌控局势的，当强敌郭援来到时，已往的策略方式受到了严峻考验，稍有半点犹豫和示弱的表现，就会引起关中军队的反水和稳定局势的反转。但关键时候钟繇以他不同寻常的洞察力制定了高明的策略，同时依靠坚强的意志力继续震慑关中诸将，对政治立场犹豫不定的马腾再次施展统战的特殊手段，实现了化敌为友的效果，稳定了自己的队伍，最终取得了战场上对强敌的胜利。

**充实洛阳人口** 史书上说，自从朝廷190年西迁长安后，洛阳及其周边的百姓人数有了极大减少，而钟繇镇守关中期间他不断迁徙关中百姓，又招纳逃亡叛民来补充洛阳的人口，几年间洛阳的人口数量得以增多。曹操后来在211年西征关中的马超韩遂军队，就曾得益于钟繇提供的这些人口军资，为此曹操表奏钟繇为前军师。钟繇凭借自己的聪明才智，以不多的兵力，采取政治手段和军事手段同时并用的策略方式，多年间成功地保障了西部边境的稳定，为曹操逐鹿中原的胜出和曹魏宏业的开创立下了绝大功劳。

## 1.14（1）钟繇的建魏之功（中）

东汉名臣钟繇以朝廷侍中代理司隶校尉，持节督关中诸军，保障了曹操中原争战的西境治安，为曹魏建国立下了重大功劳。陈寿在《三国志·钟繇传》中记述了这位曹家亲信的事迹，而裴松之则发掘引注了《魏略》中更多的史料，对钟繇镇守关中期间的某些事情做了更为具体的介绍，以至于后世史家对钟繇的某些功劳产生了另外的看法，这里有两处。

一处是击败河东卫固。陈寿在史书中用极简略的文字记录说：河东卫固作乱为寇，钟繇率领各位将领讨伐并将其击败。几处引注资料披露出的情况则是：大约204年，曹操为了与并州高幹争夺对河东郡的控制权，于是下诏征河东太守王邑来朝廷任职，并安排荀彧推荐的杜畿接任河东太守。河东郡治设在安邑（今山西夏县西北十公里），该郡属于司隶校尉钟繇当时的所辖区域。原任太守王邑是北地泥阳（治今甘肃宁县东南）人，献帝刘协与朝廷东返洛阳时于195年十月来到河东安邑临时居住，时任河东太守的王邑进献了丝绵绢帛等衣料（参见0.2.4《看不清的董承》），被封为列侯，他是一位毫不马虎的忠君爱民官员。当朝廷发诏书调王邑离开河东郡时，王邑觉得天下尚未安定，大概他与河东吏民也有了感情吧，内心不愿接受朝廷征召，当地百姓也留恋王邑，郡掾卫固及中郎将范先等人都前来向钟繇求情，希望让王邑继续留任，但朝廷新任的杜畿已入河东地界，钟繇拒绝了卫固和范先的请求，催促王邑赶快交出河东郡守的印符。王邑对钟繇大概心有不满，他自己佩戴着印绶，竟直接从另一路径前往京城许都。当时卫固、范先等人还聚众堵截杜畿，闹出了很大的动静和冲突，曹操几乎要派出夏侯惇前来征讨，但杜畿坚持认为事态并没有那么严重，后来事情由于杜畿的策略应对得以解决，卫固等人则因联络高幹等情节而最终受到惩处。事后钟繇自以为没有尽到上级官员的督察责任，他主动上书朝廷自我弹劾，请求给自己作出处分，朝廷并没有同意他的请求。同时，独自去了许都的王邑也并没有遭受惩处的记录，213年七月曹操安排献帝刘协聘娶自己的三个女儿为贵人，有资料记载：太常大司农王邑当时持节奉礼，代表皇家来到邺城曹府纳聘贵人。王邑在许都仍然是身为九卿之一的天子近臣。

从河东郡守换人事件的整个演变过程看，身为河东郡上级部门主管官员的钟繇，在事态发生前曾插手此事，他忠实地执行朝廷的人事调任命令，当然不是大错，而在受到当地吏民对王邑的留任请求后，他并没有做出应有的说服与矛盾化解工作，至少没有在事前发现和制止事态的扩大。即便这样的错失并不很大，到不了要受朝廷惩处的地步，但也绝不能把卫固等人受到惩处算作钟繇的功劳，陈寿在这里对钟繇功劳的夸大描写是显而易见的。

另一处是对曹操西征马超的支持贡献。陈寿在史书中说：钟繇镇守关中时曾迁徙关中百姓和招纳的逃亡之民来补充洛阳人口，曹操211年西征马超韩遂，就得益于这些人口军资，由此表明钟繇对平定关中的支持贡献。但《三国志·卫觊传》及引注中披露，曹操统一北方后打算进军西境以平定关中割据势力，他让荀彧征求卫觊的意见，卫觊认为："关中诸将均无大志，只要给其爵号，就不会有大的问题，应该等以后有机会再对付他们，目下在他们强大时就进攻，会使他们联合反抗，难以控制。"他建议先稳定关中，然后借用盐业的垄断经营以吸引关中民众，强化司隶校尉在当地的政治地位，逐渐扭转朝廷官方与地方将领间的强弱对比。当时钟繇请求带领三千士兵前去讨伐，曹操开始认为卫觊的意见很好，后来却采纳了钟繇的意见，结果钟繇出兵后关中各军联合反叛，曹操不得不亲自率军征伐，虽然平定了关中，而军士死亡上万人，损失过大，曹操事后也懊悔未听卫觊的意见。清代史家赵一清据此认为，曹操211年与马超韩遂的争战，说到底还是钟繇策略不当而激成的，他的盲目出兵并不符合国家的战略设定，自然也就不能算作钟繇的功劳。

　　后世史家注意到了史料中对钟繇事迹的不同记录，感到了陈寿对钟繇的一味褒赞和对其某些过失的避讳。事实上，因为钟繇是曹魏的开国之臣，受到曹魏三代君主的看重和表彰，受禅于魏国的晋朝后来完全认可魏国的官方文案与历史记载，晋初史家陈寿的著述就不能与前朝官方的人物认定有过大背离，这是可以理解的，而由此能够看到钟繇在当时受到国家实际掌政人亲近与看重的事实。

　　213年汉朝廷将冀州十郡封给曹操，曹操在自己的封地里建立诸侯国，称之为魏，钟繇被任为大理，其间做过毛玠案件的主审官（参见1.13.2《功臣毛玠及其晚年受审》），后来升任相国。217年曹丕被立为太子后，他赏赐给钟繇"五熟釜"（参见1.4.12《公子哥儿的做派》），在釜上铭刻文字说："堂堂魏国，为汉室屏障，作相国的人唯有钟繇，实在像心脏脊骨一样重要，日夜恭敬，不知怎样对待，可以为百官的师长，能够做众人的楷模。"曹丕本来就与钟繇有相同的艺术爱好和情趣，两人关系亲密，因而他对这位献身曹魏的功臣极尽赞美之辞。

　　219年钟繇受魏讽谋反案牵连而被免官，该事件的具体过程本来就扑朔迷离（参见1.4.4《继位为王》），这是钟繇受到处分的唯一一次。曹丕220年初继承了曹操的王位，钟繇又担任大理；当年十月曹丕受禅作了皇帝，改称大理为廷尉，进封钟繇为崇高乡侯，又升为太尉，转而被封为平阳乡侯。当时司徒华歆、司空王朗，都是先朝名臣。曹丕退朝后对身边侍从说："这三位，是一代伟人，后世大概很难再出现了！"作为魏国的建国皇帝，曹丕对钟繇的推崇几乎到了无以复加的程度。

## 1.14（1）钟繇的建魏之功（下）

钟繇在曹魏建国后，因为早年安定关中的功劳和与君主的良好关系，他受到了朝廷的极高推崇，226年魏明帝曹叡执政后，封他为定陵侯，封邑增加到一千八百户，升迁为太傅。这是不参与朝政的一品上公之位，常为老年官员的最高荣誉职务。钟繇膝盖有毛病，上朝和行礼不方便，曹叡特意安排让他上朝时乘车坐轿，由卫士抬着上殿就座（参见1.5.18《曹叡的用人和处事》下），钟繇在世时受到了历任君主的最好对待。

钟繇曾经担任过主管司法的大理，在注重法律建设的氛围中，他对国家某些刑罚条款的变革曾有过更多思考。古代法律中很早就有肉刑，这是一种残害肉体的刑罚，包括墨（刺面染黑，称黥）、劓（割鼻）、刖（砍脚，又称剕）、宫（阉割或幽闭）几种。西汉文帝当年认为施加这类刑罚使罪犯过于痛苦，于是废除了肉刑。而曹操生前设想，如果能用肉刑代替死刑，就能保证罪犯的生命，也属一种仁慈的行为；当时社会上的人口因为战争而大量减少，人口成了一个国家生产和战争的重要资源，这一现实状况也产生了以肉刑代替死刑的客观需要，于是有了恢复肉刑的提议。当初曹操下令，让众臣商议关于死刑改行宫刑的方案。钟繇认为"古代的肉刑，是圣人经历过的，应该恢复施行，以代替死刑"。这种说法其实完全是附和曹操提议的，但当时很多人认为"肉刑是不会给民众带来愉悦的方法"，于是讨论就停了下来。曹丕主政时曾下诏说："先帝（指曹操）想恢复肉刑，这确实是圣王的法律，各位公卿应当认真考虑和讨论这个建议。"商讨未定，恰逢有军事行动，又停止了讨论。一项看似简单的刑法改革，事实上牵扯到社会生活的许多方面，改动起来极不容易。

曹叡刚执政的227年，他又组织朝臣进行关于恢复肉刑的讨论，钟繇上疏说："大魏承受天命，继承虞、夏的治国思路。汉朝孝文帝改革刑法，他废除肉刑，这不合于古圣之道。先帝的圣德是上天成就，古代三坟五典的主旨也是一以贯之，所以文帝（指曹丕）继承前世，他仍然颁发明诏，希望恢复古刑，完善国家的法典。因为不断有军事行动，终于没有施行。现在陛下不乐意让人无故而死，感到斩趾就可以禁除罪恶，让群臣再议此事，这是追随父祖遗志的事情。"钟繇对三代君主的共同提议给了高度评价，同时提出了修改建议说："仿效汉景帝时的做法，应当斩首示众的人如果自愿以砍去右脚代替，应允许；对黥面、割鼻、砍左脚、宫刑等刑罚，仍然按照汉文帝的法令，以剃发和鞭打代替，这样可以保留人的性命。"（参见 1.5.2《军国政务的处置风格》）

钟繇为此进一步论证说："有男女奸情的人，如果年龄大约在二十到四十五岁，虽然砍了他的脚，但仍然能够生育。当今天下的人口数量比汉文帝之世要少，按照最低数字估计，这样每年能够增加三千人。"作了这些论证说明后，钟繇不无自豪地宣称："汉朝张苍废除肉刑，而每年上万人被杀；我关于恢复肉刑的方案，每年可以多出三千人。当年子贡问能给百姓以好处可以称为仁吗？孔子说：'这哪里仅仅是仁，只有圣人才做得到，就是尧、舜做起来也有所不足呢！'孔子又说：'仁难道离我们远吗？我想要仁，仁就在面前。'如果真心地实行这些，百姓将能永久地得到好处。"钟繇认为自己这一方案不仅合于仁爱的原则，也对国家人口的增加大有好处。曹叡看到奏书后下诏说："太傅学识优秀，才华高超，关心国家政事，又深通刑法之理。这是件大事，公卿群僚应该再进行认真的商议讨论。"

因为曹叡让公卿百官进行更充分的讨论，司徒王朗遂认为："钟繇要减轻大辟（指死刑）的律条，增加刖刑的数量，这是把躺下的人竖起来，把尸体转化为活人。但臣下之愚，仍然有与该建议不合的相异之见。五刑之类刑罚都记载在法律条文中，法律条文本来就有减死一等的规定，不处死就是减刑了。这一规定施行已久，不需要借斧凿之具施行肉刑，就有对死罪次一等的处理办法。以前有仁爱心的人感到肉刑惨虐，因此废弃不用，这已经历了几百年，现在恢复实行，恐怕减轻死刑的文书还没有被万民看见，而滥施肉刑的名声已传到敌国了，这可不是招徕边远民众的做法。"王朗是与钟繇地位等同的老臣,他用先扬后抑的方式对钟繇的提议作出评议,重点是对传统法律条文中"减死一等"的规定充实进了新的处罚内容,显然是对钟繇减轻死罪方案的进一步优化。

王朗最后把他的方案做了归结说:"可以把钟繇关于减死的几种刑罚,直接判为髡、刖就行;如果觉得惩处太轻了,就加倍增添犯人服劳役的时间。这样做,对内有以生换死的恩德,对外没有砍足的骇人名声。"这里提到的髡,是把头发剃光的刑罚,因为不残害肉体,所以不属于肉刑,只是一种加重处罚的辅助手段。王朗的方案既回避了肉刑的实施,又达到了减少死刑的效果,自然有其优越性。参加这次讨论的有一百多人,大多数人赞成王朗的意见。

史书上说,当群臣们经过认真讨论和比较而得出了比较一致的意见后,曹叡因为吴、蜀尚未平定,就把此事放下了。为什么三代君主连续组织讨论,在得出了更合理的意见后,曹叡反而搁置不用呢?客观地说,魏国修改和施行自家的法律条规,与吴、蜀两国的存在并没有什么直接关系,其实真正的问题应该是:这次法律的修改是曹操最早提出、并由曹丕真诚推进的事项,出发点都是仁爱施法和增加人口数量,然而曹操当年修法的命题是"恢复肉刑",前面两代君主都在"恢复肉刑"的名目下组织群臣进行修法讨论,而按照王朗的方案,最终并没有恢复肉刑;如果颁布和实行了这一方案,明显是脱离了前面两代君主修法的原初主题;以"恢复肉刑"的主题讨论开始,最终的结果是不需要恢复肉刑,这将使当世天子曹叡的脸面上也挂不住光彩的,所以只好弃置不用。曹叡执政十多年间并非吴、蜀两国年年骚扰不断,但曹叡后来从未提起这一方案,可见当时外敌侵扰只是他搁置方案的一个借口罢了。

回到修法问题本身看,钟繇的方案真实地落实了三代君主"恢复肉刑"的提议,既达到了修改法律的两个目标,又符合于曹魏历代君主的倡议,这是他拿出自我方案时最感自豪的地方。从事司法工作许多年的钟繇也许并非没有想到王朗的简洁方案,但他是自觉地在君主所定"恢复肉刑"的命题之下做文章并思考问题的,他在方案的设定中首先要顾及两代君主的明确议题，由此可以看到钟繇一生行事的风格，能够理解他所得到历代君主看重的原因。

230年，修法讨论三年后，八十岁的钟繇终老离世，曹叡身穿素服前往吊唁，谥号为成侯。钟繇的大儿子钟毓继承了父亲爵位，他年龄十四岁时就为散骑侍郎，小儿子钟会是钟繇七十五岁时与第二任妻子贾氏所生，后来统军灭蜀，均是才具非凡的人物。

## 1.14（2）钟太傅的家事

太傅钟繇在曹魏建国后受到历代君主的推崇，他的两个儿子钟毓和钟会后来逐渐成了担负国家重要职位的官员，钟氏一门在魏国也算风光一时。《三国志》若干篇目中涉及钟太傅晚年家中的事情和人物，集合这些材料，能够从中看到当时一位国家高级官员在外面的风光，以及家庭内部面临的某些生活苦恼，也能引起人们对相关人物的更多思考。

钟会在成名后曾写文章回忆他母亲的经历，《钟会传》中引注了这一文论片段，其中说道：母亲张氏是太傅成侯（指父亲钟繇）有官方封号的妇人，字昌蒲，太原兹氏（治今山西汾阳东南）人，她少年时丧了父母，来到了钟家，看重修身，行为端正，不做不合礼仪的事情，受到钟家上下人物的称赞。当时成侯的正妻孙氏，利用嫡夫人的地位总揽家中一切事务，一直存心陷害受人称赞的张氏，经常在成侯面前献谗言诋毁，几乎无所不至。孙氏尽管善于言辩饰非，富有智巧，但最终还是不能伤害张氏。等到张氏怀孕后，孙氏更加嫉妒，她把药放在张氏的食物中，张氏因不知情而中了毒，及察觉后呕吐了出来，头晕目眩了好几天。身边人说："你为何不向夫君告知？"张氏回答说："嫡夫人与庶室互相陷害，那是败坏家庭的事情，人们从来对这事都很警戒。假如夫君信我，但谁能替我说清事情呢？现在孙氏以她的内心猜度我，觉得我肯定要说给夫君，他是会抢在我前面去说的；事情由她说出来，这不是很好吗！"于是张氏声称生病不去见夫君。孙氏果然前去对成侯说："我想让张氏生个男孩儿，所以给她的食物中放了能生男孩的药，但张氏反而说我想毒害她！"成侯说："把生男孩的药给她吃是好事啊，在暗中放于食物中让她吃，这却不合乎人情。"于是就叫来侍者审讯，结果全都说了真实情况，成侯得到了实情，于是将孙氏休出。成侯询问张氏为什么不把事情告诉自己，张氏就讲了她不愿败坏家庭的想法，夫君听了大惊，更加觉得张氏贤惠善良。225年张氏生下了钟会，夫君对她更加恩宠。

　　当时人们对生男生女的原理都认识模糊，有些人相信怀孕后吃了合适的药，即能决定婴儿何种性别。孙夫人也是这种想法，于是有对钟繇的这种说辞。但因钟繇察觉到了孙夫人所说的话不合道理，于是有了后来的审讯和事情真相的暴露。钟会对母亲的上述追忆，尽管有夸大饰美的成分，但大致从情节上能看出张氏的温良和极度的聪明。有资料说，张氏生钟会时二十六岁，五年后钟繇去世。《魏氏春秋》中记录说：钟会母亲受到钟繇的宠爱，钟繇为她废了孙夫人。朝中卞太后（曹操的夫人）把这事情讲给了儿子曹丕，当时男子在七十岁以后更换嫡夫人大概是不合礼仪的，于是文帝曹丕下诏让钟繇恢复孙夫人的地位，钟繇非常气恨，他准备饮鸩自杀，最后被阻拦没有实现，曹丕对他也就没有再作强求。

　　钟毓应该是钟繇孙夫人所生的长子，《世说新语·言语篇》记有钟繇两个儿子小时候的事情。一件事是说：钟毓、钟会有次趁钟繇午睡时一起偷喝药酒，钟繇当时已醒来，他故意装睡观察儿子的行事。钟毓行礼后才喝酒，钟会只喝酒不行礼。钟繇随后起来，他问钟毓为什么要行礼，钟毓回答说："酒是用来完成礼仪的，所以喝时不敢不拜。"钟繇又问钟会为什么不行礼，钟会说："偷本是不合礼的行为，所以用不着行礼。"另一件事情是说：钟毓、钟会少年时就因聪明而出名，曹丕听到后，让钟繇领来两个儿子相见。见到曹丕后，钟毓紧张地全身是汗，钟会则很从容。曹丕问钟毓："你怎么出了那么多汗？"钟毓说："战战惶惶，汗出如浆。"曹丕又问钟会："你怎么不出汗？"钟会回答说："战战栗栗，汗不敢出。"两件事情均反映了钟繇两位儿子的聪明机灵以及他们心性上的差异，也表现了他们家庭生活和与皇家的亲密关系。

　　钟毓在父亲去世后继承了其爵位，228年蜀汉丞相诸葛亮兵围祁山，明帝曹叡想要亲自率兵讨伐。钟毓上疏说："作战贵在制定高明的策略，最大的战功是在军营帷幄中建立的，不离开宫殿的国君，完全能赢得千里之外的胜利。陛下应该镇守京师，以作为对各方军事的支持。如果您亲率大军西征，虽然能壮大前线军威，但因此消耗的资源钱财也很大，而且在炎热的暑期用兵，一向是人们特别慎重的，现在并不是国家至尊出动的时候。"曹叡听从了他的劝谏，后升迁钟毓为黄门侍郎。

　　曹叡从235年开始，因为外部力量的减弱等多种原因而在洛阳大兴土木（参见1.5.12《心志突然沉沦》），所以曹叡以及群臣暂且居住于许昌。许昌狭小，曹叡在城南以毡为殿，大摆宴席，设鱼龙蔓延之戏，百姓疲于劳役之苦。钟毓进谏说："近年水旱灾害频繁，国库空虚，这类休闲之事应该等到丰年之后。现在应当去关内开垦荒地，让百姓耕种。"这些建议都被部分地采纳实施。244年，钟毓任散骑侍郎，大将军曹爽在盛夏时兴兵伐蜀，蜀兵依险据守，大军不能前进。曹爽想要继续增兵，钟毓遣使上书说："我以为高明的取胜之道，应该是不动刀兵；天下无敌的军队，虽然进行征讨，但不是在战场上决斗取胜。应该选择合适的时机再进军，遇到困难还应该退避，这才是古来征战的道理，希望您能够深思。"后来曹爽无功而返。因为钟毓很让曹爽失望，他被贬为侍中，离开京城，任魏郡太守。高平陵事变后，曹爽等人被杀，钟毓又回到京师，被任御史中丞、侍中廷尉。

　　255年，毌丘俭和文钦起兵反叛后，钟毓持节到扬州、豫州宣慰圣意，告诫教化百姓，回后升为尚书。257年，诸葛诞起兵反叛，钟毓对司马昭出兵平叛提出过很好的建议，并随军前往。事后被任为青州刺史、后将军，都督徐州军事，假节。不久转任都督荆州军事。263年逝世，追赠车骑将军，谥号惠侯。这里从钟毓对淮南平叛的积极态度看，他实际上已经成了司马氏政治力量的支持者，与父亲钟繇对曹魏的忠诚态度已拉开了距离，与钟会对司马氏起而对抗的态度也有所不同。钟太傅家中的事情和人物能使人们对时代政治有着更多的议论话题。

## 1.14（3）钟会的成长与作为（上）

钟繇的少子钟会是魏国后期极有作为的人物，他聪明博学，富有才智，精于谋策，在司马氏执掌国政时期是朝廷颇为活跃的大臣，他曾率军在数月间灭亡了蜀汉，改变了天下三分的政治格局，实现了魏国几代君臣的梦想，其活动影响远远超过了自己的父兄和同代臣僚。《三国志·魏书二十八》及其引注中记述了钟会的成长过程与后来的作为，从中能看到一位天才少年的家教养成以及进入职场的人生演变之路。

钟会字士季，为颍川长社人，是魏国太傅钟繇在七十五岁时所生的少子；母亲张氏在二十六岁生下钟会前经历了钟繇嫡夫人孙氏痛苦的打击迫害，依靠她沉稳明智的应对而反手胜出，赢得了夫君的恩宠。钟会一出生就敏慧天成，引起了人们的关注。朝廷中护军蒋济曾经自称："只需观察人的眼珠子，就能够判断这个人。"钟会不到五岁时，钟繇让他去见蒋济，蒋济观察后非常惊异，对人说："这绝非一般之人。"稍微长大后，钟会既有才略，又精于多项技艺，他能以夜续昼地读书博学，对名教之理非常熟悉，由此获得了更大声誉。在曹爽辅佐少帝曹芳执政时期，钟会担任秘书郎，后来升任尚书中书侍郎，为负责中枢机关文书起草的四百石六品官员。

当时接任中护军职位的司马师委派中书令虞松写一份报告，虞松238年跟随司马懿远征辽东，他为司马懿撰就出军檄文，起草布告，从辽东返回后一直做司马懿的助手。虞松这次把报告写好后呈递上去，司马师总觉得不称意，虞松拿去修改，耗费了很多时间，他思虑枯竭，修改不出来，内心的痛苦表现在了脸色上。钟会觉察到了虞松的忧愁，询问情况，虞松以实回答。钟会拿来报告相看，在文书上改定了五个字，虞松感到很好，拿去交给了司马师，司马师看后说："这不像是你的文笔，究竟是谁改定的？"虞松说："是钟会所改。"司马师说："如果这样，其人必有大用，你可让他来见我。"钟会接到司马师的邀请后，他向虞松询问司马师的所长，虞松说："他博学明识，无所不通。"钟会于是谢绝了宾客，在家闭门思索了十天，这天早上前去面见司马师，一直到晚上二更鼓响方才离开。钟会离开后，司马师独自一人拍手叹息说："这是真正的王佐之材啊！"

经历了249年的高平陵事变后，司马氏执掌了国政；254年皇帝曹芳被废黜，高贵乡公曹髦继位（参见1.7.7《曹芳出局》），其时钟会被赐爵关内侯，这当然是执政的司马师荐举和决定的，是司马师奖赏和拉拢钟会的行为。255年镇东将军毌丘俭在淮南反叛，他们的对抗目标是针对司马集团的，为此大将军司马师率军东征，钟会随从部队行动，他执掌军中机密事务，担任卫将军的司马昭为大军的后继部队。平叛返回后司马师逝于许昌，司马昭暂统出征的军队，钟会协助作帷幄筹策。

当时魏帝曹髦自己向许昌发出诏书，提出东南方的镇守非常重要，让司马昭留在许昌，作为前后方的接应，同时点名让尚书傅嘏统领军队返回洛阳。曹髦此诏的真正目的是要把司马昭留在京都之外，在司马师逝后重新安排统军之人，最终是要剥夺司马氏的兵权。钟会与傅嘏对此作了商议，最后让傅嘏上表给朝廷，由他与司马昭一同领军返回，部队到洛水之南屯住。司马昭既然返回了京城，曹髦只好任司马昭为大将军，由他接替司马师辅政，曹髦排斥司马氏掌政的幻想落空。傅嘏给朝廷的上表内容，大概是表达说自己作为文人难以统兵，无法领大军返回洛阳，需要司马昭同行震慑等等理由，表面上似乎确实如此，实际上展现了钟会支持司马氏的政治态度，事后钟会升任黄门侍郎，封东武亭侯，并有封邑三百户，司马昭对他的协助之功给予了奖赏。

257年朝廷察觉征东大将军诸葛诞有了异心，于是征召他返回京师升任司空之职，当时钟会因母亲去世而在家居丧，他料定诸葛诞必不从命，于是写信驰马报告司马昭。后来诸葛诞果然谋反，并向东吴寻求支援。司马昭带着魏帝曹髦并统领大军前往淮南征讨（参见1.8.2《淮南的两次平叛》），钟会居丧返回，他再次随军队行动。

钟会在回家居丧期间，写文章回忆了他母亲的往事，除叙述母亲怀孕生育时与正房孙氏的冲突外，还说到母亲对他少年时候的教育，这里附列如下五段：

## 1.14 尽职守建硕功的名臣

①夫人生性矜持严肃，懂得怎样教育孩子，我那时候虽然年龄很小，但经常接受她的规劝和教诲。我四岁时学习《孝经》，七岁背诵《论语》，八岁诵读《诗经》，十岁读《尚书》，十一岁读《周易》，十二岁诵《春秋左氏传》《国语》，十三岁诵《周礼》《礼记》，十四岁诵《成侯易记》（这是钟繇所写的《易经》注释），十五岁母亲让我进太学学习各地的奇文异训。母亲对我说："学习最怕厌倦，厌倦则心意怠惰。我怕你心意怠惰，所以把知识逐渐教给你，现在你可以独立学习了。"

②夫人雅好书籍，涉猎广泛，特别喜欢《周易》和《老子》。每次读到《周易》中孔子所说"鸣鹤在阴""劳谦君子""藉用白茅""不出户庭"的地方，总是让我反复诵读，并说："易中有三百多爻，孔子特意解释这些地方，是认为做事要谦恭缜密，要把握关键环节，要依靠自己的主观努力，要看准人生的道路，顺着这些思路去做人，完全能够成为君子。"247年时我担任尚书郎（其时二十三岁），母亲拉着我的手教导说："你二十岁就被录用，应该懂得人情，其中自损是非常重要的，应当以此自勉警戒！"当时大将军曹爽专朝政，经常纵酒沉醉，我的兄长钟毓任朝廷侍中，他聚宴返回说到这些事情，夫人说："快乐固然快乐，但是难以持久。在上位的人不骄横，节制谨慎而做事有度，这样才能没有危险和祸患。现在如此奢侈僭越，不是长守富贵的方法。"

③那年（249年）正月皇帝曹芳去祭祀高平陵，我作为中书郎也跟着同行。太傅司马懿开始举兵时，众人都很恐惧，而夫人则若无其事。中书令刘放、侍郎卫瓘、夏侯和等家的人都不解地询问说："夫人你只有一个儿子，现在处危难之中，怎么能不担忧呢？"母亲回答说："大将军曹爽没有节制地奢侈僭越，我经常为这样的状况而不安。现在太傅伸张大义，并不危害国家，他是针对曹爽在举事。我的儿子在皇帝身边，还有什么可担忧的？听说外出时没有携带其他的重器，这样势必不会发生长久争战。"后来事态的发展果然像她所说那样，大家都佩服她对事情的预料。

④我在国家中枢任职十多年，时常参与谋划，母亲对我说："过去春秋时范氏的小儿子为赵简子设定讨伐邾国的策略，事情顺从民众的意愿，

可以算得上是功劳；但他的母亲认为使用了伪诈的方法，属于下作的手段，必定不能长久。他的母亲看到了事情的根本和深远之处，和现在人有所不同，我经常欣赏这位母亲的为人。你做事能拿出正派之心，就能免于祸患。应该经常修养自我以助益行事，才不会辱没先人。常言道：有谁做事能完全合于大道！但只要尽力实行而不懈怠，也能达到次一级的效果。虽然每天接触世俗的事情，但说话必定要讲信用；在取得和给予两者之间必须界限分明。有人或许问：'这不都是些小事吗？'我的回答是：'君子的行为，都是积小事以成就高大，如果以为小善没有意义而不去做，这就是小人做的事情，如果这样就希望能成就令人仰慕的高大，我是不看好的。'"

⑤我自幼小起，衣服都是青中微红的颜色，自己做家中的事，知道要恭敬节俭；碰上获得就要思考是否合于道义，面临钱财必定要谦让。我前后受赐钱帛数百万计，母亲全部送出供给了公家之用，自己不从中拿走一点。她甘露二年（257年）二月病逝，年五十九岁。安葬之时，天子手写诏书，命大将军高都侯（指司马昭）厚加赙赠，丧事无论大小费用，全部供给；朝廷依据春秋之例，仪式上不称其名，以成侯命妇相称，按照古代的礼制殡葬。

钟会详尽地回忆了他小时候受母亲教育的生活片段，其中有许多真诚感人和颇能启发后人之处，钟会在个人才质与魏国职场上能够出类拔萃，应该与母亲的督促和引导大有关系。

## 1.14（3） 钟会的成长与作为（中）

257年大将军司马昭带着曹髦并统领二十多万大军前往淮南征讨诸葛诞，这是一次极其重大的军事活动，在家为母亲居丧的钟会很快返回岗位，随从军队出征，他是司马昭的重要幕僚，长于计谋和筹策，大概也是司马昭在紧要关头离不开的人物。《三国志·钟会传》与其他史料记述了司马氏掌政期间钟会在魏国政治军事上的更大作为。

因为诸葛诞在淮南反叛后请求东吴支援，吴国遂派与皇家有婚亲关系的大将全琮领着他本族全怿、全静、全端等人统兵来救援据守寿春的诸葛诞。恰好全氏家族中留在都城建业（今江苏南京）的全辉、全仪因为发生家族内部争讼，他们带着母亲，领着部曲数十家渡江来投降了魏国。钟会据此出谋划策，他暗中假托全辉、全仪的名义写下书信，派全氏家的亲信入城告诉全怿等人，说吴国不满全怿等将领没有在寿春战胜魏军，想要杀掉全氏家族的人，所以他们只好投奔魏国前来逃命。全怿等人非常恐惧，他们最后打开把守的东城门投降了魏军。投降的全氏将领都受到了很好的对待，城中的诸葛诞部队自此人心背离，寿春终被魏军攻破。

  这次淮南平叛，钟会的贡献最大，于是更加受到司马昭的宠信，当时人们把钟会比作西汉谋臣张良。大军返回京城后，司马昭升任钟会为太仆，这是朝廷九卿之一，而钟会坚辞不就，他以中郎身份在大将军府掌管文秘机要事务，为司马昭的心腹。皇帝曹髦因为钟会的淮南平叛之功，授给他成侯的爵位，钟会多次辞谢不受，曹髦发诏表彰说："钟会总管军事机密，他料敌制胜，有筹谋策划的大功，而对应得的爵位坚辞推让，他志意恳切，无法改变，犹如古人功成不处，所以听从他的坚持，以成其美。"钟会后来被改任为司隶校尉，这是纠察京师与京畿百官的二千石三品官位，职权显赫，他虽然不在中枢机构，但时政大事无不参与。

  另有资料说，"竹林七贤"中的嵇康很有才学而无心仕途，他在河内山阳县（治今河南焦作东十公里）居住时，钟会正为司马昭所宠信。钟会早就听说嵇康之名，于是就乘着轻车肥马，带着许多宾客前往拜访，当时嵇康正伸着两腿箕踞而坐，据说正在打铁，钟会到后并没有起来行礼，他问钟会说："你听到什么而来？看到什么而去？"钟会回答："有所闻而来，有所见而去。"钟会觉得无趣，悻悻地离开了，但为此心中怨恨。后来嵇康为朋友吕巽与吕安兄弟的诉讼解纷而吃了官司，钟会遂向司马昭进谗言，说几年前毌丘俭反叛时嵇康就想支持，这样的人不能保留。司马昭听从了钟会的说法，就将嵇康处死。这一事情《晋书·嵇康传》《三国志·王粲传》及多处引注均有记述，而情节各异，但都认定钟会对嵇康的处置起了重要作用。

司马昭因为姜维多次侵扰边境，估量蜀汉国小民疲，力量单薄枯竭，于是想要大举讨伐蜀国，只有钟会赞同蜀国可取，并与司马昭一起考虑测度地形，议论战事。262年冬，钟会被任为镇西将军，假节都督关中军事。司马昭命令青、徐、兖、豫、荆、扬各州同时打造战船，又让安远将军唐咨制作浮海大船，作出要大举伐吴的姿态，以此麻痹蜀国君臣。263年秋，魏国朝廷下诏命邓艾、诸葛绪各统军三万多人分别进军甘松、沓中之地，任务是绊住在沓中驻军的姜维；而钟会统兵十多万，从斜谷、骆谷两路进入汉中。钟会出军后，命牙门将许仪在前面领兵整修道路，大军在后随行，军队在过河时桥面穿通，马脚陷了进去，钟会认为这是道路没有修好，于是按军令斩掉了许仪。许仪是魏国名将许褚的儿子，父亲曾有大功于王室，尚且没有原谅他的过失，全军将士听到许仪被惩处的消息都非常震惊，不敢有半点马虎。钟会以前随军都是从事参谋筹划事务，这次独立统军征战，他是通过处斩许仪以整肃军纪、振奋了军威。

蜀国大将军姜维本人驻军沓中，他在汉中守御中采取了放弃险要、退守汉城和乐城的方案，似乎是要集中兵力以防守，而实际上摒弃了在绝崖山谷中防守御敌的地理优势，使魏军二十多万人马无所阻拦地进入了汉中，与驻守乐城和汉城的王含、蒋斌两位蜀将相对峙；而蜀军失去了居关守险的地理优势，守军数量又比魏军差得太多，其战局已经可想而知（参见2.9.5《艰苦而无效的守御》）。

钟会十多万部队进入汉中后，立刻实施了如下策略：①让护军荀恺、前将军李辅各统万人分别去围攻蜀军汉、乐两城。由于汉城守将傅佥与蒋舒的矛盾分歧，魏军对两城的进攻很快得手，汉中中心区不久即被魏军全部占领。②钟会本人绕道而过，西出阳安口，派人前去祭奠汉中诸葛亮之墓。钟会大概知道诸葛亮在蜀汉民众心目中受到较高尊崇的地位，他进入蜀国是想要实现对当地民心的争取。③使护军胡烈等行前，攻破关城，获得了蜀军库藏的积谷。魏国二十多万大军进入汉中，其实完全没有后勤补给，要想穿越秦岭狭道补充军资那是根本不可能的；只有在当地获取粮食，才是继续作战的保证，钟会进入汉中后是抓住了这一根本点。④向蜀国百姓和将士发布了通告，内中无非是宣扬魏军出征的正义性质，指出蜀汉政治统治及其连年北向骚扰的不合理；炫耀魏国军队的强大和不可战胜，明确表示了提早归降的优惠政策等。钟会这里是把军事行动和政治行为综合起来同时实施，他抓住了几项要害的事情，由于军事上的初战告胜，一开始事情还是比较顺利的。

战场的实际情况是，姜维在沓中并没有被邓艾和诸葛绪的部队所羁绊住，他听说钟会大军已经攻陷了汉中，于是集合起前来增援的廖化、张翼、董厥的部队，迅速赶赴剑阁拒守，因为借助于该关隘的险要地势，钟会与诸葛绪的两路军马尽管人数占居优势，但却发挥不了作用，因运粮道路危险而又遥远，钟会攻不下剑阁，几乎想要撤兵。但由于邓艾偷渡阴平，诸葛瞻在绵竹战败身亡，成都君臣惊慌无措，刘禅于是接受了谯周的建议，出城向邓艾投降，姜维在剑阁的苦战遂成了无效的防守，最终他接受刘禅命令，向钟会表示归顺。总之，在诸多因素的配合下，由钟会所提出、并以他为主要统领的伐蜀之战取得了超乎意料的胜利。

年龄不到四十岁的钟会统领几十万大军伐蜀成功，以事实证明了先前个人相关提议的正确性，展现了他统兵驭将和用兵布阵的突出才能，实现了几代魏国君臣消灭顽敌的梦想，推进了三国时代的统一进程，他当时还是一位单身男，其个人功业已经无比辉煌。

## 1.14（3）钟会的成长与作为（下）

263年秋魏国镇西将军钟会亲率十多万主力部队讨伐蜀国，邓艾、诸葛绪各领三万部队从西部沓中方面配合，由于魏、蜀双方各种因素的共同作用，也由于钟会、邓艾各自在军事部署和战场用兵上的成功，蜀国在当年十一月就宣布投降，四十岁不到的钟会首次统兵出征即在战场立下了绝世之功。《三国志·钟会传》及其引注记述了钟会在蜀国的各种活动，表现了他在人生辉煌时期政治志向和个人命运的转折。

钟会进入蜀国后一直和坐镇京师的司马昭保持着信使联系，其中有几件重要的信息通报：①当时邓艾邀请诸葛绪一同兵出阴平，诸葛绪因为不受邓艾的节制而加以拒绝，于是领兵向东与钟会会合。钟会密报司马昭，说诸葛绪领军畏缩不前，延误战机，于是将其用栅栏封闭的囚车（称槛车）送还洛阳，归并了诸葛绪的三万部队。②姜维接受了刘禅的命令率四五万人马在涪县归顺了钟会后，钟会向洛阳方面报告说："姜维的部队在山谷绵延数百里，依靠人多势众而向西移动。我命令部队分兵把守重要关口，杜绝了东西南北的通道，在对方走投无路时，我写信告诉他们投降即有生路，这支部队只好解甲归降。"收到钟会的战情报告后，魏帝曹奂不久发来诏书，表彰了钟会的克敌制胜之功，晋封钟会为县侯，增邑万户，同时提升他为司徒，钟会进入三公之列。③当时逼降了刘禅的邓艾进入成都后非常自傲，他向司马昭提议，部队稍作修整后可接着攻灭吴国，并表示对这类事情征战的将军可以自行决断。钟会知道了这些情况，他密报司马昭，说邓艾有反叛之意。钟会善于仿效他人的笔迹，他在剑阁截获了邓艾给朝廷的奏章并做了改动，又毁掉司马昭的回信自己另写，造成了邓艾与司马昭的互不信任。司马昭命令钟会进军成都，预防邓艾有变，钟会于是派卫瓘先到成都拘捕了邓艾，将其槛车送归，又归并了邓艾手下的部队。

  钟会在给司马昭的报告中夸大自己的功劳，把姜维受命归顺说成是自己战胜逼降，这也能够理解，但他连续诬陷诸葛绪和邓艾两位一同出征的助战将领，把他们的军队收归在自己属下，使自己成为出征军队的唯一统帅，这其中就显露了一些早有的心思。同时，钟会在收归蜀将姜维后，他们两位战场上的对手互生敬佩之心，发展成了无话不谈的挚友（参见2.9.6《两位敌手的相互敬佩》），也是姜维怀着复国之念而有意撩拨，钟会最终亮出了心底，他愿意统领军队在成都重建不隶属于魏国的割据政权。其时钟会归并了诸葛绪与邓艾的两支部队，一共掌握了十八万出征精兵，加上姜维可以统领和调动的蜀国六七万部队，共计有二十多万人马。钟会当时功名盖世，威震西土，自以为不能久处别人之下，加之一直所忌惮的邓艾已被遣送离开，他独统大军，魏国猛将精兵都在手中掌握，自料有足够的力量实现自己更进一步的宏图大志。钟会的行动部署是：使姜维等人统领蜀兵出斜谷,自己领大军随后行进,占领长安;然后派骑士从陆路,步兵从水路顺流经渭水入河,五天后到达孟津(今河南孟津东北古黄河渡津),与骑兵会合于洛阳,夺下京师,逐步占有天下。

不久进入了264年,钟会收到司马昭的书信说:"我担心邓艾不服命令,现在派遣中护军贾充率步兵和骑兵万余人进入斜谷,驻扎在乐城,我亲率十万大军驻扎在长安。我们很快就可以相见了。"正当钟会要实施自己的行动计划时,司马昭却派自己的亲信贾充率兵进驻汉中,他本人则统大军驻长安呼应。钟会看信后大惊,对亲信说:"仅仅抓获邓艾,相国(指司马昭)知道我一人就能做到,他领大军前来,必是发现我的反常,我们应当迅速行动。如果顺利,可以得到天下;如果不顺,退回蜀地,也不失再作一位刘备。自出兵淮南以来,我从未失策,天下所共知。像我这样功高名盛的人怎能有平安的归宿呢?"

经过与姜维等亲信人物的商议,钟会正月十五日进入成都,第二天召集护军、郡守、牙门骑督以上的将士以及蜀国旧官,在蜀国朝堂为明帝郭皇后发丧,假借她的遗命,起兵废掉司马昭。钟会让众将士在版上签名同意作为凭证,委派亲信率领各路军队。但是魏将们并不跟从,于是钟会把他们都关在益州各官府中,派兵严加看守。当时钟会的一个亲信部下丘建,是胡烈旧属,他向钟会请求派一位侍从为胡烈端饭倒水,各位将领也按例备一侍从伺候。胡烈则编造谎言说,钟会已挖好大坑,想把将官全部打死,埋在坑中。"众将的侍从们将谣言暗中传扬,一夜间大家都知道了。有人建议钟会说:"应把牙门骑督以上的官吏全都杀死。"钟会犹豫不决。

十八日中午,胡烈的儿子与部下兵士擂鼓冲来,各军也都不约而同地争相跟随奔向城里,前去解救被关押的军将。当时钟会正在给姜维铠甲兵器,听到外面有汹汹嘈杂之声,知道情况有变,在姜维的建议下,钟会派兵去杀城内那些被关起来的将官,而里面的将官都拿木案顶住门,兵士砍不破门。不一会儿,城外的兵众爬着梯子登上城墙,乱哄哄地涌进城内来,那些将官都从被关的屋子爬出来,与他们的军士汇合一处,与支持钟会的力量拼死对抗。姜维带着钟会左右拼杀,亲手杀死五六人,众人格杀了姜维（参见 2.9.7《没有扶起已倒的大厦》），又争着上前杀死了钟会及其数百名亲信。钟会死于乱军中，终年四十岁。

钟会在人生最为辉煌之时改变了心志，决心脱离曹魏和司马氏集团，争取属于他自己的宏大政治目标。然而，他的宏图大志没有来得及付诸实施，本人就为此付出了生命的代价，留下了他个人的巨大遗憾，也留给了后世人更多的疑问和思考。

### 1.14（3）钟会的成长与作为（末）

钟会在263年平定蜀汉，达到了人生辉煌之时，他心生异志，决定率领手头二十多万部队攻占中原，或者退而割据蜀地。他打出了魏国郭太后的遗诏向属下将官说事，表达的是与魏国司马氏集团相对抗的政治态度，但事情在264年正月中旬反转，受关押劫持的将官及其亲信聚而暴乱，一代英才钟会被乱军所杀。《三国志·钟会传》及其引注记述了事情的前因后果，促使人们对这一结局做出更多的思考。

钟会的兄长钟毓在263年冬去世，因为钟会正在蜀地征战，当时并没有送上问候，侄儿钟邕与他一同出征，一并死于乱军中。钟会所养兄长的儿子钟毅，以及侄儿钟峻、钟辿，事发后被关进了洛阳监狱，按法应当处斩。司马昭上表并由皇帝下诏说：“钟峻等人的祖父钟繇，在曹魏三代先祖之世历任台司之位，为国家立有大功，飨食于宗庙庭堂。他们的父亲钟毓，在朝廷内外担任要职，干事极有成绩。春秋时楚国怀念相国子文的治国功劳，所以不中断斗氏的祭祀；晋国不忘赵衰赵盾的忠诚，所以存留了赵氏的后裔。如果因钟会、钟邕的罪恶，就断绝钟繇、钟毓的血脉，我心里实在不忍！钟峻、钟辿兄弟特予宽恕，有官爵的继续保留。只将钟毅及钟邕的后裔伏法即可。”另有说法是，钟毓曾经暗中提醒司马昭，说钟会依仗他的聪明伎俩行事，难以保证安全，不可让他单独统兵。当时司马昭笑着回答钟毓说：“如果真像你说的那样，绝不连累你的宗族。”所以司马昭最后宽恕了钟峻和钟辿。

当初司马昭派钟会出征时，丞相府的西曹属邵悌对司马昭说："现在让钟会领着十多万部队伐蜀,我觉得钟会一人不宜担当重任,最好多派人同行。"司马昭笑着说:"我难道不知道这些道理?蜀国是天下的祸患,多年骚扰使百姓不得安宁,我们现在讨伐其实很容易,但众人都认为蜀国不可讨伐。如果人内心怯懦那就智勇枯竭,智勇枯竭的人如果前去征战,只能败于敌手;只有钟会与我的意见相同,现在派他伐蜀,必定能够灭掉蜀国。"司马昭继续向邵悌谈出了自己的考虑,他说:"灭蜀之后,即使发生你所担心的事情,也不怕解决不了。古人说:'凡败军之将不可以言勇,亡国之大夫不可与图存。'因为他们心胆已破。如果蜀国被攻破,他们吏民心中震恐,不能与他们再谋图恢复蜀国了;中原出征的将士,他们各自思归故乡,也不愿意留在蜀国。如果要反叛作恶,只能自取灭亡,你不必担心此事,也不必对外人说起。"邵悌看来是对司马昭忠诚的僚属,他把自己对钟会独自统兵的担心讲了出来,而司马昭对邵悌讲述了自己的两个考虑:一是,之所以要派钟会统兵,是因为只有他主张伐蜀,心中无怯,因而就会有不曾枯竭的内在智勇;二是,即便他在灭蜀后心生异志,谋图反叛,因为魏军人心思归、蜀军心无斗志,没有多少支持的人,他是无法成功的,事实也正好证明了司马昭的预测判断。民心不可违,众意不可逆,无论多么高明的指挥员,当他没有与全军将士建立互相信赖的关系时,必然不能实现不合人心的个人目标,这也是才智高超的钟会统领二十多万军队而举事,一开始就告失败的根本原因。

  当时钟会从蜀地写信报告邓艾有反叛之意,司马昭即刻整军准备前往长安,中护军贾充询问司马昭说:"你怀疑钟会了吗?"司马昭回答:"如果当初派你统兵,难道我能怀疑你吗?"贾充什么也没有说。邵悌对司马昭说:"钟会的军队比邓艾多出五六倍,只要命令钟会收捕邓艾就可以了,不必亲自前往。"司马昭说:"你忘了前面曾说给我的话了吧,怎么能说不必前往?虽然这样,我的话你不能说给他人。我自己要以信义对待别人,但别人也不应当有负于我,我难道能先于别人而生出异心吗?我到了长安,事情自然明白。"从司马昭对邵悌的回答看,他出军长安的行动,自然是针对钟会有可能产生的野心而做出的先手准备,但对外表示是为了收服邓艾的措施，他绝不说出内心真正的动机，对心腹亲信贾充也以反问形式回答，实则什么意思也没有说出来，他要等待钟会首先做出不义的事情来，而自己则坚决避免把怀疑防范臣属的事情做在前面，政治人物司马昭的心机之深由此可见一斑。胸有大志的钟会也算是才不世出的人物，当他站到了司马昭的对立面要与其交手过招时，人们能够发现，他的对手其实城府颇深、不易欺瞒，并极有韬略。事实是司马昭的军队刚到长安，钟会就已被暴乱的魏军所杀死，正像司马昭预料的那样。可以想象，钟会即便不在成都举事的第一步失手被杀，也会在攻占长安或进军孟津的过程中遭受重挫，因为他在客观上面对着一位强大的对手，没有多少侥幸得手的可能。

  当年高平陵事变后，魏国右将军夏侯霸前来降蜀，姜维问他说："司马懿现在掌握了国家政权，他有征伐蜀国的想法吗？"夏侯霸说："司马懿正忙于经营自己的政权，顾不上外面的事情。有一位叫钟会的人，他年龄虽然不大，终究会成为吴、蜀两国的祸患，但若不是非常之人也不能驾驭和使用他。"夏侯霸的说法基本是对的，似乎需要补充一点：即便是非常之人，也不能真正地掌控钟会。司马昭不算一位平庸之人，他给了钟会应有的信任、颇高的地位和人生出彩的机会，但并没有使钟会感到满足。当消灭了蜀国，掌控了足够强大的军队时，钟会毫不留恋地决意与司马昭脱钩，走上了追求自我政治目标的叛离之路。

  后世有人认为钟会的政治目标是针对司马集团，维护的是曹魏皇家的利益，从而把他等同于"淮南三叛"中王凌、毌丘俭、诸葛诞的政治作为，史家陈寿在《三国志·魏书二十八》中把他们几人的本传放置一起，大概就有这种考虑。其实，钟会是一位个人功名心极强的人物，他才华超人，目空天下，看重和追求的仅仅是个人的功名，他伪造郭太后的遗诏而起事，曹魏皇家的政治资源一开始就是他借用的手段，正像他先前借重司马氏的权威参与中枢与淮南平叛一样。钟会的内心是冷酷的，他并没有父兄那样确定的忠诚对象，一切都服从于自己的政治追求；钟会曾回忆母亲早年教导他做人要学会"自损"，要在取得和给予两者之间做好选择，要求他做事拿出正派之心，以免于祸患。钟会回忆起这些事情时情感诚挚，非常动人，但在个人功名的刺激下，他后来并没有真正遵从这些嘱咐，其后期的行为充分体现着功名之士的某种显著特征。

## 1.14（4）华歆的人生追求（上）

曹魏三世老臣华歆是和钟繇同样资格的人物，他在汉末进入仕途，在战乱年代四处飘荡，经历过多年的人生坎坷。《三国志·华歆传》及其引注记述了华歆早年的职场曲折，以及他最终按照自己的政治理念与仕途设定投奔了曹操的开创性事业，在此奉献心力，并在曹魏政治集团的发展中实现了自己的人生追求，其人生经历包含着丰富的职场借鉴。

华歆字子鱼，平原高唐（治今山东禹城西南二十五公里）人。早年华歆与北海邴原、管宁一同游学（参见 1.12.8《名士管宁的坚定心志》），三人关系很好，当时人们称三人为"一龙"：华歆为龙头，邴原为龙腹，管宁为龙尾。华歆后在家乡举孝廉，被任为县吏。当时高唐为齐国著名都市，官吏们都喜欢游走在大街抛头露面，华歆每当休假离府，就回家紧闭大门。他议事论人非常平和，从不诋毁伤害他人，其后因病离职。

同郡人陶丘洪也是当时的名士，自认为比华歆更有见识。当时冀州刺史王芬等人，打算趁汉灵帝北巡之时搞一场密谋政变，诛除宦官并改换皇帝。王芬暗中联络华歆、陶丘洪一同商定此事，王芬也曾另外联络曹操助力（参见 1.3.4《初入职场的感触与历练》）。陶丘洪受到王芬邀请就准备前往，华歆劝阻说："废立天子是重大事情，伊尹、霍光都感到为难，王芬生性疏阔又不懂军事，事情必然不会成功，反而招来全族的祸患，你最好不要前往！"陶丘洪听从了华歆的劝阻，后来王芬果然事败，陶丘洪从此很佩服华歆。

189 年汉灵帝刘宏去世，大将军何进辅政，他征召河南郑泰、颍川荀攸和华歆入京，华歆被任为尚书郎，这是尚书属下负责文书起草的四百石六品职位。不久董卓迁都至长安，华歆要求外出为下邽（治今陕西渭南东北二十公里）县令，因病不能到任，遂经蓝田县前往南阳。另有资料说，华歆前往南阳是为了躲避中原之乱，同行的有志趣相投的郑泰等六七人，他们徒步出了武关（今陕西丹凤东南五十公里），路上遇见一独行的男子，想和他们同行，大家都见其可怜就想答应，只有华歆说："不行。现在大家都在危险之中，祸福患害都在一块儿，无缘无故接受他人，不知他的心底。既然已经接受了，如果发生什么问题，难道中途能抛弃吗！"但众人都不忍心，最后还是收下同行。这位男子路上掉到井里，众人都准备抛弃他，华歆说："已经与他同行，抛弃他不合道义。"大家合力把他救了出来，然后分别而去。这一事件是华歆个人品格与行事方式的反映，事后众人都很赞赏华歆的信义。

当时袁术在穰城（今河南邓县），要留华歆帮他做事。华歆劝袁术发兵讨伐董卓，袁术没有采纳，华歆决定抛弃袁术另走他乡，恰好汉献帝派太傅马日磾安抚关东（参见0.6.1《袁术的称帝闹剧》下），马日磾遂召华歆做掾属，他们东至徐州，朝廷发诏即任华歆为豫章（治今江西南昌）太守，华歆在豫章的地方治理中清静不烦，吏民都很喜欢。当时扬州刺史刘繇兵败后逃到豫章郡，不久在此去世，因为豫章是扬州的下属之郡，所以大家想推荐华歆接替刘繇作扬州之主，华歆认为这是借机擅命，不是人臣应该做的事情，他坚辞不从。

孙策领兵在江东攻夺地盘，华歆知道孙策善于用兵，他做好了各种准备，等到孙策领兵前来豫章时，他与孙策派来的使者虞翻联系，最后发檄文迎请孙策（参见3.1.7《对豫章的威逼与占取》）。孙策知道华歆有德才且年长，故此待以上宾之礼。华歆在这里料到自己军事上不是孙策的对手，于是就把全郡出让给了对方。后世史家一直对此事有不同的议论，然而从事情的复杂过程中看，好像不能说华歆是心甘情愿的，但完全可以认定他的行为是明智的。

孙策死后，曹操正在官渡战场上，他上书汉帝请求征召华歆至朝廷任职。曹操当年被何进任命为典军校尉，与华歆有一段同朝共事的经历，他对华歆应该知底并可能相互认识，所以请求征召华歆来朝。而刚刚接替孙策统领江东之众的孙权不想让华歆离开，华歆对孙权说："您因为能遵王

<<< 1.14 尽职守建硕功的名臣

命，才与曹公结好，但情分还不牢固，让我去朝廷为您效力，岂不更有好处？现在留下我，只是养了一个无用之物，这不是好的办法。"孙权听了很高兴，于是答应让他入京。当年华歆来到南方是为了躲避中原战乱，现在朝廷已经安定在了许都，并且征召他入朝任职，华歆的内心是高兴的，他对孙权讲的话从道理上是对的，但也仅仅是摆脱孙权羁留的一种说法和策略。孙权这里只是一个地方政权，人往高处走，华歆要去更高的层级上追求属于自己的人生前途。

听说华歆要进京赴任，他的宾客好友及昔日同事千余人都赶来相送，赠送了数百金礼物。华歆一概没有拒绝，他暗中在赠礼上做了标记。临行之日，他把那些收到的礼物全摆出来，对送行宾客说："本来没有拒绝诸位馈赠之心，所以收受的礼品很多。我这次是单车远行，怀藏璧玉就有罪了，望各位朋友替我做些考虑。"众人都拿回了原来的赠予，同时佩服他高尚的品德。财富在华歆的心目中其实没有多高的地位，他在临行之前，不能拂逆众人的情谊，但又不愿背负各位朋友的人情包袱，于是采取灵活的方式，首先全部接受下来，然后又在另外的场合通过磊落的方式归还回去，体现了一种智慧之人的品格与策略。

华歆到京师后，被授任为议郎，兼司空军事，这是曹操司空府的属官；后来升任尚书，又转升侍中，再代荀彧为尚书令，他的职务节节上升。本传引注《列异传》中记录了一个传奇性的事情：华歆当年求学时，有天晚上住宿在一个人家的门外，家主的夫人当晚要生孩子。不大一会儿，华歆看见有两个吏员来到，他们到了门前，像有回避退后的意思，两人互相说："有一位公官在此。"两人踌躇了很大一会儿，一个吏员说："事情今天就要办，不能等待了。"两个人于是上前向华歆行礼，然后进入家中。他们出来时，两个人相互说："这孩子应该几岁？"另一个说："应当是三岁。"天明后华歆离去。故事中华歆看见的两人那是天神所派的吏员，来给刚生的孩子确定户籍的，华歆为了验证事情的确实性，他在三年后又到那家去打听孩子的消息，果然已经死亡；华歆因为听到两位吏员称自己为"公官"，于是知道自己以后会做到三公之位。

《列异传》是魏文帝曹丕所写的一部志怪小说，所记华歆的事情似乎很荒唐，但能从一个侧面看到华歆人生的追求，他生于乱世，富有才华，对官场的上升和功名拥有较高的兴致，他知道自己的用兵之短，故而向孙策献出了豫章，但他也明白自己的政务之长，所以在东吴孙权那里辞职离开，宁愿回到国家政治的高层去做事，对孙权的说辞和行为，其实是他人生追求的反映。

### 1.14（4）华歆的人生追求（下）

心在仕途的华歆人到中年时受到朝廷征召，他毫不犹豫地辞谢了东吴的任用前往许都京师就职，由于司空曹操的协助吧，华歆的职位不断得到提升，208年接替了荀彧的尚书令职务。几年后曹操征讨孙权时，上表荐举华歆为军师，不久调任御史大夫，这是次于丞相的上卿之位。220年华歆被曹丕任为相国，封安乐乡侯，曹丕受禅为帝后，华歆改任司徒，他在六十四岁时实实在在地成了朝廷三公，位极人臣，实现了早年期盼的夙愿。

《三国志·华歆传》引注西晋华峤所撰《谱叙》中的记述说，曹丕受禅时，华歆曾登坛主持仪式，他奉上皇帝的玺绶，完成了受命之礼（参见1.4.6《一场禅让的大戏》下）。但事情过后，朝中高级官员都被增封了爵位，华歆却因为当时面无喜色而未被进爵。曹丕也因为华歆的表情问题很不爽快，他有一次问尚书令陈群说："我顺应天命而受禅，百官和民众人人高兴，在说话和脸色上表现了他们的喜悦，但唯有相国（指华歆）和你没有喜悦之色，这是什么原因？"陈群叩拜回答说："我与相国先前是汉室的臣子，心里虽然为受禅而高兴，但表现在脸色上，也怕陛下您感到憎恶。"曹丕听后心中大悦，从此对华歆更加看重，并改任为一品官员司徒。

后世史家认为，《谱叙》这里对华歆的记述并不可靠，他们翻出曹操在214年诛杀献帝伏皇后的事情，当时尚书令华歆跟随御史大夫郗虑入宫去抓捕伏皇后，伏皇后关门藏在宫墙夹壁中，被华歆领兵拖拉出来，受幽禁而死（参见1.3.27《与上司的误会和冲突》）。史家据此认为：在汉室与曹魏

## 1.14 尽职守建硕功的名臣

的政治分歧中，华歆的站队问题早就非常明确，不会到曹丕称帝后还几乎看不出来，《谱叙》的记述只是华氏族人在著述中美化本族人物的回护手法而已。

华歆平时生活清贫，朝廷赐予的财物他都送给了亲戚朋友，家中没有担石以上的储粮。朝廷每次将罚没为奴的年轻女子赏赐给大臣，只有华歆将她们嫁人而不收留，曹丕为此叹息不已，并下诏说："华司徒是国家难得的长者，其行为暗合天地与治国之道，现在官员们都佳肴丰盛，只有他是简单的饭菜，也不计较。"为此曹丕特别拿御衣赏赐华歆，并为他的妻子和家中男女做衣服，还赐给他奴婢五十人。陈群感叹说："华歆的为人可以说是通达而不奢侈，清廉而不孤高。"稍后的学人傅玄说："当世有谁可以称为君子呢？我的回答是：袁郎中（指袁涣）以行俭积德（参见1.12.1《理念清晰的袁涣》），华太尉以和顺积德，他们的智慧可以赶得上，他们的清廉简约赶不上。对上忠诚，对下仁爱，晏婴和鲁国的季孙行父也超不过他们多少。"这些评价基本上能反映出华歆在国家高层位置上处事为人的基本态度，以及与朝廷君臣的良好关系。

朝廷三府曾提议说："举孝廉，早先本来只看德行，并不限定要参考经学考试的。"意思是要将经学考试取消，恢复先前只看德行一项的荐举方式。华歆认为："天下战乱以来，多种典籍被废弃了，现在应该注重将其保存流传，以弘扬王道。我们制定规则制度，应该根据情况有所变化，现在举孝廉如果没有经学考试，只怕学业会自此废弃。如果某方面有非常优秀的，可以特别征用。只怕没有突出的人，不怕得不到人才！"华歆主张不要从制度规定上取消经学考试，以便承传和弘扬被当下社会轻置荒废了的经学文化；对于德行特别突出的人物，可以采取另外征召的方式。他是一方面坚持附加经学考试的现行规定，以解决经学被荒疏的普遍问题；另一方面主张对个别情况作灵活处置，保证不疏漏有特殊德行的优秀人物，曹丕听从了他的建议。《魏书》中说：华歆生性周密，做事谨慎，经常认为大臣对君主陈述事情，务必要用启发方式，使劝谏合于道义。他对君主的谏言常不直露其意，所以事情被记载的并不多。

曹丕曾下诏让公卿大臣举荐独行特立的隐士，华歆推举了管宁，曹丕派车专门去迎接，但管宁以病辞绝（参见1.12.8《名士管宁的坚定心志》）。曹叡在226年即位后，封华歆为博平候，不久改任他为太尉，华歆称病请求退休，愿将太尉一职让与管宁，曹叡没有同意。在一次与群臣聚会时，曹叡派散骑常侍缪袭持诏书去告诉华歆说："我将空着座位站在桌子前面，让文武百官同我一样站着，等待你到来后才落座。"又给缪袭特别叮咛："必须等华歆起身赴会后，你才能返回。"（参见1.5.1《迎来命运的转折》）华歆不得已，只好前来赴会并放弃辞呈，这里表现着曹魏两代帝王对华歆的极大尊崇。

230年，大司马曹真率兵从子午道进军汉中征伐蜀国，曹叡车驾来到了许昌，华歆上疏分析了伐蜀战争中后方运粮的困难，以及灭蜀难以成功的可能，他说："治国以民为基，民以衣食为本。国家应该首先注重农业生产，以安定百姓，如果我们没有饥寒的忧患，百姓没有离乡之心，天下得到很好治理，使文德教化深入人心，那远方的人就会感怀威德，吴蜀之民终究也会归顺。"表述了这一基本的治国思路后，华歆继续对曹叡说："我位在宰相，年老病重，卑贱的生命也将走到尽头，恐怕不能侍奉君主多长时间了，所以不敢不竭尽我的忠诚之心，希望陛下对事情认真体察。"华歆言辞恳切，他的话应该是打动了曹叡，曹叡给华歆回复说："华君为国家考虑得非常深刻，我非常赞赏。吴、蜀二敌凭借着山川之险，两位先祖在世劳累多年，尚且没有消灭，我怎么敢不自量力，认为现在必定能够消灭呢？当时各位将军都认为如果不主动征讨，敌人也不会自行消灭，所以想通过出兵，以观察和了解他们的破绽。如果消灭二敌的天时还没有到来，周武王当年伐殷时中途还师，就是我们的前事之鉴。我恭敬地记着您的提醒警戒。"当时恰逢秋季大雨，军队无法进军，曹叡遂下诏让曹真领军队返回。231年十二月华歆逝世，终年七十五岁，朝廷谥为敬侯，他的子孙在魏末晋初都有极好的发展。

华歆与管宁年轻时同在菜园里刨地种菜，地里有一小片金子，管宁继续锄地，华歆却把金子捡起来再扔出去；另有一次两人同在一张席上坐着读书，有达官贵人坐着漂亮的车子从门前经过，管宁照旧读书，华歆却跑出去观看，管宁于是与华歆割席分坐。《世说新语·德行篇》记录的这一事情未必是真实发生的，但故事却表现着两人心性的不同。华歆说到底是一位关心世事、热衷于社会生活的积极进取之士，他后来追求个人仕途上的成功，在人到中年时就如愿以偿，他凭借自己生性俭朴、对人和顺及遵循道义的德行品格赢得了君臣同僚的认可，把人生的理想付诸现实，在曹魏事业的发展上名载史册，也算是人生的成功。

## 1.14（5） 王朗的德行与功绩（上）

　　三朝元老王朗是德行颇佳的人物，他在中年人生困顿时期接受朝廷征召奔投曹操，因为与三代君主的良好关系，对曹魏奉献了绝对的真诚并建有不少功绩。历史演义小说作者出于过分强烈的爱刘痛曹立场，对曹魏的忠贞之臣极为愤恨吧，于是刻意虚构了"武乡侯骂死王朗"的情节，肆意歪曲和贬低了一位高级官员的人格形象。《三国志·王朗传》及其引注介绍了王朗一生的坎坷经历，记述了他追随曹操以后的许多政治行为，从中能看到历史人物王朗真实的德行与人格。

　　王朗字景兴，东海郡郯县（治今山东郯城西南）人。他年轻时师从太尉杨赐，因为熟悉经学，被任为郎中，为供职于宫殿中的三百石八品官员，稍后被任菑丘（治今安徽宿县东北三十公里）县长。他的老师杨赐去世后，王朗弃官服丧。他在家乡举孝廉，辞绝了公府征召，后来徐州刺史陶谦举其为茂才，被任为徐州治中从事。当时朝廷迁到了长安，关中诸侯各自起兵，王朗与徐州别驾赵昱向陶谦建议说："按照春秋大义，聚合诸侯不如扶持王室。现在天子流落长安，应该派使者去奉承天子号令。"陶谦于是派赵昱带着使命去长安。朝廷对徐州官员的尊奉态度非常高兴，任命陶谦为安东将军，同时任命赵昱为广陵（治今扬州）太守，王朗为会稽（治今江苏苏州）太守。当时自任太守和州牧的人很多，而王朗却是由朝廷正式任命的郡守。在他到任时，会稽仍有秦始皇的木刻像在庙中与夏禹同时受到祭祀，王朗认为秦始皇是无德之君，不应该被祭祀，因而将其木像撤除。他是一个有思想并敢作敢为的地方官员，在会稽郡主政四年，很注重对百姓施予惠爱。

孙策率兵攻取江东时在196年到达了会稽，会稽官员虞翻认为没有力量抗拒孙策，建议避其锋锐，王朗认为自己是朝廷官吏，应该保护城邑，于是举兵与孙策交战，结果大败。虞翻掩护王朗乘船渡海逃到东冶（治今福建福州市），孙策追击围歼，大破王朗军，王朗虞翻只好投降（参见3.1.4《让事业走在正确的道路上》）。孙策让张昭私下劝王朗为自己效力，王朗誓不屈服，因为王朗是儒雅读书人，孙策虽然诘问斥责但并没有加害，其后把他留在了曲阿（治今江苏丹阳）。王朗生活漂泊穷困，朝不保夕，但他仍然照顾亲戚故友，有东西分给他们而很少获取，行为很讲义气。

198年，汉司空曹操上表征召王朗，孙策同意让他离开。王朗由曲阿出发去许都，但战乱间道路不通，他辗转江海，数年后才到达许都。路途间他收到孔融的一封问候书信，其中表达了朋友间的思念之情，并介绍说："现在天子宽宏仁爱，看重德行宽容过失；曹公在朝辅政，他思慕贤才，屡次下发任用人才的策书，对此事很有热情。"表达了当时读书人对曹操的基本看法与态度。王朗到许都，应该已到官渡之战结束后曹操争夺河北的时期，他被任命为谏议大夫，参司空军事，是在朝廷挂职顾问应对的职务，同时参与曹操司空府的军事策划活动。王朗在曹操身边做事，两人于是发生一些交往互动，这里有三件事情：

①介绍孙策。曹操曾有一次问王朗说："孙策为什么能到这样的地步？"大概是曹操觉得孙策在江南发展得太快了，他想明白其中的原因。王朗回答说："孙策英勇雄冠当世，具有杰出才能和宏图大志；张昭是江南民众的所望，他服从孙策并全力辅佐；周瑜是江淮间的才俊，在积极发奋地为其将军。他们的谋划总能实现，所要争取的目标不小，最终必为天下的一股势力，绝不是鸡鸣狗盗而已。"王朗是被孙策打败的敌手，但他对孙策的认识是真实而客观的，其中看到了孙策的自身特点及其团队的人才优势，他向曹操的介绍也无所保留。这里展现了他看问题的深度以及为

&lt;&lt;&lt;　1.14　尽职守建硕功的名臣

人的实在与真诚。

　　②救助刘氏。王朗年轻时与沛国名士刘阳相交为友，刘阳先前担任莒县令时，汉室衰弱，他看见曹操有英雄之才，料到其终究会给汉室造成危害，于是决意除掉曹操，但事情没有成功。刘阳在三十岁时就英年早逝，后来曹操做了朝廷的高官，身份贵重，遂准备对刘阳进行报复，因其本人已死，曹操就非常着急地寻找他的儿子。刘阳之子惶恐窘迫，无处藏身，父亲的亲戚旧友虽然很多，但没有谁敢藏匿他。王朗把刘阳的儿子帮助了好多年，他从会稽回到许都后，多次向曹操介绍刘阳的为人，开解他们之间的怨恨，促使曹操宽恕和赦免了刘阳的儿子，刘阳家的门户得以保全。在这里，曹操想要对多年前意图加害自己的亡故之人给予报复，目标指向其子，做事自然显得狭隘和过分。但作为曹操追随之人的王朗并没有对曹操的报复加以附和支持，反而是协助被加害的弱者逃脱厄难，最终通过自己的开解工作，让双方和解了事，这其中就反映着一种良好的道德理念。

　　③宴间谈笑。曹操曾经请王朗赴宴，大概席上缺少优质的粳米饭吧，他于是开玩笑说："不能学你当年在会稽丢了粳米饭。"王朗仰面叹息说："事情做得恰当才是难得的。"曹操问："这是什么意思？"王朗回答："我当年在会稽，可以说是'未可折而折'，不应该丢的却丢了；而您今天可以说是'可折而不折'，本应该拿出来的却舍不得拿出来。"粳米饭应是一种优质的米饭，曹操在宴席上拿不出这种米饭，他于是借王朗丢了会稽郡的往事开玩笑，是说要把好东西保留在自己手里而不丢失才对。王朗在回答中表示：当年我在会稽把不该丢的东西丢了；您今天设宴却把本来该拿出的粳米饭不拿出来，把本该丢弃的而不丢弃，咱们两人做得都不恰当啊！王朗的回答是在曹操开玩笑后临场发挥，他把自己当年丢失会稽郡的过失与曹操拿不出粳米饭招待客人的行为相提并论，话语中蕴含了他的自尊与豁达，展示了他对事情的机敏反应，也体现了他与曹操无所隔阂的亲密关系。

　　曹操213年被封魏公，得到了冀州十郡之地，他在此建立诸侯国，王朗以军祭酒兼任魏郡（治今河北临漳西南）太守，治理魏邦国的核心地区，后来历任掌管王室财政收支的少府、掌管宗庙祭祀礼仪的奉常（即太常），其后担任掌管司法刑狱的大理。史书上说，王朗在大理职位上断狱和审判，务在追求宽恕，坚持罪疑从轻的原则。他与钟繇明察法律，都以治狱公正而受到称赞。历经人生坎坷而度过了大半生的王朗，在德行操守上至此还没有受到他人诟病之处。

### 1.14（5）王朗的德行与功绩（下）

王朗在人到中年时辞别孙权而来许都任职，受到了曹操的信赖，从谏议大夫一直做到了大理。220年初曹丕继位魏王后，王朗被任御史大夫，封安陵亭侯。曹丕建立魏国作了皇帝，改任王朗为司空，进封为乐平乡侯。226年曹叡即帝位后，进封其为兰陵侯，增邑五百，后来又转任为司徒。《三国志·王朗传》等处及其引注记述了王朗在两位年轻君主执政期间为推动曹魏大业走向辉煌而作出的许多忠诚奉献。

**劝育民省刑** 王朗在曹丕刚继位作魏王时，就提出了政治上必须看重民生和简约刑罚的主张，他上疏说：现在远方的敌寇没有宾服，战事没有停息，所以一定要把国内的事情办好。他提出，国家要鼓励生产，保证使国内没有饥馑之民；司法审判的人一定要了解案件的实情，保证治狱中没有冤死之因。刚刚担任大理职务的王朗十分看重司法审判中的问题，这是其本职工作的要求，同时他也注意到了做好民生工作对于解决各种军事政治问题的重要性，提出了增加人口数量对于国家发展的长久意义。王朗的上疏对刚刚执政的曹丕具有重要的思想引导。

**策反蜀国许靖** 曹丕受禅称帝后，御史大夫王朗对新生的魏国政权充满激情和信心，为了达到不战而屈敌的效果，他连续向昔日好友蜀汉重臣许靖致信进行策反，在两三年内至少向许靖写过三封书信，运用私情引诱和事理评说来规劝许靖引导蜀汉放弃帝号而归顺大魏（参见2.4.2《受到曹魏策反的蜀臣》）。蜀汉建国后掌有实权的是诸葛亮等人，许靖并没有掌控多少权力，但因他担任太傅和司空，享有较高的荣誉和地位，不知实情的王朗以为他在此会逮住一条大鱼奉献给国家，为此用足了浑身解数，

*100*

这也显示了他对曹魏的忠诚。

**劝谏曹丕狩猎** 曹丕做了皇帝后的一段时间，他对外出狩猎颇有兴致，经常领着禁军打猎到半夜之后方才回宫。王朗上疏提出了这种狩猎对宫禁保卫制度的违反，认为这不是作天子的慎重方法。曹丕回复王朗说：外敌没有消灭，狩猎是军事演练的需要；至于夜间返还的提醒，我已诏告有关部门改正施行（参见 1.4.15《对谏言的选择采纳》）。王朗的劝谏没有起到实际作用，但也表明了他对曹魏君主的一片苦心。

**荐举人才** 王朗担任大理时曾推荐赵郡人张登，张登早年在黄巾余党黑山军围困赵郡时，与县长王隽带领七十二名兵卒前往救援，与敌军交战后兵卒败散，在王隽即将被害时，张登手杀一寇，救出了王隽；后来县官夏逸被督邮所诬陷，张登冒着被审讯的风险去证明夏逸无罪。王朗认为张登以大义救了两位主君，应该彰显他的行为。曹操当时事务较多搁置了此事，及曹丕称帝后，王朗与太尉钟繇再次推荐张登，曹丕于是下诏对张登作了表彰，并任其为太官令，这是少府属下掌管皇帝饮食宴会的六百石七品官员。曹丕后来下诏让公卿举荐有高尚品行的君子，王朗推荐光禄大夫杨彪，并自称有病，提议让杨彪代替自己的职位。杨彪是王朗老师杨赐的儿子，杨修的父亲，在朝廷迁徙许都之初因故与曹操发生纠纷，205 年时被免职（参见 1.3.14《与杨彪家的两代怨结》）。这里由于王朗的真诚推荐，曹丕于是为杨彪设置吏卒保护，待遇仅次三公，同时不许王朗逊位。王朗荐举不避亲近，不排斥其中有他个人感情的因素，但他做事中对国对友的真诚却是不能否认的。

**制止联吴攻蜀** 221 年，孙权准备与刘备交战，同时派使者向曹魏称藩。曹丕让大家讨论"是否可以帮助吴国进攻蜀汉"。王朗认为："天子的军队出兵要极为慎重，假使孙权亲自与蜀汉作战，相持时间很长，双方势均力敌，难决胜负，我们可以考虑派兵，选择一位作战稳妥的将军，看准时机，直击敌军的要害，一举夺取全胜。现在孙权自己的部队没有行动，我们帮助东吴的军队，等于充当了孙权的先锋，况且现在雨水正盛，也不是出动军队的时候。"曹丕采纳了他的建议。

**劝阻曹丕伐吴** 孙权和好魏国后，一直口头答应让儿子孙登来洛阳侍奉魏帝，但事实上一直不来，他是拒绝让儿子来洛阳做人质的。当时曹丕的车驾到达了许昌，准备大举伐吴（参见1.4.9《对吴关系的反转》）。王朗上疏列举了历史上因儿子入质事件而引起的多种矛盾纷争，表示说："听说孙权答应派儿子来京师，现在全军都整装待发，我担心是因为赶车的人路上耽误而没有实现圣旨的要求，这样出军后让人们感觉到国家是因为想要拘留孙登才兴师进攻。假如军队出发后孙登到达了，因我们的动作太大，而所求的目标太小，也不是值得庆贺的事。"王朗还认为，假如孙权十分傲慢，根本没有派儿子来洛阳的心意，那也不应该采取如此大规模公开进攻的方式，而应该采取隐蔽突袭的战术策略。当时魏军的队伍已经开始出征，王朗的建议没有被采纳，孙权始终没有派儿子到洛阳来，曹丕率领大军出征到长江沿岸，没有取得什么战果而返回（参见1.4.17《三路伐吴》）。王朗劝阻曹丕伐吴的建议在事后看来似乎有些合理性，但他没有看到当时的入质是某种政治态度真诚性的反映，他把两个国家间的政治斗争看得过分简单，对孙权多含有幼稚化的想象。

**主张减省徭役** 曹叡刚执政，即为生母甄后平反（参见1.4.24《甄氏的平反》），他派王朗去邺城检查甄皇后的陵墓。当时曹叡正在营修宫室，王朗看见了沿路百姓的疾苦，返回后即上疏说："陛下您即位以来，多次发布了对百姓的恩诏，万民莫不欢欣。我这次奉使去北方办事，在往返道路上听到人们对徭役的议论，觉得可以减省的部分还很多。"他列举了大禹等先圣心在九州而卑其宫室的事迹，提到霍去病匈奴未灭而不治宅第的豪情壮志，进而认为现有的宫室基本可以满足需要，建议应将宫室修建项目放到以后丰年再搞，而目前应该让百姓抓住农耕生产，准备好对外敌的作战。王朗的上疏和建议反映着一位老臣对国家事务的高度关心，也体现了对曹叡的特别看重，曹叡将其改任为司徒，这是以前的丞相职务。

**关心曹叡生子** 曹叡在位时生的儿子不多，能够存活的就更少，大臣们为此都很担忧，王朗上疏以周文王十五岁生武王、周武王年老时生成王等不同的情况做比较，大概是希望曹叡对此事既要重视，又不可过分紧张；同时提出了必须专心一意，而不必追求嫔妃众多的解决方法（参见1.5.20《行为背后的真情》）。王朗是婉转地希望年轻皇帝通过节制欲望达到生子目的，表现了极为真诚可亲的态度。

228年王朗去世，谥号成侯，儿子王肃嗣爵。《魏书》中说他高才博雅，生性严整慷慨，有威仪，恭俭节约。陈寿称他与钟繇、华歆都是当世的俊伟之士，这些评价都不为低。从王朗一生的德行与行为看，他对曹魏及其三位君主特别忠诚，虽然本人从来没有上过战场，但在推动曹魏事业的发展上，他的人格影响及其贡献是不可小觑的。

## 1.14（6）青出于蓝的王肃（上）

魏国司徒王朗的儿子王肃是生前就已出名的大学者，当时人们把他的学术成果与稍早些的经学大师郑玄相并列，由于他一生始终没有放弃对职场活动的参与，与当朝政治人物保持着亲和关系，后期又身为大将军司马昭的岳父，因而他的著作生前就已成为曹魏国家太学博士的教科书（参见1.8.5《曹髦的经学探讨》中），其中有些编著至今在学界流传。《三国志·王朗传》在文后续接着王肃的大篇本传，把他们父子俩人的介绍放置一起，人们能够从中看到经学才识在王氏家族中的承继性，以及王肃青出于蓝而胜于蓝的现实状况。

王肃字子雍，他十八岁时就跟随荆州学者宋忠学习《太玄》，这是西汉扬雄发挥《易经》思想而以"玄"为中心的论著，王肃学习后曾独立为其做注，该著述在隋代尚有流传。他的父亲王朗在给蜀汉司徒许靖的书信中说："我的大儿子名叫王肃，二十九岁，生于会稽。"（参见2.4.2《受到曹魏策反的蜀臣》下）按照这一说法，王肃应该是王朗担任会籍太守期间，于194年左右出生的人。王朗本人精通经学，他曾著有《易传》，注解过《左氏传》《孝经》《周官传》，还有汇编的奏议论纪等，这些论著都应是王朗返回中原后而作，其中《易传》在245年皇帝曹芳还下诏作为太学博士的考试科目。史书称王朗"高才博雅"，是完全符合实际而并无任何拔高之言。王肃跟随宋忠学习《太玄》并为其作注，也应是在跟随父亲回到许都、邺城之后的事情,他们父子的经学著述大概是回到中原后,在职场任职做事之余同时开始的,史书上记载的主要是王肃几十年间在职场的政治与交往活动。

曹丕执政期间,三十岁的王肃担任散骑黄门侍郎,这是散骑与黄门侍郎的合称,为侍从皇帝左右的职位,曹丕对这位年轻人的欣赏看重显而易见。229年,曹叡执政三年后,三十六岁的王肃被任为散骑常侍,这是二千石三品官职,该职位设置四人,他们侍从皇帝左右随事规谏,曹叡对王肃的看待和任用也非同一般。自此王肃真诚地履行了自己的职责,他针对不同时期的各种事务向皇帝表达过不少建议和见解:

**劝谏曹真伐蜀**　230年大司马曹真组织军队伐蜀,蜀汉丞相诸葛亮聚军驻扎在成固、赤坂(今陕西洋县)等待魏军。当时由于大雨不止,魏军在秦岭山谷中的行进极不顺利。王肃上疏提到军队在山谷行军面临的生活困难,同时又反映说曹真发兵已过了一月,而行军才到子午谷的半路,建议等待机会另行伐蜀(参见2.3.8《与魏军的两次交锋》),曹叡于是在九月下诏命曹真班师。

**建议依礼葬臣**　大司马曹真231年患病去世,王肃在曹真临丧前上书说:"按照礼节,国家大臣安葬时,天子要亲自临吊;诸侯去世,天子要在庭堂哭祭;而对同姓大臣,要比异姓之臣更为尊崇。自秦朝到汉末,这些礼节多有缺失,当年光武帝非常遵守这些礼节,所以群臣没有不努力做事的;博士范升曾上疏,赞扬这些行为之美,现在应该按照原有的礼制为逝去的大臣哭祭,以促进宗族的和睦。"王肃还提出安葬曹真要向皇家宗庙献祭品,他的这些建议曹叡都加以遵从实行。这里展现了王肃对传统礼仪的熟悉和他对曹魏国家内部君臣关系的看重。

**陈述为政之要**　王肃向曹叡上疏说:"要撤除没有事情的闲职,压缩不紧迫的开支,停止浪费财物的费用,合并事情闲散的官位。应该做到有官位必定有职责,有职责必有事务,有事务必有俸禄,得到的俸禄相当于耕种,这都是古今的通则。官位少可以俸禄优厚,国家的总开支也可以减少,仕途上的人也得到了鼓励。"这里他是着重强调减少官员数量而能带来的种种好处。王肃还建议应更加严格地遵守"五日视朝"的古制,他列举了历史典籍上所记西汉君臣在朝堂上的轶事,表明了这种制度的历久性;也说明了放弃这种制度后,朝堂礼仪的缺失,建议恢复五日视朝及其仪式,使公卿百官与君主相互间能够直接交流。有史家认为王肃的这一建议实际上是要逐渐革除朝廷政归台阁的弊端,抓住了"中书令专任制"(参见1.5.22《治国特征之窥》)的要害。王肃借口恢复五天一朝的古制礼仪,试图用不露声色、毫无痕迹的方式解决"专任制"的问题。史家的这一判断是很有道理的,如果真是这样,足以显示王肃解决现实问题的心机之深,用最有传统气息的上朝礼仪解决最有现实性的弊政问题,王肃完全不是那种只精学问而不通现实政治的一介书生。

**确定刘协谥号** 234年山阳公刘协去世,山阳公即是189年被董卓立为皇帝历经不少人生坎坷,在220年禅位给曹丕的汉献帝刘协,曹叡要为他举办丧礼,事前要以朝廷的名义给其一个谥号。王肃上疏提出:山阳公禅位后一直处在宾客地位,其地位只相当于诸侯王;因为天下地位最高的天子才称皇帝,那山阳公就只能被称为稍轻一些的"皇"。王肃这一谥号的提出有历史依据,他试图从形式上保持魏国皇帝独一无二的尊贵地位,从现实状况与礼制上应该是恰当的考虑。而曹叡考虑到了汉魏两朝"火生土"的承继关系,他根据刘协一生的经历,决定将刘协的谥号定位"献皇帝",其中包含"皇帝",同时又用"献"字标示了禅让之意,也不失为政治上的全面考虑。王肃的方案虽然没有被采纳,但他对曹叡至尊地位的推崇,深刻地表现了他当时的政治立场和对曹魏君主的态度。

**向曹叡解读历史** 曹叡有一次询问王肃:"汉桓帝时,白马令李云上书中说:'帝者,谛也。是帝欲不谛。'为什么大臣都觉得不应该处死?"这里涉及对孔子所说"帝者,谛也"的理解,也牵扯到对《后汉书·李云传》上李云上书的性质判断(参见1.5.19《与王肃的历史学术讨论》)。王肃分析了李云上书中言辞的差失以及他忠诚皇帝的心情,由此说明了桓帝杀掉李云的处置之误。曹叡又问王肃说:"司马迁因为受刑的原因,内心怀着隐痛,撰写《史记》时非议和贬损汉武帝,令人切齿生恨。"王肃向他说明了事情的前因后果，肯定了司马迁的良史之才，指出了汉武帝销毁孝景帝和他本人两篇本纪的错失，认为"内心怀有隐痛的是汉武帝，而不是著述人司马迁。"表明了他对这一历史公案的态度。

王肃的从政活动从曹丕执政时开始，他的职场重要活动主要是在曹叡执政时期。和父亲王朗相比，他没有早期曲折坎坷的人生经历，也没有达到三公九卿的高级职位，但他在皇帝身边担任顾问议论、随事规谏的职事，应该是做到了对国家真诚和尽职尽责。他在与曹叡的对话中为司马迁辩解，因为当时他在正常的工作之余从事着经学的钻研和撰述，正经历着与西汉太史令司马迁撰史同样的生活状态，具有心心相印的情感认知。

### 1.14（6）青出于蓝的王肃（下）

经学大家王肃在曹叡的朝廷担任散骑常侍，他在这一岗位上尽职尽责，对魏国当时的军政建设提出过许多很好的建议，也常解答君主对历史政治问题的某些疑惑，为君臣们提供解决现实问题的重要思路。后来王肃以常侍代理秘书监，这是掌管国家图书典籍和编校工作的职务，还兼任崇文观祭酒，为中央经学研讨团队的首席学者。《三国志·王肃传》记述了他对推动完善国家治理而提出的许多思考建议。

**提出省徭役而勤稼穑** 曹叡在执政后期大兴宫室，加重了百姓徭役，致耕作荒芜。王肃上疏指出了"种谷者寡，食谷者众；旧谷既没，新谷莫继"的现实状况，明确提出了"务蓄积而息疲民，省徭役而勤稼穑"的主张。他指出，现在修宫殿的人数达到三四万之多，其实原来的宫殿大体上是够用的；对个别急需修建的，可以采取分班轮换的方式，即每期留下一万人修建，分三期相轮换；因为每人都知道自己被替回的时间，做起来也感到高兴愉悦，劳而不怨，效率也高。他认为这种方式可以节省民力，保证更多的人从事农业生产。

**强调对民众的信用** 这一问题是与上面的省徭役相联系的。王肃发现，有关部门组织民力在洛阳修建某个项目，原来说好建成后就各自回家，但不久该项目结束后，觉得现成的民力可以再加利用，又安排了其他的修建任务。王肃认为，信用是国家治民的法宝，以后这些事情一定要遵从事前对百姓的承诺；如果事后真有急迫任务，宁可另外征发，也绝不能失信于民。

**主张慎重刑罚**　针对朝廷经常临事处罚罪犯的情况，王肃提出，对于处罚行刑的死罪官员，一定要慎重审判，"杀一无辜以取天下，仁者不为也"（孟子语）。他建议在决定对罪犯行刑前要让有关部门公布其罪行，不要给民众造成仓促行刑的不良印象。

**要求天子带头守法**　王肃对这一观点的表达是从一则历史事件入手的。西汉时有一人在路上惊动了汉文帝刘恒的舆马，刘恒将其人交给廷尉张释之治罪，张释之判决对罪犯罚金，刘恒责备判得轻了。张释之说："当时您捉住他时杀了也行，现在您交给廷尉，廷尉是天下公正用法的人，要给人们作出表率，必须按法律办事。"王肃陈述了这个故事后强调说："张释之的这个话说得很不对，廷尉是一个官员，判案尚且不能丢失公平，难道天子本人反倒可以不守法律吗？这表明张释之把自己看得过重，而把君主看得很轻，是他做臣子太不忠诚的表现。"按照王肃的思想逻辑，凡是看重君主的忠臣，当然是要求君主带头守法，为全国民众做出表率。

**争取秘书郎的地位待遇**　另有《御览》中的资料表明，王肃兼任秘书监多年，他感到把秘书台置于少府的统管下办事有所不便，也降低了秘书郎的职业地位，于是上表认为："秘书职位相比尚书、御史、谒者三台更为亲近君主，中书郎地位在尚书丞、尚书郎上，秘书郎就应该顺次在尚书郎下，否则应该在侍御史之下；秘书郎俸禄都是四百石，升职应该等同于尚书郎，外出就应该任郡太守，这也合于陛下尊崇儒术的意旨。尚书郎、侍御史坐犊车（小牛拉的车子），而秘书丞、秘书郎却坐鹿车（鹿拉的车子），不得穿朝服，这恐怕不合于陛下的意思。"王肃的整个建议是要提升秘书丞、秘书郎的地位和待遇，朝廷采纳了王肃的建议，据说此后秘书郎被人们视为美职。

**对曹爽亲信的评价**　曹爽辅佐少帝曹芳执政时期，王肃被调出朝廷担任广平（治今河北鸡泽东南）太守，不久因公事征还京师，被任议郎，又改任侍中，升为太常，为掌管宗庙祭祀礼仪的九卿之一。他的职位在短时间内多次变化，反映着一种不大正常的情况。当时大将军曹爽专权，任用何晏、邓飏等人。有一次与太尉蒋济、司农桓范在一起论及时政，王肃一本正经地说："此辈就是弘恭、石显之类人物，有什么好说的！"弘恭、石显是西汉朝廷的奸佞之臣。曹爽听到了王肃的这一议论，他对何晏等人提醒说："大家应当谨慎！公卿已把你们几位比作前代的奸邪恶人了。"王肃此前一直很少议论时政人物，他这里对时政人物发出的议论，反映着一种愤懑的情绪，也表明了他在司马氏夺政前所持的政治态度。不知什么原因，王肃不久因宗庙事务上的罪错被免职，后来被任为光禄勋，为宫内总管。

**用谶纬方式预测事变**　当时在国家武器库的屋顶发现有两条一尺长的鱼，有些官员认为这是吉祥预兆，王肃说："鱼是在深渊中生存的，在屋顶上不适宜。水中生物失去了生存之所，边疆将士大概有败绩之事吧！"其后果然有东兴堤（今安徽含山西南）之战中的东关之败（参见1.7.4《再起的对外战争》上），稍后王肃被外调任为河南尹。另有一次，在254年，司马师废黜了曹芳后，王肃持节，以太常身份奉法驾，前往元城（治今河北大名东二十公里）迎接高贵乡公曹髦来京师接替帝位。这一年曾出现过漫天白气，大将军司马师向王肃询问原因，王肃回答说："这是当年蚩尤之旗的颜色，东南方向大概会有变乱吧！大将军如果修己以安百姓，那天下喜欢安定的人们会归附有德者，挑起变乱的人会首先灭亡。"第二年春天，镇东将军毌丘俭与扬州刺史文钦在淮南反叛（参见1.8.2《淮南的两次平叛》）。用谶纬之术预测未来事态，是建立在天人感应基础上的学问与技术，在纷繁复杂的世界变化中，总能找到一种后显的结果附会于某种原因之上，而附会何种现象则反映着预测人对社会生活的主观感悟。王肃的两次预测，表明他当时对魏吴边境事态的极度担忧。

**对平定反叛的建议**　毌丘俭淮南反叛后，司马师对王肃说："西汉霍光当年赞佩儒学之士夏侯胜说的话，看来是很有道理的。那么在您看来，我采用什么方法可以安定国家？"王肃说："早先关羽率荆州将士，在汉水之滨打败并招降了于禁的部队,遂有向北争夺天下的心思,后来孙权袭取了荆州将士的家属,关羽的部众由此被瓦解。现在淮南将士的父母妻子都在洛阳周边各州,只要赶快阻挡叛军不让他们前进,同时守卫好他们的家属,必定会有关羽那样的土崩瓦解之势。"司马师听从了王肃的建议,很快平定了毌丘俭与文钦的反叛。由于王肃对军事平叛的贡献,他被司马氏提任为中领军,加散骑常侍,增邑三百,至此共有封邑二千二百户。

256年,六十二岁的王肃得了重病,《三国志·朱建平传》中记述,当时医生都说治不好,夫人问他有什么遗言。王肃说:"相师朱建平曾说我会活到七十多岁,官位至三公,现在都还没达到,有什么担忧的呢!"可是王肃当年还是去世了。王肃去世后,他的学生穿丧服前来送葬的有几百人之多,朝廷追赠他为卫将军,谥号景侯。他的儿子王恽嗣爵,263年他的另一儿子王恂被封为兰陵侯。

王肃大约在234年前后把他的女儿嫁给了司马昭,王氏为司马昭生了五男一女,取代魏朝的晋武帝司马炎即是王肃的外孙。这一原因使王肃在曹魏后期的政治与学术舞台上备受尊崇。他在学术上采纳贾逵、马融的观点,而与郑玄的见解多不相合,一生曾为《尚书》《诗经》《论语》《三礼》《左氏春秋传》做注解,还撰定其父王朗所作的《易传》,都被列为太学的学习内容,在当世和后来的学界极有影响,而所编纂的《孔子家语》至今流传。皇帝曹髦在太学组织的经学探讨,表现出了明显尊崇郑玄抑制王肃的倾向,这正是当时政治与学术分歧的某种反映(参见1.8.5《曹髦的经学探讨》)。王肃的经学思想在尊崇儒学的基础上融合了道家的思想,表现了经学向玄学过渡的时代特征,这是其能超越时代局限,赢得后世尊崇的重要原因。王肃著述丰富,大才早成,无疑受到父亲王朗高才博雅的影响,而他在学术上的成就远远超过了父亲,在他们父子身上演绎了青出于蓝而胜于蓝的现实景象。

## 1.14(7) 学人董遇的执着奋争

三国战乱年代不乏才学突出的文人儒士,这是民族传统文化根深蒂固、影响深远的结果，也是中华文化典籍和学术思想历经社会震荡而不中绝的重要原因。《三国志·魏书十三》在记述了经学大师王肃之后，引注《魏略》相关内容，介绍了文学儒士董遇的成长成才及其治学方法，能够从中看到三国时代与政治活动相平行的文化学术活动得以发展延续的某种动因及其表现特征，对尚怀自我期许愿望的年轻人应该有重要启示。

　　董遇，字季直，弘农（治今河南灵宝北）人，他生性质朴不善言辞，但非常喜好学习。汉朝廷迁至长安时，关中李傕等人作乱，董遇和他的哥哥董季中（季中为字，其名不详）投靠了屯军华阴县（治今陕西华阴东南）的将军段煨（参见0.2.3《危难见忠诚的段煨》），兄弟俩为生计捡拾野稻贩卖，董遇劳作中总是携带着经书，一有空就拿出来学习诵读，他的哥哥对此嘲笑，董遇依旧读书不改。后来朝廷迁到了许都，地方上逐步恢复了一些纲纪制度，董遇被本郡举孝廉，后被任为黄门侍郎，这是侍从皇帝左右，传达宫内外信息的六百石五品官职。当时曹操以司徒身份主掌朝政，而董遇早晚陪侍献帝刘协讲述经书，深得刘协的信任。

　　218年正月许都发生了金祎、韦晃、耿纪等率兵反叛、攻击丞相长史王必的突发事件，事情平息之后，曹操盛怒之下把许都官员召集到邺城，宣布事发当晚外出救火者排队在左面，没有出门救火的排队在右面。众人以为救火的人必然无罪，大多排在了左面；曹操则认为没有出来救火的是没有协助反叛，而救火的实则参与了反叛，因而对排在左面的人做了严厉处罚。董遇没有参与金祎等人的反叛活动，他也被召到了邺城，不清楚董遇当时如何站队，但他被转为朝廷闲散职员，应该是受到了降职处分。

　　董遇此后几次随从曹操西征，有一次大军经由孟津，路过弘农王刘辩的坟墓，刘辩是189年被董卓废黜了的少帝（参见0.1.6《刘辩夫妇的悲惨命运》）。曹操当年因反对董卓的废立行为而与其闹翻，其后潜行关东起兵，政治上应该属于刘辩的拥护派。这次路过刘辩坟冢，他心中犹豫，准备前往拜谒祭奠，为此询问身边的人应该如何，大概是要追求一种合乎古制礼节的行为，但身边没有人能回答他的问题。董遇听到了这事，于是越级进言说："依照《春秋》之义，国君在位没有超过一年而去世，就不算作国君。弘农王在位时间短，又被暴臣所控制，被降至藩国，不应该拜谒。"董遇的回答有据有理，曹操听从了他的建议。事情当然不是很大，但由此显示了董遇对经典文献的熟悉和他学问知识的广博。

董遇对《老子》颇有心得，为其做了注释；对《春秋左氏传》也有很深的研究，写成了《朱墨别异》，阐述朱子和墨子的不同。因为学问精深，有人就想跟他拜师学习，但他不肯教，告诉对方"必须自己先将经典阅读百遍"。他经常对人说："书读百遍而其义自见。"想学习的人问道："困难在于没有闲暇时日。"董遇说："应当抓好三余。"又问他什么是"三余"，董遇说："冬天是一岁之余，夜晚是一日之余，阴雨天是时光之余。"（参见 1.5.21《魏国文化教育》）董遇这里着重强调的是经典学习中主体的自觉精神及其钻研工夫，其中对学习者的专注及其自律当然有更高要求，他本人就是一个靠自学而成才、深具自学经验的典型人物。他在这里爆出了自学成功的秘籍，是督促有志成才的青年人按照这样的方法去践行。

在曹丕执政之时，董遇被外任为郡守；曹叡执政时，又入朝为侍中，其后担任大司农，这是主管国家财政收支的二千石三品职位，他身为国家高级官员，几年之后病逝。资料中对董遇个人的事迹记述并不多，但不多的记述中展现了战乱之世传统文化未致衰落的那抹亮色何以生成，表现了社会底层一位读书人个人奋争的方式与路径。

## 1.14（8）刘馥父子的垂世功绩

刘馥刘靖父子是曹魏集团中不大出名的人物，而据《三国志·魏书十五》所记，他们却是三国时代魏国的名臣，父子两人几十年间在地方治理和朝廷任职期间为曹魏事业的发展忠诚工作，奉献出了应有的才华和智慧，他们的处政措施和某些建言在当时和后世极有影响，历史的进程记录下了他们的垂世功绩。

刘馥字元颖，沛国相县（治今安徽濉溪西北十五公里）人，他因躲避战乱到了扬州。朝廷迁至许都后曹操掌握朝政，刘馥说服袁术将领戚寄、秦翊，使他们率领部属共同投奔了曹操，曹操为此非常高兴，让朝廷司徒征召刘馥为属吏。后来孙策派任的庐江（治今安徽庐江西南）太守李述攻杀了扬州刺史严象，当地人梅乾、雷绪、陈兰等聚合数万兵众于江、淮间为乱，许多郡县破败残缺。曹操因为与袁绍对抗，没法抽身对付，他觉得刘馥可以委任东南之事，于是上表荐举其为扬州刺史。

扬州治府起先在历阳（今安徽和县），后来改在寿春，又曾徙至曲阿（今江苏丹阳）。曹操想要选定一位能够整治乱局、安定一方的人物治理扬州，他的眼光没有看错。刘馥这次受命后，他在中央政府顾之不及的地方大展了自己地方治理的能力。当时刘馥带着朝廷的委任书匹马单人到了扬州，此后连续采取了如下治理措施：①合肥建府。他只身进入合肥城，在此建立州府，把州治移到了合肥。②招抚叛军。刘馥对南部雷绪等地方武装采取安抚方式，使他们陆续归顺，扬州逐步向朝廷缴纳贡赋。③教化百姓。他在任数年间大力推行恩化教育，百姓非常满意他的治政措施，流浪外地的民众翻山越江返回原地居住的达几万人。刘馥又汇聚儒人雅士，兴办学校，提升当地民众的道德文化素质。④兴修水利。刘馥为配合大规模屯田，组织民力修建了芍陂（今安徽寿县南）、茹陂（今河南固始东南）、七门（今安徽舒城西南三十公里）、吴塘（今安徽潜山西北五公里）等陂堨，以此蓄水灌溉稻田。特别是芍陂，这是古代淮水流域最知名的水利工程，是在春秋楚相孙叔敖凿渠基础上修建，引淠水经白芍亭东积而成湖，可灌田万余顷。这些工程使官府和百姓都有了粮食储备。⑤强化守备。刘馥在城防中修筑了更高的城垒，同时积聚木石，编织了棕榈制作的草苫数千万枚，储存了鱼膏数千斛，为战争防守做准备。

扬州处在与东吴接壤的前沿之地，当时朝廷力量难以顾及，刘馥在建立政权并稳定了地方后，把最主要的力量放在发展生产以安定民心方面，他大兴水利建设，更是抓住了当地保障和发展生产的长远之计，这些工程在许多年后仍然发挥着重要作用，对当地农业生产的促进应该极其巨大。在发展生产的基础上，他也特别注重对民众的社会教化，加强对外敌入侵的守战防备。这些措施互相配合，环环紧扣，将地方的治理和防守做得极其到位。

## 1.14 尽职守建硕功的名臣

208年刘馥去世,当年孙权率十万军队包围进攻合肥城一百多天,其时连下大雨,城墙几乎倒塌,城中人以苫蓑覆盖保护,夜晚点燃鱼脂照亮城外,观察敌军的动向而作出相应守备,终于保护了城池,使吴军退走。合肥城的防守是在刘馥去世之后发生的事情,扬州的官员和百姓在事后更加思念刘馥的治理功德。春秋末期的董安于治理晋阳城,在城中储备了大量的军事战略物资,他死后三十年,赵襄子在智伯瑶水淹晋阳时能够成功守御了该城,就得益于董安于储存的这些物资。扬州吏民认为刘馥对合肥守御的贡献不下于春秋时的董安于。

刘馥的儿子刘靖字文恭,他在曹丕执政期间由黄门侍郎升任庐江太守,曹丕下诏说:"你的父亲过去在那边州里任职,现在你在那边作郡守,可以说是为国家担当重任。"刘靖后被调任河内郡(治今河南武陟西南)太守,升为尚书,受赐关内侯,又出任河南尹,这是洛阳京畿的郡守职位,相当于西汉时的京兆尹。散骑常侍应璩给刘靖写信说:"你入朝担任纳言之职,出外为官,使百姓富足,将好的方法连续推行。能做好军事防守,善于安排五谷耕种;督促百姓整修农具以不误农时,让他们备下苫盖以保证养蚕麦种不受雨淋;关注吏员升迁,不使他们在原位滞留;使鳏寡孤独享受到官方赈济。您处事善于明察幽微之处,不为权势所屈;使各级官吏遵奉王命,辖区百姓都垂手听命。虽然西汉京兆尹有良臣赵、张、三王(指赵广汉、张敞、王尊、王章、王骏),但也不能同您相比。"

应璩书信中的内容是对刘靖施政的评价,也确实反映了刘靖在职任上做事的琐碎方式和大致特点。史家认为,无论这种为官做事让人们如何感到琐碎繁杂,但终究还是便利了百姓。刘靖的为人带有他父亲刘馥的遗风,后来因为母亲去世,他离任奔丧,其后担任大司农、卫尉,为执掌皇宫门卫诸事的九卿之一,又被封为广陆亭侯,食邑三百户。

曹丕224年曾在洛阳恢复了两汉时的太学,置博士以传授经学,但许多年后,太学建设中的诸多问题逐渐暴露。刘靖为此上疏说:"学问之道,乃是国家治乱的法则,体现着圣人重要的教化方式。自太学建立已有二十多年,但很少培养出有成就的人才,原因在于博士的选送太轻易,学生多是为了逃避兵役而来，高门贵族的子弟看不起读书，没有真正来求学的，致使太学有名而无实，虽然教学环节依旧，但出不了效果。"刘靖尖锐地指出着国家太学教育存在的问题，并把其公开揭示出来，展现给执政当局，表现出了极大的胆略和对国家民族文化事业的高度责任心。

当时执掌国政的应是曹爽及其亲信，刘靖在上疏中向他们提出了改进太学教育的具体思路，这包括：①提高入学标准。他主张按照高标准来选定入学的博士，选取那些能够为人们作出行为表率的人。②确定生源范围。他提出依照古制，让食邑两千石以上官员的子孙，从十五岁开始都进入太学。③严格管理方式。他要求太学应明确制定升降奖惩制度，对那些能通晓经术修养德行的，要提升他们以发扬盛德；对那些荒废学业的，要辞退他们以示惩罚。同时主张禁止浮华庸俗的风气。④选定胜任的教师。他提出应该选择那些精通经学、能够讲经的人来执掌太学，教导儒生。以现在的眼光来看，刘靖所提解决太学问题的几条方法当然太过粗疏，且在生源确定上具有明显的不公平性，但这也反映了当时太学建设的实际水准，表明古代文化教育的不平等性，他对太学建设的改革思路尽管带有明显的时代局限，但却是极有现实意义的。

刘靖后来被调任为镇北将军，假节，都督河北诸军事，负责魏国北部边境的镇守事务。他认为"边防最重要的策略是守御，守御的要害在于分清百姓和蛮夷的界限。"也许他的这一理念是有更多基于现实情况的依据吧。他在边疆防守中选定险要之地屯兵据守，又修凿拓宽戾陵渠（今北京市西郊）大堰，引水灌溉蓟州南北的大片农田，同时推广三岁轮耕的种稻方法。刘靖把边疆防守与生产建设结合起来，后世所录《刘靖碑》碑文也记录了这种情况，他的治理措施与父亲刘馥主政扬州时的做法极为相似，使当地民众得到了实际利益。公元254年，即曹髦执政第二年刘靖去世，朝廷追赠他为征北将军，并晋封他建成乡侯爵，谥号景侯，儿子刘熙承袭了爵位。他的次子刘弘与晋武帝司马炎同年出生，两人少年时又同在洛阳永安里生活居住，后来在晋朝因旧恩屡至高位，在长期镇守荆州时建功立业。

刘馥在扬州的治理和军事防御，以及他组织兴修的许多水利工程利在当世，惠及长远；刘靖对京畿和北疆的治理方式，以及他对国家太学建设的提议也都展现了他的工作责任心与思想敏锐性。刘氏父子在曹魏后期复杂尖锐的派系斗争中似乎并没有明确的站队行为，所追求的只是对民众负责，对历史负责，对自己的良心负责，正是那些内含德行和智慧的处政行为及其效果成就了他们的垂世功绩与名臣地位。

## 1.14（9）梁习的社会治理（上）

魏国疆域广大，漫长的北境边界又居住着匈奴、鲜卑、乌桓等少数民族部落，地方上和边境地区社会治理的任务极其繁重。由于历史档案比较完善，史家陈寿掌握有魏国许多地方治理的史料。《三国志·魏书十五》中用精炼的文字记述了梁习在并州进行社会治理的措施及其成效，结合引注资料《魏略》的相关叙述，能够从中看到当时北方地区州郡治理的艰难，体会成功的地方治理中蕴含的智慧与勇力。

梁习字子虞，陈郡柘县（治今河南柘城北）人，最初担任本郡主簿，他的德行在本郡堪称表率。曹操任朝廷司空时，征召任命他为漳县（今甘肃漳县）县长，后来历任过乘氏（治今山东巨野西南三十公里）、海西（治今江苏灌南东南四公里）和下邳（治今江苏睢宁西北三十公里）县令，他在任职各处都因治绩突出而出名，其间积累了丰富的治理经验，后来回到京师担任司空府西曹令史，升任为西曹属。

206年曹操夺取了袁尚余党高幹占有的并州（治今山西太原西南）地盘后，任命梁习以别部司马暂领并州刺史。当时并州刚经历了战乱，胡、狄外族在边境横行跋扈，官吏百姓有不少叛逃归降胡狄部落的；境内尚有豪族拥兵自重，到处侵袭为寇；他们互相煽动，伺机作乱。面对复杂的形势，梁习到任后采取了如下对策措施：①首先收服豪族武装。梁习对拥兵的豪族引导劝诱，并以礼节招致，推举他们到幕府任职，逐步解除了他们的武装。②依次征发各家壮丁，让他们加入地方政府的义从军，在大军出征时，把他们编入国家军队中担当勇力兵卒。③在这些兵卒出征离开当地后，又迁移他们的家室到邺城，实际上是把他们的家属作为人质，并州为此前后送到邺城的共有几万人之多。④对于抗拒不服从的人，派出军队讨伐，为此曾斩首千余人，而归顺服从的有几万人。⑤稍后匈奴单于和各部诸王表示归顺服从，他们的部属也愿意在各级部门供职，梁习于是把他们编入户籍，与吏民同样管理。⑥向朝廷举荐在并州避难的隐居名士，如常林、杨俊、王象、荀纬和王凌等人，曹操均授给县长职位，他们后来都成了当世的知名人物。

　　面对阶层矛盾、民族矛盾复杂交错的并州社会，代理刺史职务的梁习在治理上采取的是温火慢攻的方式，这种方式是把治理程式控制在自我力量允许的范围内，减少社会的震荡。梁习顺次选择武装豪族、民间壮勇和匈奴头领，对他们各自运用针对性的措施，促使他们靠拢和服从州府的安排调度，其间也有对零星对象必要的强制方式，最终要达到对原有各种突出矛盾的消除与社会生活的正常化；向朝廷举荐并州名士得以任用，更是提升并州在国家的社会影响、强化边远地区对中央政府向心力的长远措施。史书上说，梁习上述一系列的治理方式，稳定了边境局势，安定了民心，很快恢复了境内的社会秩序，受到了当地长老的称赞，他们认为从未听说有哪个刺史的能力比得上梁习的，并州的百姓也自此勤于农桑，政府法令都能达到令行禁止的效果。曹操对梁习的治理效果十分赞赏，于是正式任命梁习为并州刺史。

　　213年，因为并州被并入冀州，冀州牧自204年起就一直由曹操兼任，梁习遂转任议郎，并任冀州西部都督从事，仍然统领着原来并州的地方部队，协助州牧分管军政。他在上党之地提供材木供邺城使用，后来又上表增置屯田都尉二人，他们带领六百民夫在路旁种植作物，让官方路过的人员和牛畜取用。梁习的职务调整了，但他仍然在自己的职任上努力为国家的事业尽力奉献。

　　当时并州与边境少数民族的关系并没有稳定下来。鲜卑部落首领育延，过去一直是并州边境的祸患，此时育延率其部落五千多骑兵进入并州境内，使人面见梁习，希望双方在边境进行市场交易。梁习觉得如果拒绝他的请求，定会招来他们的怨恨；如果听任他们到州内交易，又恐怕鲜卑骑兵会掠夺百姓。于是他承诺了此事，安排让育延在一座空城中交易，同时命令各郡县做好防务工作，然后自己与州治中等官吏率领军队前往交易。交易还没有结束，负责市场治安的官吏就捆绑了一个胡人。育延一伙骑兵大为惊恐，他们骑上马搭箭弯弓，将梁习等人围困数重，吏民一时惶怖不知所措。梁习则平和地叫来负责市场交易的官员，询问为何要捆绑胡人，最后弄清是该胡人侵犯了百姓。梁习于是让翻译呼唤育延过来谈话，育延到后，梁习当场斥责说："你们胡人自己先犯法，官吏也不曾侵犯你们，你为什么要命令骑兵来恐吓？"其后将育延当场斩杀，其余胡人都吓破了胆而不敢乱动。此后再没有胡人敢入寇并州。

217年，曹操攻取汉中后回师长安，留下骑兵都督鲁昔，让他率军屯池阳（今陕西泾阳西北），在卢水做好军事防备。鲁昔原本是乌桓王归顺而来，家在太原郡，有爱妻住在晋阳。鲁昔想念妻子，恐怕日后无法回去见面，于是领着部属五百骑兵违令叛还并州。到达并州后，他留下骑兵藏匿于山谷，自己单骑独入晋阳，偷偷地带妻子出城。出城后，当地州郡官吏立即发觉了，因为惧怕鲁昔善射，他们不敢追击。梁习知道后命令身边助手张景招募鲜卑骑士追逐鲁昔。鲁昔的坐骑载着他的妻子负重行缓，没有来得及与自己部众会合，就被鲜卑骑士追上射死。曹操此前听说鲁昔率众反叛，担心他日后成为北境的匪寇，后听说梁习已派人将其射杀，心中大喜，他根据梁习前后的功劳，封其为关内侯。梁习在地方军事督帅的职位上，仍然依靠他的智慧勇敢，成功地预防和制止了其他外部势力可能的侵扰与反叛，维护了地方的稳定与安全，并对外部力量形成强力震慑。后来单于入朝侍奉，西北没有战事忧患，人们认为都是梁习的治理功绩。

## 1.14（9）梁习的社会治理（下）

魏国名臣梁习在代理并州刺史的职任上运用一系列温火慢攻的方法，缓解了当地战乱后的社会矛盾，强化了政府的管理权威，稳定了社会秩序，为地方社会治理提供了成功的经验。他后来在冀州西部都督从事的职务上继续为国效力，成功抑制了外部势力可能的侵扰和反叛，为维护并州的社会稳定功不可没，他是得到百姓称赞和上级高度评价的优秀官员。

《三国志·梁习传》记述了梁习早年担任司空府西曹令史期间的一件事情：当时梁习和济阴（治今山东定陶西北）人王思一同担任西曹令史，有一天王思值班时向曹操汇报事情，由于叙述不恰当，惹得曹操大怒，传唤主事官吏对王思以重罪论处。正赶上王思不在周围，梁习便代替他面见曹操去做说明，到了就被关押起来。王思听到消息急忙赶回，主动承认自己的过错，按他的罪责应该被处以死刑。但曹操对梁习的默默顶罪行为十分感叹，又对王思勇于承担罪责也很满意，他说："想不到我的部属中竟然有这样两名义士！"就赦免了他们。后来两人同时升为刺史，梁习被派往并州，在那里创造了地方社会治理的良好业绩。

王思离开司空府后被安排统领豫州（治今安徽亳州）政务，有资料说，他是从卑微的官职上被提拔起来的，也是位能干的官员，曾受到过朝廷的表彰，因为做事忠诚勤奋而位至九卿，被赐爵关内侯；只是做事情苛刻琐碎，不识大体。王思老年时在曹爽掌政期间一度担任大司农，他视力昏暝不清，脾气古怪，经常无故发怒，手下的人常不明白他的意思，对他的命令无法应付，于是受到无端指责。有一次，一位吏员的父亲病重，因他的家离得很近，就请假想回家看望父亲，王思怀疑其所言不实，发怒说："世上有想念妇人却声称母亲病重的，大概就是你这样的人吧！"因此不予准假，第二天这位吏员的父亲就离开了人世，王思听说后对此也毫无悔意；另外他还性情急躁，有次提笔作画时，一只苍蝇停在笔杆上，赶走了又飞来，一连数次，王思于是愤怒，他站起来追逐苍蝇，因为追不上，就将毛笔摔在地上又踩又踩直至毁坏。因为这些事情，《魏略》中把王思作为冷酷无情的苛吏来看待。

梁习早年在司空府西曹令史的职位上为王思的过错而顶罪，最终救了王思一命，史家裴松之针对此事指出："梁习与王思仅仅是同僚而已，既没有骨肉之亲，也没有刎颈之交，他当时代替王思而蒙受不测之祸，自以为是富有大义的行为，其实完全违背了先哲关于守义的高雅意旨！司马迁说过：'有的死重于泰山，有的死轻于鸿毛。'所以君子不能苟且生存，也不能苟且求死。假如王思当时不主动前来认罪，君主曹操对两人不加宽恕，梁习就是所谓'无味地在田野水沟中自缢而不清醒了'。梁习自己以为为大义而死，也不过就是这种情况。"史家对梁习当年的大义赴死并不以为然，认为不加甄别地顶替他人的罪错而赴死，根本就违背着道义原则，是毫无意义的苟且之死。这是后世之人对治世有功人物梁习公开的批评，表达了传统文化中一种看重自身生命、分清是非和理性处事的价值理念。

梁习在曹操执政时，因为对国家的忠诚以及在并州社会治理的成功而大受推崇；曹丕作了皇帝后，他在221年把并州又从冀州政区划分出去，重新设置了该州，梁习再次担任并州刺史，受封为申门亭侯，有百户封邑。当时魏国对各地治理做考核，并州常为天下最优；陈寿在《魏书·文帝纪》中记录说："225年，并州刺史梁习讨伐鲜卑轲比能，大获全胜。"这些事实表明，梁习在对并州的社会治理中并非有始无终，到晚期时仍然表现不俗，他在这里一直保持着良好的业绩记录。

曹叡执政时的228年，朝廷调梁习进京担任大司农。他206年离开司空府在并州代理刺史职务，至此在并州主政了二十多年，当地的社会状况大大改善了，而他自己的生活居处则显得贫穷，也没有工作所在地的特产珍物，曹叡为此感到诧异，大概觉得当时已经少有这种廉洁俭朴的官员，因此给予了丰厚的礼物赏赐。230年梁习离世，他的儿子梁施继承了爵位。

梁习是魏国地方治理中涌现出来的优秀官员，他上马可统军，下马能治民，对国家的事业高度忠诚，履行职务有强烈的责任心。他在地方治理上理念正确，思维缜密，善于执行；处置军务事态果敢坚决，富有勇气，出手必胜。其早年替罪赴死的行为曾受到后世史家的某些批评，其实也反映着人们对他后来社会治理成效及其生命价值的珍重，他是不该被历史忘掉的。

## 1.14（10）守御陇西的游楚

陇西是魏国西部凉州属下的一个郡，因为地处陇山之西而得名，诸葛亮兵出祁山，其出军的首先目标地大约即在陇西一带。在魏蜀两国对峙的年代，偏僻的西部之地反而成了双方军事争夺的重点地区，许多颇有影响的战役正发生在这里。《三国志·魏书十五》引注汉末官员赵岐所撰并由晋人挚虞作注的《三辅决录注》，其中记述了魏国官员游楚面对诸葛亮大军的进攻，设法想方凝聚吏民心气而成功守御陇西郡的事迹，反映了一段战场上鲜为人知的灵活守御策略，也展现了游殷游楚父子官场相承的社会状况。

游楚字仲允，早先为蒲阪（治今山西永济西）县令，曹操在211年平定关中后，汉兴郡（辖境陕西关中西部及甘肃灵台）太守空缺，曹操征求雍州（治今陕西西安西北）刺史张既的意见，张既称赞游楚，说他兼具文武之才，曹操于是提升游楚为汉兴太守，后来转任陇西郡（治今甘肃临洮南）太守。《魏略》中说：游楚为人慷慨，历任多处县令郡守职务，在地方治理中他以恩德为要，不追求刑杀的手段，看来是一位富有仁善爱民之心的官员。

228年诸葛亮首出祁山（参见2.3.5《首出祁山》下），陇西当地的官员和百姓非常惊慌。东邻天水、南安两郡的太守已各自弃离本郡向东而逃，只有游楚独据陇西，他召集吏民聚会，向人们说："我身为太守对大家没有恩德，现在蜀军就要到了，其他各郡的官员和民众都已经起而响应，这也是各位得到富贵的机会。太守本是为国家守御本郡，死于国事是应该的，你们大家现在就可以取走太守的头颅献给蜀国，以求得富贵。"游楚的讲话是向郡中吏民表明：身为太守的游楚即便在危急关头，首先考虑的仍然是百姓和官员的实际利益，为此他宁肯献出自己的生命也在所不惜。这些官员民众当场流下了眼泪，他们表示："我们与太守共生死，绝无二心。"游楚这里表达的利民之心以及实现手段未必为真，但无论如何，问题的公开提出已经使大家非常感动，一下子拉近了太守和民众的心理距离，彻底消除了下属群体中可能存有的叛逆之心，凝聚了大家的心气和力量。

游楚接着说："你们如果不愿意那样，我为大家筹划一种办法。现在东面二个郡已经归降蜀国，蜀军必定会来到这里，我们只能共同坚守，等到国家救兵来到后敌人必然退走，我们的行为是全郡人共同守义，人人都会获得爵位和奖赏；如果官方救兵不到，蜀军进攻得紧急，你们再取太守的头颅以降蜀军也不为迟。"吏民于是一同守城。游楚在言语上并没有最后放弃让人们杀太守以求富贵的提议，但在这一行为前面插进了一个共同守御陇西等待国家救兵前来的实际方案。为国家守御城池，是同样能够得到奖赏和爵位的行为，这里为民求利的目标并未改变，应是大家拒绝上一方案后的当然选择，并且符合于道义原则。游楚运用新的方案统一了大家的目标和行为，凝聚了众人的意志，使陇西防守拥有了团结一致齐心协力的群众基础。

不久，南安郡的人果然领着蜀兵前来进攻陇西，游楚听说敌人已到，就派遣本郡长史马颙领军出城门布阵，他自己在城墙上大声告诉蜀军的领兵将领说："你们如果能截断到陇西的道路，让东面的官兵到不了陇西，那一月之内陇西的官员就会不攻而降；你们若做不到这事，只能是白白消耗力量。"他使城外的马颙鸣鼓进攻，蜀兵于是撤离。十多天之后，魏国军队到达陇西，诸葛亮因街亭失守而败走。陇西防守战因为内外各种因素的作用最终胜利了，而南安、天水的官员都因响应蜀军放弃守御而被治罪，两郡太守各获重刑，游楚则因防守之功被封列侯，长史与郡中属员都受到赏赐和升职。

曹叡表彰了游楚的守义行为和他的地方治理，特意下诏让他来到京师进宫殿上朝。游楚个子矮而说话声大，自从做官后因为职位较低的缘故吧，他一直没有进宫殿朝觐天子，这次受诏登上宫殿台阶，不知道应持的礼仪程式，曹叡安排身边侍中在前面引导。上面有人喊："陇西太守上来！"游楚本来应回答"唯"，但他大声答道："诺！"曹叡看着他发笑，其后对他慰劳勉励。上朝结束后，游楚自己上表请求留在京师为天子守卫

121

宫殿，曹叡同意了，特任游楚为驸马都尉，这是执掌皇帝副车之马的二千石官员。

游楚没有学问，他生性喜好音乐和到各处游览。自己畜养了唱歌者，每次到哪里都随身携带着琵琶、筝和箫，还喜欢玩投壶和棋类樗蒲等游戏。几年后，他被调任为北地（治今陕西耀州）太守，七十多岁后离世。

游楚运用灵活方式成功守御了陇西，表现了他在军事战术上一种特别的策略手段，对后世人们不失重要的启发。同一引注资料中还记述了游楚的父亲游殷早年的识人之才，以及他对幼年儿子前途的关照。资料中称，游殷为雍州冯翊（治今陕西高陵西南）人，担任武威郡（治今甘肃武威）功曹，为郡守的助手。当时武威郡来了一位家在冯翊的年轻人张既，游殷观察这位老乡，觉得他有出众的才干，有一次相约张既来到他家里相聚，张既答应了。游殷先回到家里，吩咐夫人安置桌椅备下饭菜准备招待客人，等到张既到来后，游殷的妻子笑着说："你说话真荒唐，这位年纪轻的小孩子，会是什么特别的客人？"游殷说："你不要觉得奇怪，这是一位能站到朝堂上的国家大器。"游殷于是与张既一边吃着饭，一边议论天下王霸之略。吃罢饭，游殷就把自己的儿子游楚托付给张既，张既恭谦地表示自己承受不起，游殷坚持相托，张既觉得游殷在地方上的名望颇高，不好违背他的心愿，于是就答应了。游殷早先与朝廷的司隶校尉胡轸有隔阂，司隶校尉是负责对国家官员纠察事务的，胡轸于是在192年构陷罪名杀掉了游殷。游殷死后一月多，胡轸得了重病，口中只说："认罪，认罪，游功曹带着鬼来了。"不久即死去。后来关中人们评论游殷，说他"生前有知人之明，死后有贵神之灵"。资料中没有记述游殷在任职中的具体事迹，但也间接地表达了他在职场上获得的名望及其才能。

游殷当年把儿子游楚托付给自己一直看好的张既，后来张既在担任雍州刺史时，曹操要任命汉兴郡太守，张既即推荐了担任蒲阪县令的游楚，这期间游楚个人的才能堪任当然是重要的因素，同时也是张既履行游殷嘱托、酬报老乡游殷知遇之恩的真诚行为。由此可以看到在传统人情社会中官场上充斥着的各种交错关系，看到游殷游楚父子在人生和事业上的相承关系。

## 1.14（11）张既的安西之功（上）

在中原大地上虎啸龙腾的曹操大军多年在西部的雍州凉州面临着复杂的形势，关中军阀及其周边的少数民族武装力量分散，各自立场不定，始终难以真正顺服，在许多关键时候往往成为被他人利用的危险力量。然而时势成就英才，《三国志·魏书十五》及其引注记述了当地才士张既的成长轨迹以及他多次为曹操安定西部边境的重要功绩，展现了三国时代一位曹魏名臣应对复杂局面的聪明才智和他几十年间奋斗不息的拼争精神。

张既字德容，冯翊高陵（治今陕西高陵）人。十六岁时在本郡为小吏，他家里殷实，人长得周正，自少年时工于书写，在郡中作小吏时，自己觉得家中并不富裕，没有其他进取的门路，于是身边经常准备着书写要用的刀笔与竹版，等郡中高官有谁想要书写什么时就把准备的东西送上去，因此结识了不少官员。后来担任过几项要职，被举孝廉，没有应荐。曹操担任朝廷司空期间征召他来朝廷做事，他没有前往，被郡中举茂才，任用为新丰（治今陕西临潼东北）县令，任期内他的政绩考核在三辅（指汉时同治长安城中的京兆尹、左冯翊、右扶风管辖的今陕西中部地区）各县中名列第一。因为工作中很有才干，他赢得了国家上层人物的认可，自此获得了为国献力的更多机会。

张既首位的功绩是他三说马腾，协助曹操稳定和解决了关中问题。先前司隶校尉钟繇接受曹操授命都督关中诸军（参见1.14.1《钟繇的建魏之功》上），因为西境军阀数目多，情况复杂，官渡之战后张既开始参与协助了关中事务，他曾三次说服马腾服从朝廷的指令，为稳定西境和最终解决关中问题作出了重要贡献。①第一次是202年，袁尚在黎阳（治今河南浚县东）同曹操对抗，派他设置的河东郡太守郭援和并州刺史高幹以及匈奴单于攻取平阳（治今山西临汾西南十公里），并派使者西至关中与各路将领联合，意图袭击曹操的后方。钟繇派张既去游说马腾等人，张既去给他们分析利害，将领们愿意归顺曹操，马腾派儿子马超带领一万人马会同钟繇的部队攻击高幹、郭援，打败了对方军队，郭援被斩首，高幹和匈奴

*123*

单于被迫投降。这次战役的成功，挫败了袁氏势力在西境的骚扰，保障了曹操河北争夺战的后方安全，对曹操消灭袁氏势力而统一北方助力不小。

②第二次约在206年，当时高幹于并州再次反叛，河内郡的张晟拥兵一万多人，在崤山、渑水一带为寇，河东郡的卫固、弘农郡的张琰都带兵响应张晟。曹操任命张既为议郎，担任钟繇的参军事，征召马腾等关中诸将合击张晟等，大破叛军。张琰和卫固被斩杀，高幹逃往荆州的途中被捕杀，张既因功封武始亭侯。

③第三次是208年上半年，曹操准备南征荆州，因为马腾等拥兵割据关中，于是派张既去告谕马腾，让他放下部队入朝为官。马腾虽已经答应，但犹豫不决，张既恐其生变，乃令诸县储备粮食物资以备不虞；又令二千石的官员在郊外迎接，马腾不得已，只好向东入朝，到京后曹操表奏他为卫尉，为执掌皇宫门卫事务的九卿之一，并表奏其子马超为偏将军，统率马腾的部队。马腾在朝廷的职位算是不低的，但曹操将他的家属迁至邺城，实际上有让其家属做人质的意味，曹操是要以此确保马超在关中俯首听命。张既当然明白曹操的这些心机，但他坚定地说服和引诱马腾入彀，其对曹魏事业的忠诚可想而知。

211年，马腾留在关中的部队在马超率领下反叛（参见0.5.5《名闻三辅的马腾》），张既随从曹操出兵关中，在华阴攻破马超，平定了函谷关以西的关右之地。张既因在关中屡建功绩而被曹操任为京兆尹，他在辖区招致流亡的贫民，兴复县邑，使百姓非常感念。213年，曹操被朝廷封为魏公，他在冀州建立封国。张既初为魏公国尚书，后被调任雍州刺史，这是有意让他回到家乡任职，曹操对张既说："回到你的本州任刺史，可以说是衣锦还乡了！"当年西楚霸王项羽在灭秦后放弃长安而返回彭城建都，他说："人不在故乡做官，就像穿着美丽的衣裳夜间行走。"曹操安排张既主政雍州，是要把复杂的工作交给有才干的人，同时应该包含着对三辅才士张既安定关中之功的特别酬报。

雍州辖内的关中南隔秦岭与蜀国汉中相邻，当时西部凉州也归雍州府管辖，州内事务纷繁复杂，张既在雍州刺史的职位上继续发挥他的才干而为西部的安定建功立业：①稳定凉州。214年，张既随从将军夏侯渊讨伐在枹罕（治今甘肃临夏东北二十公里）称王为乱三十年的羌人宋建，同时又攻取临洮、狄道，平定陇右（约今甘肃六盘山以西地区）。②安定民心。当时传言曹操欲迁徙当地民众以充实河北之地，陇西、天水、南安三郡的民众风闻后恐慌骚乱，张既让三郡作将校的官员休假返乡，让他们整治屋宅，装备水碓，这是利用水力转动以舂米的设备。张既是要借此方式显示官方无迁徙之意，于是民心开始安定。③参与汉中征讨。215年张既随从曹操征讨张鲁，他从大散关（今陕西宝鸡市东南）进入汉中，氐王窦茂率部万余恃险对抗，张既参加讨伐之战，收其麦以供军食。④迁徙氐民。曹操夺得张鲁的汉中后，恐怕刘备北取武都（治今甘肃西和县西南三十公里）氐民以逼关中，张既建议说："可以劝喻当地百姓向北迁徙去耕种并躲避蜀军，先到的人给予更多的赏赐，那先到的获利多，后面的人必定羡慕而追随。"曹操采纳了他的建议，于是从汉中领军返回，让张既到武都组织五万多氐民迁徙到扶风、天水一带。⑤参与对蜀作战。219年刘备与曹操争夺汉中，张既曾与曹洪在下辩（治今甘肃成县西北十五公里）攻破蜀军吴兰的部队。这次争战因为曹军最终失败，张既等人的一战之胜自然也就无足轻重了。⑥此外，张既在任雍州刺史期间还向曹操推荐了蒲阪县令游楚为汉兴郡太守，后来游楚调任陇西任职，他在诸葛亮首出祁山时因为守御成功而一举出名。

在魏国的众多臣僚中，像张既那样在军政两方屡建功绩的官员并不多见，这是他能得到曹操等高层人物赏识的重要原因。历史演义小说中对张既其人只字未提，但他为曹魏安定西境所建的不朽功业始终在史册中闪亮发光。

## 1.14（11）张既的安西之功（下）

三辅才士张既在雍州刺史的职位协助曹操解决了关中军阀割据问题，又对凉州中心区的局势稳定和曹军的汉中争夺战奉献了应有的力量，维护了国家西部边境的安定。据《三国志·张既传》及其引注等史料看，张既

125

是一位胸怀大局不计个人小利的官员，他忠诚国家并勤于事业，在自己的岗位上多年奋斗不息，汉中参战后仍然屡建功绩。

**对付颜俊之策** 当时武威人颜俊、张掖人和鸾、酒泉人黄华、西平人麹演等各在本郡反叛，他们自号将军，相互攻击。其间颜俊派遣使者送母亲及儿子到邺城作人质，请求曹操予以援助。因为是属于凉州的事务，曹操遂征求张既的意见，张既回答说："颜俊假借国家的权威，其实内心并不顺从，今天即便救助他，等到他势力强大后必定重新反叛。我们不如坐观虎斗，使他们两败俱伤，然后再想法各个击破，坐收其利。"在张既看来，颜俊虽然送来了人质表示亲近，但他只是想暂时利用国家的力量，表面上的友好改变不了其在州内聚兵反叛的性质，因而终究会成为危害地方安定的因素。基于这样的全局性考量，他提出了拒绝援助和坐观虎斗的策略方针。曹操非常赞同他的建议，并没有出兵。一年后，和鸾杀了颜俊，武威王祕又杀了和鸾，几股地方反叛势力在相互攻击中自我削弱，这对官方的治理极为有利。

**助力苏则平叛** 先前在213年时，曹操以朝廷名义将天下十四州合并为古制九州，凉州被裁撤，所辖区域划归雍州，于是雍州刺史管辖着自三辅以至西域的广大地区，边远处的事务其实顾之不及。220年曹丕即位魏王后重新设置凉州，该州统属金城（治今兰州市东）、武威、张掖、酒泉、敦煌、西郡（治今甘肃永昌西北）、西平（治今青海西宁）、西海共八郡，同时恢复凉州刺史一职，曹丕当时任命雍州属下安定郡（治今宁夏固原）太守邹岐为刺史。张掖人张进胁持郡守举兵抗拒邹岐，黄华、麹演也驱赶本郡太守，举兵响应。朝廷派遣护羌校尉苏则前往平定几起反叛，张既领兵至凉州，协助苏则壮大声势，反叛平定后张既进爵为都乡侯。

**涉险大败胡骑** 221年，凉州卢水胡的头人伊健妓妾、治元多等人反叛，河西（指河西走廊与湟水流域）之地不安，称帝不久的曹丕十分忧虑，他说："除了张既，没有谁能平定凉州。"于是召回邹岐，以张既任凉州刺史，他下诏给张既说："东汉初贾复请求统兵去攻打郾县（治今河南郾城南）的贼寇，光武帝（指刘秀）笑着说：'执金吾出击郾县，我还有什么担忧呢?'你谋略过人,出军后自己相机而行,不需要向我请示。"并派护军夏侯儒、将军费曜为张既的后继部队。张既到了金城(今兰州市附近),准备渡河,跟随的将官们都说:"现在手头兵少,道路险阻,不宜深入进军。"张既回答说:"道路虽然险阻,但比不上韩信攻赵时的井陉之隘,夷狄都是些乌合之众,他们没有韩信对手李左车的谋略。现在武威正在危急之时,我们应该赶快到达才是。"于是渡过了黄河。反叛的胡军七千多骑兵在鹯阴口(今甘肃靖远西南黄河东岸)堵截魏军,张既声称军队经由鹯阴口,但暗中却由且次(今甘肃武威东南四十公里)到达武威。敌军大为惊奇,于是退至显美(今甘肃永昌东)。张既在战斗中用历史名将的事迹勉励自己的部队,也显示了他的心气之高。

　　张既占据了武威时,费曜领兵已到,而夏侯儒尚未到达。张既犒劳赏赐了将士,准备向胡军进攻。将官们都说:"我们士卒疲倦,敌军人多气盛,难与争锋。"张既说:"现在军中没有现成的粮食,只能依靠敌人的军资,如果他们的兵力汇合起来,退到深山抵抗,我们要追赶则道路险阻难有军粮,想要退兵则会受到敌人堵截,这样战事会被拖延下去,正所谓'一日纵敌,几世为患'。"于是迅速率军赶赴显美。胡人数千骑兵,趁着大风想放火烧魏军营垒,将士们都很恐惧,张既晚间安排精卒三千人埋伏起来,次日使参军成公英督率千余骑兵向胡骑挑战,让成公英的部队佯装败退,胡军骑兵果然争着追赶,魏军埋伏的部队堵住了对方的后路,首尾进击,大败了敌军,斩首和俘虏的共有上万人。从中能够看出张既在紧要关口不畏险阻连续作战的精神气概,以及他战场上用兵布阵的突出才能。

　　曹丕听到消息后非常高兴,他发诏说:"您跨河历险,以劳击逸,以寡胜众,功绩超过西周名将南仲,勤劳高于周宣王的太师吉甫。这次战斗不仅是打败了胡军,而且会让河西地区获得长久安宁,使我再无西顾之忧。"曹丕的褒奖并非夸大其词,完全符合当时的实际情况。回军后曹丕改封张既为西乡侯,增加二百户封邑。

　　**出军败胡筑关**　张既从武威返回不久后,酒泉苏衡反叛,与羌豪邻戴及北方丁令胡兵万余骑进攻边境县邑。张既与夏侯儒率军阻击,将其打败，苏衡及邻戴等先后投降。张既于是上疏请求与夏侯儒修建左城（故址在今甘肃酒泉南十公里处），在此筑起关隘，设置烽火台、粮仓以备胡人。西羌为此而惊恐，随后率二万余众投降。

**分化瓦解敌军** 其后西平麹光等杀其郡守，诸将打算出兵攻打，张既道："反叛的只有麹光等人，郡中百姓未必愿意跟随。如果这样兴兵讨伐，当地吏民、羌人、胡人会认为国家不辨是非，就会联合起来敌视政府，这是为虎添翼啊。麹光等人想让羌、胡援助他们，现在我们先让羌、胡民众包围攻击他们，对他们用重金招募奖赏，把俘虏也送给他们。从外面扼制反叛势力，从内部离间他们的盟友，就会收到不战而平定的效果。"于是发布檄文通告各部羌人说：凡是被麹光等人诱骗而犯错的人予以原谅，能够杀死敌人将帅送来首级的加倍封赏。檄文发布以后，麹光的部下杀死了麹光并送上了他的首级，其余的人都安居如故。

**提拔人才不计旧怨** 张既在雍州、凉州任职十多年，以施政惠民而著称，所提拔任用的扶风人庞延、天水人杨阜、安定人胡遵、酒泉人庞淯、敦煌人张恭、周生烈等，最终都成为当世名臣。张既早年在冯翊郡（治今陕西大荔）作小吏时，担任功曹的郡守助手徐英私自鞭打过张既三十下。徐英字伯济，冯翊地方大姓，他几年后被任蒲阪（治今山西永济西）县令，而张既被曹操重用为雍州刺史，为徐英的隔级上司，地位要显贵得多。张既虽然得志，但他也不计较原来的事情，尚且想和徐英和好，在一次醉酒后他想亲近徐英而态度不甚庄重，徐英则拒绝他的亲近，自此徐英再也没有得到提升。当时人们佩服徐英的刚强不屈，也赞赏张既不计较早先的怨恨。

223年张既逝世，曹丕颁布诏书说："春秋时候的荀林父在翟土立功，晋侯赏给他千户之国作为封地；冯异为东汉奉献力量，光武帝赐封了他的两个儿子。现在凉州刺史张既能够安抚民众，促使各羌族的人都来归顺，真是国家的良臣。他不幸逝世，我非常痛惜，现在特封他小儿子张翁归为关内侯。"后来明帝曹叡即位，追谥张既为肃侯，由他的儿子张缉承袭爵位。张既应是为国尽忠而功绩颇丰的一代名臣，他得到了曹魏历任君主的赏识与表彰，历史没有将他遗忘。

## 1.14（12）皇帝岳父张缉的不幸

关中高陵才士张既担任雍州、凉州刺史多年，在西部边境上为国家屡屡立功，是曹魏屈指可数不可多得的名臣。他223年去世时，魏文帝曹丕颁诏褒奖，226年曹叡继位执政后又追谥张既为肃侯，让儿子张缉承袭了其西乡侯爵位，也算是有心和刻意的安排，曹叡是想彰扬与酬报张既的功绩，保持他们家族的兴旺。《三国志·魏书十五》在张既之后附记了张缉的人生经历，从相关文字及其引注资料中可以看到张缉的政治行为及其不幸命运。

张缉字敬仲，原籍冯翊高陵，在曹叡执政时被任温县（治今河南温县西）县令，因治理能力突出而出名。当时正值蜀汉丞相诸葛亮领兵北伐，张缉上书献策，曹叡就此询问中书令孙资的意见，孙资认为张缉的对策很有谋略，曹叡于是命张缉为骑都尉，派他参与对蜀作战。因为张缉做事称职而获曹叡的赏识，战后被改任朝廷尚书郎，曹叡认为张缉的才能完全能够担当重任，于是请来看相者为其看相，相者说："可以担任二千石官职。"这相当于郡守的职务，曹叡说："才能这样高，怎么才是二千石呢？"后来张缉以中书郎升任东莞郡（今山东省沂水东北）太守，手头有数千兵卒。

249年高平陵事变后，司马氏替代曹爽掌控国政，魏国的政治局势发生了重大变化。魏国少帝曹芳在皇后甄氏去世数月后，于252年二月选立张缉的女儿张氏为皇后，张缉在女儿立为皇后之后被封为光禄大夫，这是秩比二千石的三品官职，地位次于三公，没有固定职守和固定名额（编制），相当于享有荣誉职位的顾问，这也合于曹魏朝廷关于皇家亲族不参与政务的规定；另外，凡功德优秀并为朝廷所敬重的官员，朝廷赐位"特进"，这是汉朝实行而为魏国所承袭的制度，张缉当时即被赐位特进，他的妻子向氏也被封为安城乡君。作了皇帝岳丈的张缉得到了颇高的荣誉地位。

张缉是一位吝于钱财而以权势自负的人，因为女儿做了皇后而离开郡守位置，他整天坐在家里没有多少事情，感到烦闷焦躁，曾多次向朝廷分析过出击东吴和蜀汉的形势。252年十二月，魏吴发生了东兴堤之战，吴国大将军诸葛恪在孙权死后掌控了国政，组织了对魏国的军事进攻，并取得了战场上的胜利（参见1.7.4《再起的对外战争》上），魏国朝臣们为此非常沮丧，张缉对执政的大将军司马师说，吴国诸葛恪虽然在边境作战中得胜，但他不久就会被诛杀。司马师询问原因，张缉说："诸葛恪功盖一国，威震其主，想要不死怎能办到呢！"不久，诸葛恪围攻合肥，遇疫病而撤军返回后果然被孙峻杀死。司马师听说诸葛恪已死，他对众人说："诸葛恪只是平常之辈！近来张敬仲评议诸葛恪，预料他必定会被杀，现在果然如此，可见张敬仲的才智远胜于诸葛恪。"后世史家认为，张缉对诸葛恪的预料非常准确，这当然是他很有才智的表现，但这一预料也戳到了魏国大将军司马师的痛处，为他自己后来的结局埋下了隐患。

　　中书令李丰的儿子李韬娶了曹叡女儿齐长公主为妻，张缉为曹芳的岳父，两人都与曹家皇室有姻亲关系，住得又很近，所以关系相好。当时司马氏掌政，而李丰却希望夏侯玄能辅佐皇帝，他是想排斥司马氏而恢复曹魏皇室执政的局面吧，于是暗中联络张缉，准备采取行动。254年李丰组织了多人参与的密谋政变，不幸被司马氏察觉而失败，参与的人员均被诛杀和灭族，曹芳的张皇后也被废黜（参见1.10.11《清流名士夏侯玄》）；张缉与事件有牵连，被司马师逮捕送廷尉府受审，被赐死在狱中，他的几个儿子也一并被诛杀，孙子张殷在西晋时担任过梁州刺史，可见全家受诛时有侥幸逃生之人，许多年后又再振了家业。

　　继承父业的张缉本来有着更为优越的社会条件，凭借他直追父亲张既的聪明才智，完全可以创造出不亚于父辈的业绩来，但高平陵事变后魏国政治局势的巨大转折直接打断了张缉的正常发展之路，曹魏皇帝岳丈的身份和早年的政治追求，使他走上了与国家实际掌政人不相认同的政治道路，其任何实现政治目标的有意义行为都成了一种悖逆，时势和命运决定了他人生的不幸。

## 1.14（13）温恢的灵活处事

曹魏集团中有不同的人物，无论他们的政治追求如何，其实每个人都有不同的处事方法，这是他们价值理念、思维方式和个人心性的反映，当然也与他们对客观事物的认知深度密切相关。《三国志·魏书十五》中用不长的篇幅记述了名臣温恢的事迹，介绍了他在历任职位上灵活处事赢得同僚上司各方赞赏的某些情节，展现了这位才智之士人生的通达。

温恢字曼基，太原祁县（今山西祁县）人，他的父亲温恕，曾担任涿郡（治今河北涿州）太守。父亲在任上去世后，十五岁的温恢送丧返回家乡，家中有些积财，温恢说："天下进入战乱，富贵一方又有何用！"于是把家财全部散尽，以赈济乡党宗族有需要的人。西汉时太原郡有民望的人士郇越曾散尽祖先所积家财千余万以分施九族和乡里，当地人一直称赞其志节高尚，温恢散尽家财之举应该是受到郡中先贤的影响，人们当时也把他比作汉时的郇越，给了温恢高度赞扬。温恢在十五岁时掌控了他家中的事务，立刻展现了不同的人生追求，他轻财而重德，表现出了不同寻常的宏大志向。

温恢在家乡举孝廉，其后被任为廪丘（治今山东郓城西北）县长，后来相继担任过鄢陵、广川（治今河北景县西南广川镇）县令，以及彭城、鲁国（治今山东曲阜）相，当时的国相是郡守级的官员，温恢任职过的地方均受到各方好评，于是被调任为丞相主簿。有资料说，温恢在曹操的丞相府任刺奸主簿，负责执法事务，有一次，担任司空军谋掾的孙礼为报答同乡人马台早先救护母亲的恩德，在马台因故犯法将被处死时，私下引导马台越狱出逃，事后孙礼认为自己不必逃亡，于是去向刺奸主簿温恢自首。温恢认为孙礼为恩人而冒险担当，其行为属于义举，他把事情告诉了曹操，最后孙礼与马台都被赦免了死罪。能够看出，年轻的温恢进入职场后曾有过较多的任职经历，他任职多地，得到了人们普遍的赞扬，职位也是不断提升的。从处理孙礼一事的情况看，他做事不拘成规、善于把握大节，并能看准和贴紧上司的价值理念，是一位富有创意、思维灵活的人物。

  当时扬州处在南抵东吴的前线，曹操遂安排温恢外任扬州刺史，他对温恢说："非常希望你能留在我身边协助做事，但考虑这里没有扬州治理的事务更为重要。《尚书》曾说：'股肱贤良，万事安康！'是否再让蒋济做你的助手呢？"蒋济当时任丹阳（又作丹杨，当时治今安徽宣城）太守，曹操调任蒋济回本州担任别驾以辅助温恢，他又对镇守合肥的大将张辽、乐进等人说："扬州刺史通晓军事，你们的行动要与他共同商议。"曹操把紧要的扬州事务相托付，正是出于对温恢德性和才质的高度信任。

  219年，孙权率兵攻打合肥，当时各州均有驻军，温恢对兖州刺史裴潜说："此处虽有敌军入寇，然而却不足为虑，担心的是征南将军（指曹仁）那里会有异常变化。如今江水高涨，曹仁的部队深入敌方缺乏后援，那里少有长远的防备；关羽以骁锐而闻名，他如果乘着水势之利进军，必定成为祸患。"不久关羽果然乘水涨之际进攻樊城，关羽当时围困樊城时水淹七军，威震华夏，这表明温恢对周边战场形势的分析预计是非常准确的。

  当时曹操以朝廷的名义下诏书命令兖州裴潜及豫州刺史吕贡等军待命，裴潜在收到诏令后开始整军。温恢私下告诉裴潜说："这必定是襄阳军情告急，想要安排你们前往支援，之所以不下令紧急行动，是不想让惊扰其他地方守军，一二天内必会收到密书催促你们进军；张辽等将军也会收到进军命令，但张辽等人跟随丞相征战多年，他们会料知丞相的深意，能够做到后招而先至，你这样的速度整军，必会因后至而受到责罚！"裴潜听从了温恢的劝告，立即置办好后勤辎重，并让军队做好轻装出发的准备。不久裴潜果然收到紧急出发的密令，张辽等人被同时征召，尽如温恢所预料的那样。温恢与兖州刺史裴潜大概是有较深的私人情谊，他对裴潜在军情紧急时的提醒，同样显示了他对军事情势的预料，以及对上司心性的精准把握；温恢把自己对军情和上司心理的揣测密告给同级官员裴潜，让他提前做好出军准备，这颇有点类似于杨修稍前在汉中对曹操"鸡肋"之令的臆度与机密外泄，在军纪和程式上当然是不合法的，但扬州不在曹操眼皮之下，樊城危急又确实需要各地军队的快速增援，尤其是对战场形势和曹操心思不明就里的裴潜最需要紧急关头的友善提醒，温恢因而义无反顾地向裴潜密告了自己对事情的预计和判断，这里同样展现了他处事不拘成规的灵活性。

  220年曹丕作了皇帝后，调任温恢为侍中，后来出任为魏郡太守，几年后改任为凉州刺史，持节，兼任护羌校尉，执掌西羌政事，温恢在赴任途中病逝，终年四十五岁，诸葛亮年轻时的好友孟建（孟公威）继任温恢任凉州刺史。曹丕为温恢病逝发诏说："温恢具有作为国家柱石的才质，在先帝（指曹操）属下效力，勤于职守，功勋显著。后来跟随我做事，能忠于王室，授给他远任之职，掌一方政务，未料其业不遂，甚感悲伤！特赐温恢之子温生关内侯爵位。"后来温生虽然过早逝世，而温氏的后代在两晋时代建有不少功业，非常兴盛。

  温恢是一位富有大志和善于灵活处事的名臣，无论在任何职位上，他都能把握情势，对事情的发展做出准确预料，并在守护国家利益的前提下，以争取人心为重要目标，因而能得到各方人士由衷的赞赏。因为中年早逝，他在事业畅顺的通道上未及走得更远更高，留下了人生的遗憾，但他的灵活思维和做事方式，以及早年轻财重德的非常品行都能给人们不少的职场启发。

## 1.14（14）多彩的贾逵（上）

  魏国名臣中有一位忠勇豪侠、人生多彩的英雄贾逵，他在西部郡县因文武兼备、抗敌立功而出名，在许都与京畿相关职位上竭诚为国，坚定守护了曹魏的政权组织秩序，担任豫州刺史后则全力对敌，奋不顾身地参与了对东吴的军事行动。《三国志·贾逵传》及其引注记述了他英勇多彩的人生活动，展现了他在关键时候大义凛然、无所畏惧的精神风貌，及在需要时智计屡出的应事筹谋，他鲜明而能动人的个性代表着一个不凡的时代。

  贾逵字梁道，河东襄陵（治今山西临汾东南古城庄）人。他在儿童时期就常玩布阵作战的游戏，祖父贾习看到后惊异地说："你长大必能成为将帅。"于是向他口授了几万字的兵法。贾逵的家族世代著名，而他年少时家庭贫寒，冬天经常穿不上棉裤，有一次他在妻兄柳孚家借宿，天亮后只好穿着柳孚的裤子离去。能够从中看到，贾逵在少年贫穷时期就有自己的特别追求，具有远大志向，生计上的贫寒并没有被他放在眼里，人们觉得他做事颇为豁达。

贾逵最早为郡吏，暂守绛邑（治今山西侯马东北）县长，古代把低职官员署理较高职务称作"守"，是暂时摄理之意，贾逵当时就属这种情况。202年袁尚在黎阳与曹操对抗时，为了在西线牵制曹操，于是派郭援与并州刺史高幹联合南匈奴单于攻打河东，并让夺取河东后郭援作该郡太守。郭援当时所经城邑全都攻克，只有绛邑有贾逵坚守，怎么也攻不下来。郭援召来匈奴单于合军急攻，城池即将陷落，这时绛邑父老邀约郭援进城后不能杀害县长贾逵。郭援早就听说贾逵，想让他做自己的将军，于是进城后派兵将他带来。贾逵到来并不施礼，旁边的人向他介绍郭援，贾逵对郭援说："我只知道王府君（指河东太守王邑）在本郡任职多年，却不知你是什么人！"在场的人让他向郭援叩头，贾逵斥责说："哪有国家长吏向贼寇叩头之理！"郭援听到后大怒，下令杀掉贾逵，绛邑吏民听到消息，都站在城上高喊："你们违背约定要杀贤良的官长，我们宁愿和他一起去死！"郭援军中的人深为感动，多人替他请命，郭援只好赦免贾逵。贾逵和绛邑百姓的深情厚意是感人的，这当然是他用自己执政时的爱民之政赢得的结果；而在敌人面前，贾逵无疑又是一副钢铁硬汉。

在郭援来攻之前，贾逵有一次经过皮氏（治今山西河津），他看到这里的特殊地形时曾说："兵家必争地，先据此者胜。"当这次绛邑城被围困的紧急时刻，他知道城不免失守，于是派人暗中从小路把印绶送还郡里，并使人告知郡守尽快占据皮氏。郭援收编了绛邑部队后准备继续进兵，贾逵恐其先占领皮氏，于是以计策迷惑郭援谋士祝奥，使郭援在绛邑拖延了七天。而河东郡守听从了贾逵的意见，先行占领了皮氏城，因此河东才没有全郡沦陷。贾逵是一方面告诉郡守让赶快占领皮氏险要，另一方面用缓

>>> 1.14 尽职守建硕功的名臣

兵之计拖住了郭援的部队，即便丢失了绛邑，他也要为河东郡的守御贡献力量。

郭援随后将贾逵囚于壶关（治今山西长治东南），将他关闭在一个土窖中，用车轮盖住窖口，并派人看守，准备找机会再杀掉。贾逵从窖中对看守说："这里没有勇士吗，难道要让义士死在土窖中！"当时有一个姓祝的侠士，与贾逵非亲非故，他听到这话后，敬佩贾逵处于危厄之中仍能坚守节操，于是晚上偷偷地把贾逵放出来，去掉枷锁放他逃走，但不向他说出自己的姓名。后来依靠钟繇、张既等人联络关中马超等多方面力量，曹军最终打败了郭援（参见 1.14.11《张既的安西之功》上），事后贾逵才知道救他的人叫祝公道。几年后祝公道因为其他事情要伏法，贾逵去挽救他但力不能及，为他换了一身丧服以表哀悼。本来要被处死的贾逵在这里侥幸逃生了，事件中体现着他的英勇无畏和豪侠气质。

河东保卫战后，贾逵被举茂才，又被任为渑池县令。204 年曹操攻陷冀州邺城，袁绍的女婿高幹迫于形势而降曹，被任命为并州刺史。第二年高幹乘曹操出军之际又在并州反叛，弘农人张琰举兵响应。贾逵并不知道他们兵变，前去会见张琰，他去后发觉了对方的图谋，想返回又恐怕不能脱身，于是假装为张琰筹划，俨然是一位同谋者，取得了张琰的信任。当时渑池县的临时治所设在蠡城（今河南洛宁西北），城垒并不稳固，贾逵以修筑城墙的名义从张琰那里借了一些军队，带回蠡城后，张琰军中那些准备反叛的人都不避讳自己的图谋，被贾逵全部斩杀。事件中贾逵为了脱身而临事应变，不仅迷惑张琰获得了信任，而且带走了弘农郡部分军队，他是在不利的形势中争取到了最好的结果，等修好城垒后他公开与张琰对抗。后来张琰等人的反叛失败，贾逵正逢祖父之丧，他辞去渑池县令而离职，服丧完毕后被曹操的司徒府征召为掾属，后又以议郎的身份兼任司隶校尉钟繇的参军，协助钟繇稳定京畿西部河东与关中的局势。

211 年曹操西征马超之时，行军到了弘农（治今河南灵宝北黄河南岸），他说："这是西去通道的要塞啊。"就调任贾逵担任了弘农太守。曹操召来贾逵商议事情，发现贾逵才德兼备，非常高兴地对左右说："假使天下二千石官员都像贾逵这样,我还有什么可担忧的!"曹操内心是要把贾逵作为各地郡守的楷模,实际是给了他极高的评价。

贾逵在弘农太守任上有一次奉命征调兵役,大概是人数不足吧,他怀疑屯田都尉私藏了逃亡的百姓,于是前去协调。屯田都尉是魏国在各郡安排的屯田官,起先为六百石或四百石的七品官员,属朝中大司农管辖。这位屯田都尉觉得自己不属弘农郡守管辖,说话不大顺从,贾逵为此发怒,他收捕了屯田都尉,行杖打折了他的脚,这当然属贾逵的过错,因而被免官。但曹操仍然赞赏贾逵,不久任命他为丞相主簿,贾逵于是来到京师任职,开始了他另一阶段的职业生涯。

## 1.14(14) 多彩的贾逵(中)

贾逵在任弘农太守时为征调兵役而挞杖了屯田校尉,为此被免职,虽然因为曹操的赏识不久被征用为丞相主簿,在丞相府主掌文书和印鉴事务,但免职之事对他仍有不小的影响。《三国志·贾逵传》及其引注中记述,心气高亢的贾逵因免职而气愤生瘿,这是由病原刺激导致局部细胞增生而在脖子上形成的囊状性赘生物,俗称颈瘤。贾逵请求让医生将其割除。曹操珍惜他的忠诚,担心引起生命危险,让人传话说:"告诉主簿,我听说'十人割瘿九人死'。"这是建议他放弃手术治疗,但贾逵坚持他的想法,最终做了治疗,未料后来长得更大。贾逵本名衢,后改为逵。衢,指四通八达的道路;逵,可同"馗",指在堆垒成的土岗上四通八达。他的名子改后包含了一个土岗高点之意,不会是无所意味的,应该体现着他的某种人生思考。

曹操所以看重贾逵,将其由钟繇的助手提拔为弘农太守,当然得益于他在绛邑、渑池两县任职时表现出来的个人品行与才质,但也直接得益于朝廷秘书郎孙资向曹操的大力推荐。孙资曾经迁家至河东,与贾逵早先认识结交为友,贾逵当时对孙资说:"你身具超群的才能,正遇上改朝换代之时,主君在满天下延揽人才,而你却长期徘徊,未应君命,就好像身带和氏璧在秦王大庭中闪光,但却拒绝连城的售价,这种做法并不可取。"

孙资受到贾逵的鼓励前往许都投奔曹操,被任为功曹,负责官员考核事务,当时朝廷尚书令荀彧对孙资的才能给予了高度赞扬。在贾逵担任钟繇的助手时,孙资对曹操说:"贾逵昔日在绛邑,领着全县吏民与郭援交战,力尽而败,最后为贼所俘,但志气不减,坚持大义,没有任何屈服的表示;他的忠言感染了大众,其壮烈节操在当世显赫,即便古代的蔺相如怒斥秦王、叔詹据鼎抗晋侯,也未必超过他的勇气。贾逵才兼文武,确是可堪大用之才。"孙资的推荐是曹操任贾逵作弘农太守的直接原因,而在弘农面谈后,曹操对贾逵形成了更为良好的印象,所以在贾逵被免职、情绪极度低落时征用他为丞相主簿,并在他气结生瘿时给予了更多的关怀。

214年,孙权攻破皖城,曹操准备率军南征东吴,却赶上霖雨不止,三军将士大多不愿意出军。曹操知道这种情况,他恐怕外面有人要来劝谏,于是对身边人说:"今天我这里戒严,有前来劝谏者处死!"贾逵接受了命令,他对同任主簿的三位同僚说:"现在的确不宜出战,但却下了这样的命令,不能不作劝谏。"于是他写下了劝谏书的草稿让三人观看,三个人没有意见,都签了名,他们拿进去交给曹操。曹操看后大怒,收捕了贾逵几人,曹操让搞清楚是谁出的主意,准备将其关进监狱,贾逵当即表示是他首先发起,于是自己去了监狱。狱吏觉得他是丞相主簿,就没有上枷锁,贾逵对狱吏说:"赶快给我上枷锁。丞相怀疑我在他身边任职,我会请求你给予宽待,过一阵他会派人来察看的。"狱吏给贾逵刚上了枷锁,曹操果然打发家中人到狱中察看贾逵。后来曹操对人说:"贾逵没有恶意。"于是恢复了他的职位。

曹操在有些事情上会表现得非常专断,但专断的决定未必正确。贾逵明知曹操在这次出兵一事上拒绝劝谏,劝谏人必然要承受巨大的风险,但他从国家利益得失的角度上考虑问题,仅仅着眼于决策本身的正误,依此来决定自己的行为选择。在这里他完全抛开了个人危险而不顾,表现出的是一种高尚无私的品格;在曹操追查事由根底时,他对应有的风险一身担当,毫不推脱,更是一种大丈夫的做事气概。贾逵在相府工作时间不长,似乎已经感受到了曹操处置敏感事情的细致明察,他拒绝狱吏对自己的宽

*137*

待，是在保证即便在监狱中也要把丞相的旨意贯彻到底，让事情的后续处理更为单纯，免受其他因素干扰。贾逵为人的忠诚品格和做事的聪明认真在多方面体现了出来，曹操在一阵情绪过后赦免了他，这应该不是没有缘由的。

曹操在219年率军赴汉中与刘备争夺决战，他派贾逵先行进入斜谷（今陕西眉县西南秦岭褒斜谷的北口）观察地势，路上碰到了掌管水军舟船器械的水衡都尉，他正督运数十车囚犯艰难而行。贾逵认为军事形势紧急，就命令他从重处置最严重的一名囚犯，而将其余犯人释放。曹操后来听到这一决定，表示贾逵做得很对，就拜贾逵为谏议大夫，让他协助夏侯尚参与军事谋划。贾逵在关键时候能分清诸多事务中的轻重缓急，能抓住根本问题及其中心环节。在与刘备的汉中争夺即将展开的紧要时刻，耗费车辆资源而押运囚犯，这根本就是劳而无功的事情，贾逵决定处置一人，而将其余人全部释放，把他们放置到与蜀对抗的战场上，这就减少了资源耗费而增加了战斗力。他对军情紧迫下的特殊情况做特殊处理，表现出了灵活果断的处事风格和敢于担当的气概。

220年正月，曹操在洛阳逝世，贾逵以谏议大夫的身份参与丧事（参见1.4.4《继位为王》）。其时太子曹丕尚在邺城，鄢陵侯曹彰正从长安赶来，洛阳民众苦于劳役，又有传染的疾疫发生，军队因失去了统帅而骚动。面对这种情况，大臣们恐怕发生变乱，主张不要公布消息，暂不发丧。贾逵认为无须守密，他坚持公开发丧，请内外官员都来吊丧，事情结束后，让各位官员按照安排不得擅自行动；青州兵听说主帅已亡，敲着鼓一批批走散。大臣们主张应禁止青州兵的行为，不服从的予以治罪。贾逵认为大丧在即，新王还未拥立，对青州兵还是应该安抚。于是发给青州兵长檄，让他们凭着公文在居住地领取粮食。不久曹彰带着兵马从长安赶来洛阳，他向贾逵询问："魏王的玺绶在哪里？"贾逵严肃地回答说："太子在邺城，国有储副。先王的玺绶不是你应该问的！"处理了这些纷繁的事情后，贾逵与众官员把曹操的棺椁送还邺城。

曹丕接替了魏王之位后，觉得魏王国都邺城所在的邺县人口较多，大多又在都城之外，有许多不守法的人，也是考虑该县治理的重要性吧，就任贾逵为邺县县令，这属于一种低职任用，但却是新嗣魏王自我保护的安全措施。一月多后，曹丕升任贾逵为魏郡太守。县府和郡府相距不远，贾逵在往郡府赴任前，魏郡官员听说他被任为太守的消息，都提前来到邺县府门之外。贾逵拿着调任书出门，官员们在门外贾逵的车下参拜，贾逵制止道："都到郡府去吧，不必要这样！"魏郡官员们的这种表现应该属于一种官场常态，不能知道贾逵在内心对这种常态究竟持有怎样的感觉。

数月后魏国组织大军征讨东吴，这实际上是新任魏王曹丕在国内的一次耀兵活动，活动前贾逵被重新任命为丞相主簿祭酒，并且成了几位主簿中的牵头之人。其时贾逵受人牵连要被治罪，曹丕说："晋国贤大夫叔向建有功勋，他的十世后代犯罪后因此而被宽宥，贾逵的功德难道不能赦免他本人吗？"贾逵跟随大军到了黎阳津，有的兵士在渡河时违纪乱行，贾逵严厉执法，斩掉了几个违纪者，军队得以肃整。大军到了曹氏故乡谯县后，曹丕任命贾逵为豫州刺史。

贾逵在从212年返回京师担任丞相主簿后的八年间，历经了曹魏发展与转折的许多重大事件，他身处决策中枢的地位，淋漓尽致地发挥了自己拥有的聪明才智，展现了他对曹魏事业的高度忠诚，张扬了他每临大事而敢作敢为的大丈夫气概，由此赢得了前后两位君主的赏识与爱戴。曹丕似乎喜欢把他这一能干人物放在更重要的岗位上，贾逵被调任豫州刺史，其职级提升了，承担的任务更重了，他由此走向了职业生涯的另一阶段。

## 1.14（14）多彩的贾逵（下）

贾逵220年六月以丞相主簿的身份跟随曹丕出征耀兵，到达谯县后被任命为豫州刺史，这是曹氏皇家的故乡，也是豫州治府所在地。豫州南部与东吴相接，关乎着曹魏东南的战略安全，守护豫州有着重要的军事与政治意义，曹丕这一安排当然是对贾逵寄有厚望的。《三国志·贾逵传》及其引注记述了贾逵在豫州刺史职位上再立新功的人生历程。

**对官员严格纠察** 当时天下刚安定不久，刺史大多不能控制本州。贾逵考虑认为:"秦汉实行郡县制,而州,本来是朝廷派出御史到地方上一块儿监察的几个郡,当年汉武帝要求下派的御史按照六条要旨督察郡守以下官员,提出御史的功绩在于严格督查,而不在于仁德施政。现在的州刺史,是由汉时的御史演变而来,面对当今官员轻视法令,盗贼横行的局面,州里明知却不加以纠正,天下又怎能得到安定呢!"正是出于这样的考虑,贾逵开始把自己的为政之功放在对法纪的纠察方面。当时豫州的一位兵曹从事向前任刺史请假,贾逵到任几个月后这人才回来就职,当然是超假了,贾逵抓住此事拷问追究,并对州中郡守以下徇私放纵、不遵法令的官员全部弹劾罢免。曹丕听到后说:"贾逵才是个真刺史!"同时布告天下,要各州向豫州治理学习,并封贾逵为关内侯。

汉武帝当年所提御史监察郡县官员的六条要旨是:①强宗豪族的土地宅园超越标准,以强凌弱,以众暴寡。②二千石的官员不奉诏书,背公向私,侵渔百姓,聚敛为奸。③不关心疑案,随便杀人,增加惩罚,制造妖祥伪言。④选官不公平,任用宠爱,遮蔽贤良。⑤家中子弟依仗势力,向监察人员请托。⑥依附豪强,接受贿赂,随意改变国家法令。当时还规定,御史只按照这六条办事,地方官员有违反的就上报免职,而六条之外的事情不予监察。贾逵在豫州任职时曹丕为魏王,尚未受禅为帝,天下为汉朝刘氏所有,汉武帝对御史的要求当然仍可适用。贾逵对刺史的职责做了上述一番历史考察后,认定刺史工作的重心应该在对官员法纪执行情况的纠察。他的理解未必十分正确,但正好针对了当时法纪松弛的社会现实,因而收到了较好的治理效果,受到曹丕的称赞。

**强化本州守防** 贾逵在豫州南部与东吴接壤的边境设置哨兵,修缮铠甲武器,加强了边境防守,使敌军不敢进犯。同时在州内断山蓄水,建造了小弋阳陂(故址在今河南潢川一带的陂堰),又疏通运渠二百余里,后人称"贾侯渠"(今河南睢阳西北),贾逵对豫州的地方建设功不可没。222年贾逵在征东大将军曹休的督领下与多位将军一同出征东吴,在洞浦击破吕范的部队(参见1.4.17《三路伐吴》),战后获封阳里亭侯,加建威将军。

**为攻吴献策** 明帝曹叡226年即位后，为贾逵增加食邑二百户，并前共四百户。当时孙权在东关（今安徽含山西南濡须山）驻军，正在豫州之南，离长江四百余里。每次东吴入侵，总是西从江夏，东从庐江进犯。魏国出军征讨，也是东从淮水、西从沔水南下，而豫州军队驻扎在汝南（治今河南平舆北）、弋阳（治今河南潢川西）诸郡，仅仅守境自保而已。所以孙权在豫州方向无战事之虞，他们无论东边或西边发生战事，都可以合兵抗击，互相救援，很少失利。贾逵分析了这一形势，建议开一条直道由豫州直达长江。如果孙权自守东关，他的东西两线就无法互相救援；而东西线可以攻下，则东关就成为孤立据点，易于夺取。贾逵又将军队移驻潦口（源出河南镇平西北，南经新野注入淯水的白河口），他上陈进攻东吴的策略，曹叡非常赞赏。

**果断援救曹休** 228年曹叡组织了一次对东吴的大规模作战，让贾逵总督前将军满宠、东莞（治今山东沂水东北）太守胡质等四路军队，从西阳（治今河南光山西南十公里）直向东关，让曹休从寿春向皖，司马懿进攻江陵，途中曹休向朝廷报告吴将周鲂请求投降，可以深入敌境以接应。曹叡听从了曹休的建议，下诏命令司马懿停军，让贾逵向东与曹休会合进攻东关（参见1.5.5《曹叡的国家治理》下）。贾逵预料东吴对东关没有防备，他们必会在皖城合兵，曹休深入敌境作战必然失利，于是他安排让各部将士水陆并进，前行二百里后，捉得了一个俘虏，说曹休已经战败，东吴的军队已截断了夹石（今安徽桐城北夹山），显然是曹休的部队进军失利，并处在了极度的危险中。

各位将领不知该怎么办，有人提出等待后面的军队。贾逵说："曹休在敌境内兵败，返回的道路被截断了，他进不能战，退无法返还，救援的机会不到一天，敌人正是觉得没有后继军队，所以才能这样。现在应赶快进军，出其不意，我们抢先一步夺其军心，敌人看到我军必然退走。如果等到后面的军队到来，吴军已经占据了险要，兵虽多也起不了作用！"于是急速进军，路上设置许多旗鼓以为疑兵，吴军看见贾逵的军队，果然后退，贾逵占据了夹石，把军粮供给曹休，挽救了曹休的部队。

**为国家不计私怨** 先前贾逵与曹休不相和睦,曹丕执政时准备给贾逵假节,赋予某些专断之权,曹休予以阻止。这次曹休夹石兵败,没有贾逵救援,曹休的军队会全军覆没。但曹休当时埋怨贾逵行军来迟,斥责了贾逵,让人告诉贾逵去捡拾战场上丢弃的器械,贾逵拒绝后领军离去(参见1.10.6《曹家"千里驹"》)。大军返还后曹休仍然心有怨恨,想以行军迟缓加罪贾逵,而贾逵始终沉默无言,人们对贾逵深为赞赏。这一年,贾逵病重,他对身边人说:"我蒙受国家厚恩,恨不能斩孙权去见先帝。丧事一概不能有任何修筑建造。"不久即逝于任上,年五十五岁,被谥肃侯,豫州吏民追思他的功绩,为其刻石立祠。

贾逵早年做学生读书时,只是略览大义,选取其中可用的才认真对待,他最喜好《春秋左传》;自从在弘农与屯田校尉因公争执而被免职后,大概感觉到了自身的缺陷吧,他经常自觉读书,直到后来作了豫州刺史,也都坚持每月读一遍,应该是想从经典阅读中吸收教益以弥补自身的不足。贾逵晚年生了儿子,有相者说这儿子后面有增加人丁、广大门第的"充闾之庆",贾逵遂为其取"充"为名,贾充继承了父亲的爵位,234年曹叡统兵东征时,曾乘辇进入贾逵祠,颁发诏令说:"昨天经过项县(治今河南沈丘),看见了贾逵的碑像,想起他不由心中悲伤。古人说,人怕的是名誉不立,不怕年寿不长。贾逵生前忠诚有功,逝后被人们思念,可以称得上死而不朽!"257年魏少帝曹髦也曾到访贾逵祠,下诏对祠堂加以修整。

251年,八十岁的王凌在淮南起兵对抗司马氏而失败,被司马懿捕押返回京师时,他路过贾逵庙前大呼贾逵,声称只有贾逵才知道自己是大魏忠臣,其后饮药自尽;当年司马懿临终时也是梦见贾逵作祟(参见1.7.3《司马懿的最后一搏》),看重名节荣誉的人物在生命的最后关头无论心中是否有愧,想到的总是贾逵这尊威严的形象,他们是把贾逵看成了站立在人生出口作人格检验的刚硬标尺。

贾逵忠诚曹魏,为人坦荡,他坚定地跟随三代君主,经受了许多政治事件的考验,在关键时候能拿出自己的主见,面对危险境遇总是把国家利益放置在首位，他做事果决、大勇无畏、聪明能干，也能够面对自身的不足而自觉修正。在几十年艰辛卓绝、多姿多彩的职场生涯中，始终不渝地支持了曹魏的创业图强，塑造了自己崇高的人格形象，也赢得了历任君主和当世许多文武大臣的内心敬佩。

## 1.14（15）智者李孚

《三国志·魏书十五》大篇幅记述了贾逵一生的多彩事迹，裴松之引注了其他史书的相关资料作了补充，其中《魏略·列传》中把贾逵与李孚等人合为同一卷，大概是感到他们具有某些相同之处吧。李孚早年跟随袁氏干事而后期归降了曹操，他在袁尚手下做事而成功忽悠曹操部队的一段事迹其实也是生动而极有智谋的。裴氏选取和引注了其中较大的篇幅把李孚介绍给读者，虽然难以发现他与贾逵的相同之处，但人们仍然能从中看到三国战场争战中的复杂性，看到李孚其人在两军交战的危急时刻能够设定出来并亲身去成功实行的行事策略。

李孚字子宪，钜鹿（治今河北宁晋西南）人，他本姓冯，后改姓为李，史料中并没有告诉其改姓的缘由。东汉朝廷被迁长安之时，钜鹿百姓非常饥困，其时李孚正在读书阶段，他在地里种下薤，这是一种茎叶可以食用的葱属植物，李孚想实际计算投入和收成的多少，所以有前来讨要的他一根也不给，自己也不食用，人们都感到他颇能按自己的心意去做事。当然，至今不能明白李孚在荒灾之年做这事情的意义和目的何在。

后来李孚在本地作了官员，袁尚在官渡之战后主政冀州，他任用李孚为主簿。当时袁尚与兄长袁谭争斗，其间曾出军到了平原（治今山东平原南），留下别驾审配驻守邺城，李孚随袁尚同行，正逢曹操包围了邺城，袁尚返回准备救邺。军马未到达时，袁尚觉得邺城中守备太少，想让守城的审配知道外面的行动，于是与李孚商议派人进城告知情况，李孚对袁尚说："现在让其他人进城，恐怕对我们的情况不太了解，况且未必能进入城中，还是我自己进城为好。"袁尚问李孚说："你需要带多少人？"李孚回答："听说邺城包围得很严，人多容易被发现，我觉得有三个骑兵就够

*143*

了。"袁尚同意了他的计划。李孚自选了温顺亲信的三人随行,没有告诉要去哪里,让他们带上相应的器械和干粮,不携带兵仗,各人备下快马,然后辞别袁尚来到邺城,在亭传的驿站停下来。他们几人到了梁淇之地,李孚让随从者砍下三十枚问事杖,这是一种向下级官员责问事情所持的刑杖,他们备好后系于马侧,各自带上顶部呈平的武官头饰平上帻,傍晚时分径直来到邺城包围圈之外。其时曹军对围城虽有禁令,但出外割草放牧的人多,所以李孚乘夜行动,正好在一更鼓响时到达。

李孚自称都督,开始巡查曹军北面的包围圈,又顺着军中所立的标表一直向东,到了东边继续巡查,沿着包围圈转而向南,不断呵斥守围将士,根据过错的轻重行施惩罚。他们经过了曹操的营寨到达南端,然后从南围角上向西转折,到了邺城正南方章门之前,再次怒斥守围者,将其将领缚绑了起来,喝令他打开包围,其后李孚几人奔驰到了邺城章门之下,向城上的人呼喊,城上人放下绳索,李孚数人得以进城。审配等人见到了李孚又悲又喜,打着鼓高喊万岁。李孚这里是冒充曹军部队的督察官员,趁晚上人们看视不大清楚的时候前去蒙混围城部队,因为这种诈骗与冒充活动太过离奇、出人意料,平常人想象不到,出现后曹军未加怀疑,所以竟然蒙混过关,取得了成功。这也表明李孚行动策略的高明和他个人所具有的胆识。

守围的魏军把情况报告了曹操,曹操笑着说:"这批人不只是想进城,后面还要出去的。"李孚向审配交代完事情,就准备出城返回,考虑到城外的包围很严,不能重复冒险,但自己的使命在身又应当立即返回,于是心里暗中生成一计。他对审配说:"现在城中粮食很少,留下老弱之人也没有用处,不如驱赶他们出城,这样可以省下粮食。"审配听从了他的意见。李孚在晚上挑选出了几千人,让他们都打着白旗子,同时从三个门出去投降;又让每个人都手持火把,李孚他们扮作投降的人,跟随着几千人夜间出城。当时守围的将士听说城里的人都出来投降,有火光照曜,他们都去观火,放松了围城的事情,李孚等人出了北门,从西北角很快突围出去。在这里,曹操已经料定进城的人送进情报,后面必定还要有情报的返

&lt;&lt;&lt; 1.14 尽职守建硕功的名臣

回，必然会做出相应的准备，但李孚在行动策略上另辟蹊径，绝不重复，他以几千百姓的出城投降作掩护，想法吸引曹军的注意，而自己跟在后面猝然行动，在对方不及防备时又一次突围成功，他是在自己人员毫无伤亡的情况下两番破围，输送了内外情报的，无论袁氏在战场上的胜败如何，李孚个人的这一谋划和行动在两军人物中都鲜有可及。

第二天，曹操听说李孚等人又出了包围，他拍掌笑着说："果然如我所料。"李孚出城后见到了袁尚，袁尚非常高兴，但后来情况有变，袁尚无法救援邺城，他在与曹军作战中溃败，逃往中山（治今河北定县），而袁谭又追击袁尚，袁尚继续溃逃，遂与李孚相互失散。李孚无奈又到了袁谭那里，袁谭任用他为主簿，向东返回了平原。李孚在和袁尚失散后又投靠了袁谭，而不是投降了曹操，这里表现了他和袁氏的感情，其政治选择非常清楚。

曹操率军进攻袁谭，袁谭战死（参见 0.9.18《他和曹操玩起了心眼》），当时李孚参战后回到南皮（治今河北南皮北）城里，城中尚扰乱不安，李孚心里盘算着去见曹操，他骑马到曹操营寨的牙门前，声称冀州主簿李孚有秘事禀告，曹操约见了他，李孚叩头谢罪。曹操询问他有什么事情相告，李孚说："现在城中强弱相陵，大家心中都不安定，我觉得应该让新归降的人进城，为城内认识相信的人们宣传新的政策法令。"曹操对李孚说："这事情你就很合适。"李孚恭敬地向曹操请教应该宣传什么，曹操说："你按照自己的意思宣传就行。"李孚遂受命入城，向城内人宣传"各自安心原有事情，不得相互侵陵"的意思，城中于是安定下来，李孚再返回向曹操报告。当袁谭战死后，李孚至此才对袁氏失去了最后的信心，开始盘算自己的前途和命运。他根据战场形势，搜寻到了一种为曹氏迅速建功的机会，并用极其策略的方式让曹操把这一任务交给自己去完成，安定城内社会秩序的工作其实也完全符合于当地民众的利益，但李孚的事先运作，已把这件事情的性质化作了他个人为曹操的所立之功。

曹操在邺城守围时应该已经听说了李孚其人，对他不会没有印象，现在李孚归降并且立功，他觉得李孚的才能完全可以使用，但正好听到了一些离间之言，碰上裁剪冗散官员，就让他外出暂摄河东解县（治今山西临猗县临晋镇）县长，李孚在该任上获得了严格能干的名声，逐步升迁，后来升任司隶校尉时，年已七十多岁，但他的精明和判断并不稍减，只是谋事策略比前为差，其后在阳平（治今河北大名东）太守职位上离世。资料对李孚后期的事情记述只有寥寥几笔，非常简略，但从李孚凭借两次成功冲破曹军包围圈的策划和行动胆略，已足以成为当之无愧的三国智士。

### 1.14（16）杨沛的做官与处事

魏国地广人众，当时具有突出成就的官员不少，陈寿的著述中自然有一些笔锋未及的疏漏名臣。《魏略·列传》某卷中把李孚与杨沛并列记述，大概是认为他们在为人做事上有些相同之处，裴松之在贾逵本传的引注中除李孚之外，也选录了杨沛的事迹并将其介绍给读者，向后世展现了一位忠诚国家、恪尽职守、不避情面而严格守规的名臣形象。

杨沛字孔渠，冯翊郡（治今陕西大荔）万年县（治今陕西临潼北）人，约192年时在公府担任令史，属地位不高的一般工作人员，迁居长安的朝廷发公文任命他为新郑（治今河南新郑北）县长，其间的缘由史料中并没有说明。约195年时，人们大多饥困无粮，杨沛要求百姓收集当地的野豆并多备干椹。椹，即葚，是桑树上结的果实。杨沛看到有多余的人家，就收来准备补充给不足的，这样共积得千余斛，收藏在了小仓中。正逢兖州刺史曹操在196年去洛阳迎奉刚刚东返的天子（参见0.2.5《被忽悠了的杨奉》），当时去洛阳时带领的一千多人都没有粮吃，部队经过新郑时，杨沛前往谒见曹操，他把集藏的干椹野豆进献给了部队，曹操非常高兴。曹操不久迁朝廷于许都，挟天子以令诸侯，这一筹划的实现无疑也有杨沛奉献的功劳。

后来曹操在朝廷辅政，即任杨沛为长社（治今河南长葛东北十公里）县令。其时曹洪的宾客在该县境内，征调劳役而不肯按法办事，杨沛开始以杖挞折其脚，随后将其杀掉。曹操认为这事情杨沛遵守了法规，是一位能干的县长，于是连续升任他为九江、东平（治今山东东平东）、乐安

(治今山西昔阳西南)太守,杨沛在这些地方治理上很有成效。杨沛后来因为与相府派出监理军队的督军发生争斗而犯有罪错,被处以五年剃掉头发的髡刑。他服刑劳役时间未到,正逢曹操出征在谯县,听说邺城附近的人很多不守法禁,于是发命令要求为邺县选定一位能力像杨沛一样的县令,不知什么原因,相关部门竟没有找到合适的人选,最终服刑的杨沛被起用为邺令。

杨沛上任前去拜见曹操,曹操见到他询问说:"你用什么办法治理邺县?"杨沛回答:"我竭尽心力,遵奉并宣传法规。"曹操表示说:"很好。"回头对身边座上的人说:"各位,这人会让你们害怕的。"曹操知道杨沛是一位在地方治理中能抓敢管的严吏,但他也希望同坐的各位官员们能予以大力配合支持。曹操当时赐给杨沛可做奴隶的俘虏十人,丝绢百匹,既作为对他的鼓励,也是以此回报当年进献干椹的情分。杨沛离开后,还未到邺县府中,军中豪族人物曹洪、刘勋等人惧于杨沛之名,即派遣他们家中的信使骑快马回乡告诫子弟,让他们各自约束检点,杨沛在邺县治理中的声名震慑还是不小的。他任邺令数年,因为功绩和能力突出,转任为护羌都尉,这是负责凉州西羌事务的军事官员。

211年马超在关中反叛,曹操率大军讨伐,杨沛随军而往,他负责都督孟津(今河南孟津东北)渡河事务。当时曹操已经过河到了岸南,其余人尚未渡河,一位服侍军中主帅的中黄门本已过了河,但忘了随行所带的行轩,这高级车子应该是供曹操使用的,中黄门过河前将其忘在了北岸,就私自返回河北来取,他请求杨沛手下的吏员给一只小船,准备独自先渡,吏员不肯,黄门和吏员争吵了起来。杨沛看见后询问黄门:"你有丞相的公文凭证吗?"黄门说:"没有。"杨沛发怒说:"怎么能知道你不是想当逃兵呢?"于是让人揪住他的头,用木杖准备捶打。黄门挣脱逃走,衣服帽子都被撕坏,他离开后把事情告诉了曹操,大概是想让曹操给杨沛施以惩罚吧。曹操听了事情的经过后说:"你没有死就很幸运了。"他实际上支持了杨沛的守纪行为。杨沛在自己的职务上做事严谨,认真遵守法规和纪律,他不避权贵,不讲情面,颇有点像曹操早年任洛阳北部尉时棒打违禁的官宦亲贵之行事风格，所以能得到曹操的赏识和支持。这次中黄门违纪而闹事，尽管是曹操身边的人，但杨沛故意给对方加上"想当逃兵"的疑罪而对其当场惩罚，也完全堵死了来自曹操的情面，无所顾忌地坚守了自己的职责，守护住了自己的刚正形象，据说自此杨沛声名大振。后来曹操平定了关中，杨沛代替张既兼任京兆尹。

史料中说，曹丕执政之时，儒雅人士得到任用，而杨沛本来是以业绩实干而见用的，所以这时他被任为议郎，这是负责顾问应对没有定员的六百石职位，杨沛经常闲散在街中里巷。杨沛前后主政郡县，从不考虑自己的私人事情，也不肯侍奉地位高的贵人，所以身退之后，家中没有多余的积蓄。他在自己家中治病，跟随儿子住宿，没有其他的奴婢，后来占有河南郡（治今河南洛阳东北）几阳亭（洛阳西女几山之阳）荒田二顷，在这里建起了瓜牛庐，这是一种形如蜗牛的小圆屋，内中设有木床，铺草为褥。杨沛居住生活在该庐中，他的妻子常受到冻饿，杨沛病亡后，乡人亲友和过去治地的属吏百姓安葬了他。史料作者鱼豢在这里的简约记述是要告诉人们，杨沛的确是一位爱国实干、公而忘私，在执任上从不考虑个人利益的优秀官员；同时也是告诉人们，在职位上做了好事的官员，人们始终是不会忘记的。

## 1.15 特别岗位立殊功

曹操开创的事业是全方位的，涉及社会生活的各个方面，需要各类人物在许多领域齐心协力推动。《三国志·魏书》中记录了诸多人物的事迹，引注中选用了不少庞杂的历史资料，其中的人物出自不同时期和多个职位，他们是在特别的岗位上发挥了自己的聪明才智，为曹魏事业的发展壮大贡献了力量。

### 1.15（1） 推行屯田的两大功臣

曹操在中原争夺战中的崛起和最后胜利，与他善于用兵及政治上的成功直接相关，但从更根本的意义上看，几十万军队能够建立起来并在许多年去四处征讨，也是他在中原推行适宜的经济政策、粮食生产取得显著成效的结果，其中屯田制的实行和推广发挥了很大作用。《三国志·任峻传》以不长的篇幅记述了任峻为曹军粮食供应作出的贡献，裴松之的引注资料中涉及枣祗为当时经济上新制度的推行而作的细致筹划，这些资料综合展现了屯田制两大功臣的不朽业绩。

任峻字伯达，河南中牟人（治今河南中牟东）。东汉末年天下骚乱，关东地区为之震惊，中牟县令杨原忧愁惊恐，打算弃官而逃。任峻劝说杨原说："董卓首先作乱，天下人都痛恨他，但实际上只是没有人首先站出来起兵抵抗，并非大家没有对抗他的心愿，是形势尚未形成。您如果能够首先倡导，必定有跟随的人。"杨原说："那我应该怎样做呢？"任峻回答："现在关东有十多个县，可以参军的不下万人，如果您暂行河南尹的权力，对这些县的人力作集中调遣，事情就会成功。"杨原听从任峻的策划，任命他为主簿，任峻于是代替杨原以河南尹的名义发布命令，让河南各县组织兵力坚守抵抗。适逢曹操也在关东起兵，进入中牟县境，众人不知道应该如何，任峻独和同郡张奋商议，带领全郡归附曹操。任峻又征集自己宗族和宾客家丁共几百人，表示要跟随曹操。曹操非常高兴，举荐任峻为骑都尉，并把自己的从妹嫁给他为妻，对其非常信任。任峻在天下大乱中看出了兴军抗拒董卓的政治发展机会，他本来是要辅佐杨原出头成事的，但见到曹操后感觉到有了更好的依靠，于是转变了选择，全力支持曹操的事业，一开始就取得了曹操的高度信任。

曹操每次出征，任峻通常在后方供给军粮。其时经常发生饥荒、旱灾，军队粮食不足，担任羽林监的枣祗实施屯田，曹操任命任峻为典农中郎将，招募百姓在许下屯田，收获粮食达到百万斛，各郡国都开始设有田官，从196年到199年几年间，屯田的地方都有了储备，粮食堆满了仓库。当时枣祗已经开始专事许都周边的屯田，任峻主管曹操军队中最重要的粮食供应，他把屯田制进一步推广扩大，为曹军在不长时间内储备下了充足的粮食。

曹操与袁绍199年底开始在官渡决战时，派任峻主管军器与粮食供应。袁军多次图谋劫掠断绝粮草运输的道路，任峻命令一千辆车为一部，十条粮道同时并进，布下阵势来保卫，袁绍军不敢接近。这里大致介绍了任峻对粮食运输的高度重视与防卫措施，但并没有说明究竟采取了什么具体办法。后世有史家检阅唐代李靖所著《李卫公兵法》中所记载的一种粮食运输策略，大约是把辎重部队和作战部队各分为两部分，组成某种方队形式，分次前行，保证在各种情况下都能首尾照应，史家认为李靖的这种运粮方式可能参照了任峻采用过的办法。任峻不仅是粮食生产的功臣，同时也以军粮运输而立功。

任峻为人宽厚有度量，能够看透事情的道理，每次向曹操陈述事情，都能得到曹操的赞许。在饥荒的时候，任峻收留抚恤朋友的遗孤和远近贫困的亲戚，周济他们的生活，他的信义一直为人称道。曹操认为任峻在保证军粮供应上功劳很高，于是上表封任峻为都亭侯，封邑三百户，并任命他为长水校尉。任峻在204年去世，曹操为他的死长时间流泪哭泣。任峻的儿子任先承袭了爵位，任先没有儿子，死后封地被解除。后来魏文帝曹丕追录功臣，赐给任峻成侯的谥号，又赐封任峻的次子任览为关内侯，他的功劳得到了曹魏两代君主的共同认可。陈寿在史著中指出，当时曹操军粮的充足和百姓的富饶，是开始于枣祗而完成于任峻。

枣祗为颍川长社（治今河南长葛东）人，本姓棘，他的先辈人避难，改姓为枣。陈寿史著中对他的记述很少，仅仅肯定了他的屯田之功，没有涉及他立功的具体情节。无名氏所撰《魏武故事》中记载了曹操发布的一则通令，裴松之大篇载录了通令原文，其中说："原陈留（治今河南开封东南）太守枣祗，天性忠诚能干。当初一同兴起义兵，四方征讨。后来袁绍在冀州贪图枣祗的才能，想要得到他，枣祗深深地信任和依附于我，其后任命他兼任东阿（治今山东东阿西南）县令。当时吕布作乱，兖州各郡县都反叛了，只有范、东阿两县在手，这是因为枣祗以兵据城的坚守之力。后来大军缺乏粮食，紧急时刻得到了东阿的供应，及战胜黄巾余党而平定了许县，收获了敌军的储备资业，情况才有了好转。"枣祗是最早跟随曹操起兵的人物，他曾抗拒了袁绍的利诱拉拢，在兖州保卫战中经受了生死考验，为曹军在当地站稳脚跟，以及紧要时刻的粮食供应就立有绝大功劳。

曹操的通令中还披露了在许都一带实行屯田的一些具体情节：当时朝廷迁至许都后决定在周边境内实行屯田，参加讨论的人都认为应当"计牛输谷"，即按农户使用国家耕牛的多少交纳地租，这个标准确定并开始实行后，枣祗反映说，该方法按照租牛的数量定额收租，丰收时国家不能增加收入，如果碰上水旱灾害又必须减免租户负担，这样并不合理。枣祗反复多次提出他的意见，曹操仍然没有采纳，认为已经做出的决定，即便碰上丰年也不能随意改变。但枣祗仍然坚持他的看法，曹操拿不定主意，就让枣祗去与尚书令荀彧商议，荀彧征求属下人的意见，军祭酒侯声说："按照租用官牛的头数收租，对屯田客有利；按枣祗的办法收租，对官家有利，而对屯田客不利。"侯声把他的见解说给了荀彧，但枣祗对自己的意见仍然非常自信，他做了些详细计算，继续向曹操说明，并建议采用"分田之术"，即把土地分给农户，根据每年的实际收成，按照一定比例交纳粮租，这样在歉收时可以少交，在丰收时能够多交。曹操最终同意了枣祗的办法，任命他为屯田都尉，使他专掌屯田之事。这一年粮食丰收，国家的储蓄迅速增加，军粮此后开始充足。裴松之的这段引注涉及曹操当时面临的两种政策性意见的分歧及其转变过程，是后人了解屯田制的珍贵资料，其中显示了枣祗对屯田政策的深度思考以及他在制度形成中发挥的重要作用。

曹操在何时撰写并发出这则通令并不清楚，当时枣祗已经去世，但曹操仍在其中明确表示说："后来我们能消灭诸多叛逆的敌人，平定天下，兴隆王室，得益于枣祗的屯田之功。枣祗本人不幸早逝，即使给他多大的封赏也无法酬报这种功劳。现在重新想起这事，将他的受封拖到今天，这是我的过失，他的儿子枣处中，应该封给爵位，以此敬献给枣祗不朽的功业。"关于枣祗本人的记述资料并不多，根据这则发布全国的公开通令看，枣祗的确是曹操推行屯田、从而促进了曹魏经济发展的首位功臣。

### 1.15（2）苏则的军政之功

与雍州相邻的西部凉州地区是曹魏政治统治和社会教化的薄弱地区，民族关系更为复杂，因而一直面临着艰难的地方治理，但这些地方也成长和涌现出了一批军政治理能手，他们擅长军事和行政事务，并能将两者很好地协调起来，使其互相促进，达到较好的效果。《三国志·苏则传》及其引注介绍了关中名臣苏则的成长和后来在凉州多地任职干事的不凡事迹，展现了他在西部地方治理上的军政之才，以及忠诚国家、刚正直率的君子人格。

苏则字文师，扶风郡（治今陕西兴平东南）武功县（治今陕西武功西二十五公里）人。他刚直疾恶，少年时就常仰慕西汉武帝之臣汲黯的为人，并以学问操行闻名于乡里，被推举为孝廉和茂才，朝廷征召任职，他都没有应召。后来从家里出任酒泉郡太守,调任安定郡、武都郡太守,在任职的地方都留下了他的威名。《魏略》中有记录说,苏则家中累世为地方著名大姓,在194年前后李傕郭汜控制朝廷时,三辅地区大乱,百姓饥饿穷困,苏则于是到北地安定(治今宁夏固原)避难。他依附于富家人士师亮,师亮对待他并不够友好,苏则慨然叹息说:"天下终究会安定,这等不了多久,我一定要回到这里作郡守,折杀庸辈人士的威风。"他随之与冯翊(治今陕西大荔)人吉茂等隐居在郡南面的太白山(今陕西关中南部秦岭主峰)中,读书自娱。后来他作了安定太守,师亮等人都准备逃走,苏则听到后,让人前去解释并和解,以礼报答,这也体现了他处事的君子风格。

215年曹操征伐张鲁,经过苏则所管辖的郡,见到苏则后对他很欣赏,让他担任部队的向导。收降张鲁以后,苏则安抚下辩(治今甘肃成县西北)一带各氏族部落,打通了河西走廊,又转任金城(治今甘肃兰州东三十公里)太守。当时在战乱之后,吏民流离失所,政府能够管理的户籍百姓减少极多,苏则到任后恭谨地安抚百姓,向外招募羌、胡之民,用得到的牛羊来养活贫困的老人,与百姓分粮而食,他是拿出最大的诚意来善待底层民众,旬月之间,很多流浪的百姓都返回了家乡。苏则接着发布命令,触犯法令的即斩,服从教导的必赏。他又亲自劝导百姓耕田种地,当年就获得了大丰收,由此归附的人日益增多,郡内也逐渐安定下来。

不久陇西郡的李越发动叛乱,苏则率领羌、胡军队包围了李越,迫使对方求降。曹操去世后,西平郡(治今青海西宁)麴演反叛,自称护羌校尉,苏则率兵讨伐,麴演心中恐惧,乞求投降。文帝曹丕根据苏则的功劳,任他为护羌校尉,赐爵关内侯。有资料说,这次封爵前曹丕征求雍州刺史张既的意见说:"暂摄金城太守的苏则,在职位上有安定百姓平定羌、胡之功,听说又出军安定了西部湟中地区(指今青海黄河西岸之地),壮大了国家在河西的声势,我感到非常欣慰。苏则的治理之功,你觉得可以加封爵邑吗?封爵都是大事,所以征求你的意见,你私下告诉我,不要泄露出去。"张既回答说:"金城郡过去是韩遂盘踞遭到蹂躏的地方,苏则到任后各项治理非常成功，也体现了他的尽忠效节，现在碰上了圣明君主，有功必奖，如果给苏则加爵邑，完全可以达到劝勉忠臣，弘扬正气的效果。"兼理凉州事务的张既非常认可苏则的治理功绩，完全赞成给他授爵，曹丕于是实施了对苏则的封爵。

后来麹演又勾结张掖郡张进，酒泉郡黄华等再次反叛，同时武威三种胡也抢掠为寇，境中道路断绝，武威太守毌丘兴（毌丘俭之父）告急于苏则。当时将军郝昭、魏平两将屯守金城，受诏不得西进，苏则与郡内官吏将军及郝昭等人商议，认为叛军虽然势大，但刚刚组合，未必同心，因此迅速出击必能将其击溃；如果等朝廷发兵来，叛军已经心齐，就难以攻克了，于是决定发兵救援武威，雍州刺史张既当时出军助战（参见1.14.11《张既的安西之功》下）郝昭也同意违诏出军，以服从战场实际需要。于是苏则组织军队出击，三种胡很快投降。又与毌丘兴进攻张进，麹演领着三千步骑兵假意配合苏则，苏则诱其相见，将其斩杀，然后与各军包围张进，消灭了张进及其支党。黄华见大势已去，乞求投降降，河西得到平定。苏则在这里平定几股叛军的成功，正是利用了叛军乌合之始、各自为战的弱点，情况和他估计的一样，在对方没有组织部署、力量不齐的情况下迅速进攻，各个对付，收到了全胜的效果。战后苏则以功进封都亭侯，邑三百户。

朝廷征拜苏则为侍中，与董昭是同僚，这应属于对功臣的提拔任用。当初，苏则做金城太守时，听说汉献帝刘协禅位，以为他已去世了，就在当地为汉帝发丧。后来又听说献帝其人还在，觉得自己做事很不慎重，就再不提起此事。临淄侯曹植当时觉得自己对不起父王的栽培，因为伤心也曾哭泣。曹丕听到了兄弟曹植哭泣的事情，并不知道苏则当时也发丧而哭，他有一次当着几位大臣的面说："我顺应天命当了皇帝，却听说有人哭，为什么呢？"（参见1.6.2《文学天才的失落》中）苏则还以为是对他质问，紧张得胡须都竖立起来，准备做些说明，侍中傅巽连忙掐着他说："不是说你。"这才阻止了他。后世有史家对苏则当时给汉献帝发丧的事情颇有非议，认为这是对汉、魏两朝都怀二心的非礼之事。事实上，人的感情是复杂多重的，不能做非此即彼的清晰划定；同时在遥远的金城郡这事情自然可以忽略不究，一到了京城洛阳，事情似乎就成了重大的政治问题，提起来令他非常紧张，也足见伴君如伴虎的实情。

曹丕曾问苏则说："前些时候攻破酒泉、张掖郡，与西域互通使节，敦煌郡献来直径一寸的大珠，这种宝珠还能不能再从市场上买到呢？"苏则回答说："陛下如果能把国内治理得和睦融洽，使德化流布到沙漠地区，宝珠就会不求自来；而市场上购求来的宝珠，是不足为贵的。"苏则不是从经济价值上，而是从政治意义上断定宝珠的贵贱，他是认为只有远方主动进贡来的宝物，才体现了当地部落对中央政府的归附，才体现了非常珍贵的价值。曹丕听了苏则的回答后默默无语，大概是很有感触吧。

有一次苏则陪同曹丕打猎，槛圈设置不牢固，被鹿撞破逃走了，曹丕大怒，脚踩胡床拔出佩刀，把有关督吏都抓起来准备处死，苏则叩首劝谏说："我听说古代的圣王不因为禽兽而害人，现在陛下正推崇唐尧的教化，却因为打猎的游戏要杀死这些吏员，愚臣认为不能这样，所以冒死相求！"曹丕说："你啊，是直率的大臣。"便把那些督吏全部赦免，然而苏则也因此被曹丕忌惮。

223年，苏则被降职为东平（治今山东东平东）相，他在赴任途中病逝，朝廷谥他为刚侯，他的儿子苏怡袭爵，苏怡死后无子，由其弟苏愉袭封，在晋朝代魏年间苏愉任尚书。名臣苏则因为忠直多功而被提升任用，又因为直率刚正而受到降职，无论如何，他因自己的军政才质与为国奉献而留在了史册上和人们的敬仰中。

## 1.15（3）杜畿平治河东郡（上）

关中与晋南接壤之地的黄河东岸大约属于河东郡，郡治在今山西夏县西北十公里处的安邑，该郡属于司隶部，相当于东汉都城洛阳的京畿之地，全郡隔黄河与关中东部的弘农、冯翊郡相邻，北面与并州相接，属古代中原最重要关隘函谷关的东临地区，为关东的战略要地。曹操占有北方而争夺天下时，将政治中心设置在许都、邺城，河东郡是守护中原西部安全的战略重地。《三国志·杜畿传》及其引注记述了名臣杜畿一生的成长与业绩，尤其是详尽展现了他平定和治理河东郡的具体情节，从中能看到杜畿面对危难的胆识智谋，也能更清楚地理解钟繇、张既等人在西部地区的功绩与活动。

杜畿字伯侯，京兆杜陵县（治今陕西西安市东南）人，西汉御史大夫杜延年的后代。他幼年丧父，继母对他很苛刻，但他对待继母却很孝顺。二十岁时被任用为郡中功曹，以低职代摄郑县（治今陕西华县）县令。该县关押着几百囚犯，杜畿亲自到监狱中，根据犯罪的轻重很快作出裁决，迅速处置，虽然不是全都恰当，但郡中人对他年轻能干深感敬佩，被推举为孝廉，调任汉中（治今陕西汉中东）郡丞，为辅佐郡太守的六百石官员。当时天下大乱，杜畿后来放弃了在汉中的官职前往荆州避难。

杜畿在荆州生活了几年，他的继母去世。当时前往关中的道路已经开通，他就带着继母的遗体北返家乡，路上遇到了贼寇抢劫，其他人都逃走了，只有杜畿不曾走开，贼寇用箭射他，杜畿对贼寇们说："你们想得到钱财，现在我身上什么也没有，为什么要射我呢？"贼寇于是停止了射击。杜畿回到家乡，京兆尹张时是河东郡人，与杜畿过去有些交情，于是任用他为本郡功曹，但经常嫌他生性疏阔，不能专注地认真做事，说："这人马虎荒唐，做不了功曹。"杜畿私下说："我做不了功曹，但能作河东郡太守。"杜畿冒着风险返回家乡，虽然被关系相好的张时所任用，但在这里干得并不如意，应该是两人的做事风格不同，他的工作不能得到上司张时的认可，或者不时会受到些责备；杜畿私下表示要做河东郡太守，幻想成为张时家乡的官员，这当然只是一种个人情绪的无奈发泄，但也表明了他对自我职场前途的信心并未稍减。

杜畿后来前往许都，见到了朝廷侍中耿纪，两人说话很投机，这天竟然彻夜相谈。尚书令荀彧与耿纪比邻而住，当晚听到了杜畿的言谈，感到非常惊异，次日天明即派人对耿纪说："你身边有国士而不荐举，如何能安居官位？"荀彧见到了杜畿，两人就像早先相识一样知之甚深，荀彧把杜畿推荐给了曹操，曹操任命他为司空司直，是隶属于司空府负责检举朝中不法行为的职务，位在司隶校尉之上。205年杜畿升任护羌校尉，这是驻于凉州令居县（今甘肃永登县）主持少数民族事务的官员，其中多半是战事，杜畿其时被授权持节，并兼西平郡（治今青海西宁）太守，他受命后即西去赴任。

这一年曹操平定了河北冀州，而高幹在并州反叛。当时河东太守王邑被征调入朝任职，当地人卫固、范先以挽留王邑为名，实际是谋图与并州高幹联络相通。曹操对荀彧说："关西（指函谷关之西）将领张晟在殽、渑之地为寇，他南通刘表，卫固等人也跟随效仿，我担心他们有更大的危害。河东被山带河，周边形势多变，这是当今天下的重要地区，需要你举荐一位萧何、寇恂那样的人镇守该地。"荀彧说："杜畿就是这样的人啊，他的勇敢足以担当大难，其智慧能应对复杂变化，您可以试试。"曹操于是派人追赶西去赴任的杜畿，改任他接替王邑的职务担任河东郡太守。

杜畿任河东郡太守，实现了他在张时属下担任功曹时的愿望，但未料在他赴任时遇到了很大的麻烦。卫固等人派出几千士卒堵住了杜畿准备渡河的陕津（今河南三门峡黄河渡口），有人建议需大军征讨，曹操准备派夏侯惇领兵前往（参见1.14.1《钟繇的建魏之功》中），但杜畿认为："河东有三万户人家，并非都愿意跟随叛乱。如果大军前往征讨，不想反叛的人没有主张，必然会因恐惧而听命于卫固，卫固等人会以死抗拒。征讨之战，需要河东四周策应配合，天下的变乱将难以停息；征讨即便取得胜利，那也会伤害一郡的民众。况且卫固等人并没有公开拒绝王命，他们名义上是挽留原任太守，必然不残害新太守。"基于这样的事态分析，杜畿提议说："我现在一个人坐车前往，出其不意。卫固的为人特点是计谋多但没有决断，必定会表面上假装接受我，我只要在郡中滞留一月时间，用某种策略方式绊住他就够了。"于是杜畿用计策从郖津（今河南灵宝北二十公里处）渡过了黄河前往赴任。

杜畿与卫固年轻时就有交往并曾相互戏弄，卫固看不起杜畿，两人曾下棋时因抢道发生争执，杜畿对卫固说："我现在就是河东太守。"卫固撩起衣服大骂。当时应是游戏中开了过火的玩笑，但也表现了卫固对杜畿的轻蔑态度。及至现在杜畿真的作了河东太守，而卫固仍是郡功曹。杜畿到了郡府，范先想杀掉杜畿以恐吓众人，他说"既然想要做老虎，却不想吃人肉，那就做不了老虎。现在不杀杜畿，必为后患。"他们决定先观察杜畿的行事动静，于是斩杀了郡中主簿以下官吏三十多人，但杜畿举动自若，并没有什么异样。卫固说："杀掉杜畿对朝廷没有任何损失，我们反而落下恶名；郡中控制权在我们手中就行。"他们于是表面上尊奉杜畿。

杜畿对卫固、范先说："你们两人是河东郡的民望所在，我不过是看着你们的意见行事而已，但上下君臣有定分，现在大家成败与共，有大事可平等商议。"他任卫固为都督，兼郡丞事务；范先统领郡中三千多兵卒校吏。卫固等人对这种安排非常满意，他们表面上虽侍奉杜畿，实际上对他不以为意。卫固想大发兵对外作战，杜畿心中担忧，他对卫固说："想要干出非常之事，就应当争取民心，不如逐步征税，用钱财招募新兵。"卫固觉得他说的有理，就听从了他的意见。其后各将校在招兵时都大肆舞弊，他们多报名而少招兵，想法多吃空饷，招了几十天，花了不少钱，实际上没有征到多少兵。杜畿又对卫固说："人情都是顾家的，军中的将校掾吏，可以让他们分批休假，有事情时再召集他们，也不会太难。"卫固等人不愿意违背人心，就同意了。这样，卫固和范先的亲信和支持者就被杜畿遣散了，而杜畿则私下联络了一批支持自己的力量。

正逢黄巾余党白骑军进攻东垣（治今山西垣曲东南二十公里），高幹领兵进入濩泽（治今山西阳城西），上党郡许多县杀掉了县上的官员，弘农郡拘执了郡太守，紧急时刻卫固等人暗中调兵，兵将却未到来。杜畿知道本郡各县都听从自己的命令，因而带着几十个骑兵离开，他们到张辟城据守，郡中吏民大多协助杜畿，几十天之后，共得四千多人。卫固等人联络高幹、张晟共攻杜畿，但攻不下来，去掠夺各县资财，也无所收获。不久钟繇组织的大军到来，高幹和张晟败走，卫固和范先被杀，他们在河东郡的党羽被赦免，杜畿让这些人回家各操旧业，动乱不息的河东郡至此得到了平定。

## 1.15（3）杜畿平治河东郡（下）

年轻气盛的杜畿曾经在家乡京兆任功曹，在老熟人张时的手下做助理，听到张时说他做不了功曹的议论后，杜畿私下发狠说："我做不了功曹，但能作河东郡太守。"未料一言成谶，经过几年的职场碰撞，杜畿在205年被荀彧推荐任河东郡太守，成了张时家乡的父母官。有资料说，杜畿有一次因事去迎接司隶校尉钟繇，这是京畿司隶部各郡守和京兆尹的共同上司，杜畿与张时在京兆尹辖地华阴县相见，按照礼节两人都要拿上表明身份的手版交换观看，事后张时感叹说："昨天的功曹，今天成了郡守啦！"他大概是感叹自己根本没有想到属下功曹身上竟然拥有如此巨大的发展潜力。从杜畿以计谋解除卫固、范先的对抗，成功平定河东内乱的整个活动作为看，他还不属于那种仅凭良好机遇就上位升官的庸常之人，荀彧一再向曹操推荐杜畿，应该是有充分根据的，只是人们各自观察外界的眼光不同，感知事情的敏锐度有所差别。

杜畿主要依靠自己在本郡内部逐步凝聚起来的积极力量维持了河东郡的局面，赢得了地方上的安定。《三国志·杜畿传》及其引注中记述说，当时天下各郡县都遭受了战乱的破坏，而河东最先安定下来，减少了国家的耗费。杜畿对河东的治理，主要是采取的一些根本的方法：首先是推崇宽惠待民的政策。杜畿在郡内采取了无为而治的策略，如果民间有诉讼案件，杜畿就向告状的人出面陈述礼义之道，让他们回家去思考，并告诉他们，如果思考后还有什么想不通的再来官府。到那时乡村中的父老常会出面发怒斥责说："有这么好的官员，你为什么不听他的劝告？"由此郡中的诉讼就很少了。他还通告下属各县，让推举孝子、贞妇、顺孙，对这样的家庭减少徭役，并时常给予表彰勉励。其次杜畿还鼓励生产并实施教育。他让郡县官府扶助百姓饲养母牛、母马和鸡鸭猪狗，立下章程，从中收取一定赋税。这种办法促使郡中百姓勤于农事，家家殷实。杜畿说："民众富庶了，不能缺少教育。"于是在冬季就开始修戎讲武，同时开办学宫，他亲自执经教授，郡中民众的道德教化也有所增强。当时一位叫乐详的出名博士，就是杜畿在任时成长起来的河东籍大学者，他也曾带动了一大批本地的儒生学者，使河东郡一时学业大兴。

　　211年韩遂、马超在关中反叛，西邻弘农、冯翊两郡有的全县响应跟随，河东虽然与关中相接，但民众并无异心。曹操率军西征到达蒲阪，与叛军夹渭水列阵，军粮全都依靠河东郡供应。平叛结束后还剩余有二十多万斛粮食，曹操表彰说："河东太守杜畿，正如孔子称赞大禹所说那样，我找不出他不好的地方。"随后下令提高了他的待遇。215年曹操率军征汉中，河东郡派出五千人运输军资粮食，运送的人们自我勉励说："人生总有一死，我们不能辜负了郡府的主君。"战争持续了数月，但从始到终河东郡的运输者没有一人逃亡。杜畿在郡中注重宽惠待民和对人们的思想教化，百姓深切地感受到了他的德政恩惠，对郡府分派的任务不打折扣地去执行，这里表现了杜畿在河东郡民众心中的地位。

　　平虏将军刘勋早先是曹操的亲信之人，他作庐江太守时在199年被孙策夺去地盘，遂与刘晔一同奔投了曹操（参见1.11.7《总被弃置的神策妙算》上）。因为特殊的人际关系，他在朝廷属贵重之人。刘勋曾向杜畿要求得到河东所产的大枣，杜畿写回信以其他原因加以拒绝。后来刘勋因故伏法，曹操得到了杜畿的回信，他观看后感叹说："杜畿可以称得上是不向神灵献媚的人。"曹操很赞赏杜畿的功业和美德，他向各州郡发布公告说："过去孔子一提到颜回，总是给予赞叹，这是发自内心的感情，又是希望以良骥带动众马。现在我也希望大家仰望高山，跟随优秀者的身影来行动。"刘勋向河东索要特产曹操应该是根本不知道，杜畿曾用策略的方式作了拒绝，曹操知道了该事后，对杜畿不媚权贵的德行给了高度评价，希望他属下的将吏都能以杜畿为榜样，这里是把杜畿作为一种楷模型人物推荐给各地官员。

　　213年曹操在自己的封地内建立诸侯国，遂任杜畿为尚书。他向杜畿表示说："过去萧何定关中，寇恂平河内，你也有这样的功劳。我现在授给你建言献策的职务，考虑到河东是护卫京师的重要地区，又是殷实之郡，其地位足以影响天下，所以还希望你离开后能够经常予以关注。"杜畿从206年在河东主政,到调离时的十六年间,政绩考核经常为全国第一。曹操知道该郡在当时天下政治版图中的重要地位,因而把杜畿比作两汉时镇抚一方功勋颇大的两位名臣,嘱咐他离开后仍应一如既往地关注河东郡的发展。

曹丕在220年初继位魏王,对杜畿赐爵关内侯,任为朝廷尚书。当年十月受禅做了皇帝后,他进封杜畿为丰乐亭侯,封邑百户。先前杜畿主政河东时,按朝廷的通知要求征录寡妇。当时其他郡有的把已经再行婚配的妇女也强行录夺,啼哭之声充斥道路,杜畿只征取独身的寡妇,所以送出的人较少;而赵俨接替杜畿主政河东后,所送出的人数增多了。曹丕询问杜畿说:"以前你所送的少,为什么现在送出的人多?"杜畿回答说:"我以前征录的都是死人妻,现在赵俨送的有活人妻。"曹丕和身边人一听脸色都变了。国家用行政手段为部队将士找女人作婚配,这是部队与民间百姓争夺女人的暧昧话题;征取民间寡妇的政策界限其实常常不是非常清楚,具体执行中存在很大的灵活性,杜畿在曹丕询问时揭露了新任郡守在政策执行中存在的不仁道问题,使不知情的朝廷君臣感到吃惊,这正好衬托出杜畿当年对政策把握上着意体现着儒家思想中"爱民如子"的理念。

曹丕决定征讨东吴,他任杜畿为尚书仆射,统管留守事宜。224年曹丕自洛阳到达许昌,杜畿受诏作御楼船,在陶河(在今河南孟州南)试船时碰上大风,御船覆没,杜畿以身殉职。传说早年杜畿曾碰见一位小孩对他说:"我的上司掌管人的性命,他让我前来传唤你。"杜畿一再向他求情,小孩说:"我想法为你找位代替的人,你不要把这事讲给别人。"说完话突然不见了。那件事情已经过了二十年杜畿才对人说知,他说了后当天就去世,时年六十二岁。司命之神让属下化作小孩去传唤将被夺命的活人,属下可以接受求情去另找人代替,神灵的世界竟然如此没有章法,这些荒诞的故事记录只能当作一种特定的文化佐料去看待。当时曹丕听到杜畿去世的消息后为之流泪,他发诏说:"夏朝水官冥一生勤劳死在了水中,周人后稷勤劳种植而死在山上;已故尚书仆射杜畿在孟津试航,不幸翻船沉没，为国家献出了最大的忠诚，我感到非常悲痛。"朝廷追赠杜畿为太仆，谥为戴侯，他的儿子杜恕继承了爵位。

杜畿与太仆李义（又称李恢）、东安（治今山东沂水西南）太守郭智相友好。李义的儿子李丰交结英俊，以才智闻于天下；郭智的儿子郭冲有内才而不善在外表现出来，周围的人并不看好他。杜畿作尚书仆射时，李丰和郭冲二人各以晚辈的身份来拜访杜畿。两人离开后，杜畿叹息说："李义非但没有儿子，大概家族也丢了；郭智的儿子完全能够继承父业。"当时人们都觉得杜畿看错了人。后来李义死后，李丰为中书令，高平陵事变后的254年他准备废黜司马师而扶持夏侯玄辅政，最终父子兄弟都遭诛杀（参见1.7.6《君臣结怨》）；郭冲后来任代郡（治今河北蔚县东北）太守，继承了父业；至此世人才佩服杜畿的知人之明。杜畿用独特的眼光审视李丰与郭冲，明确地肯定了内向人格的郭冲，而对过早出名善交英俊的李丰，所看到的只是满身的风险，这里当然包含了他自己人生的经验和对职场成败的细微观察。他是一位真诚做事、守职爱民而思想敏锐的智者。

## 1.15（4）忠诚履职的杜恕（上）

魏国名臣杜畿224年奉命在陶河试船，不幸因大风溺亡，他的儿子杜恕后来历任朝廷与州郡诸多职务，深受君主和同僚们的器重，成为国家的又一代名臣。《三国志·魏书十六》在杜畿本传之后用不小篇幅记述了杜恕一生的经历和事迹，表现了魏国朝廷又一例子继父业、两代忠贞、家族兴盛的情形。

杜恕字务伯，晋人无名氏所撰《杜氏新书》以家传的形式记述了杜畿及家族后世六代人的生平事迹。裴松之所作引注中所选相关片段中说，杜恕年少时与父亲朋友李义的儿子李丰一同到父亲工作之处玩耍，两位少年非常友好。后来他们各自长大成人，李丰刻意追求外界名声和社会赞誉，而杜恕则保持他的纯正节操，为人直率，与李丰的志趣不同。李丰一时在社会上名声很大，京城很多人物多为李丰而游说；但也有人认为李丰的名

<<< 1.15 特别岗位立殊功

声超过本人实际,而杜恕才是被褐怀玉、深有才学的人。这种议论引起了李丰的不满,而杜恕总是任其自然,他并不刻意去附和别人。后来李丰在朝廷担任显贵职务时,杜恕尚在家中未仕。曹叡226年执政后觉得杜恕是前朝大臣的儿子,就提拔他为散骑侍郎,几月之后转而补员为黄门侍郎,这是在宫中侍从皇帝传达内外消息的六百石五品官员,可以参与奏事。

杜恕的父亲杜畿生前曾见到并接触过两位朋友的儿子李丰和郭冲,他当时就认定李丰刻意追求外界名声的行为必然会危及家族的命运,而对郭冲的前途则比较看好;从杜恕的成长经历看,他在成长中其心性的发展走上了和李丰截然不同的方向,而与郭冲的内向性格吻合。这里能够想象,无论杜畿对儿子的教育进行得是深是浅,他评判人物的价值理念一定深刻地影响到了杜恕的自我塑造,家风家教的潜在引导在杜恕身上是起到了强大作用的。

杜恕说话做事总是真诚地拿出本心,并不有意掩饰,年轻时在外没有名声,在担任了朝廷官员后,他也不结交朋党作援助,只是专心为公;而每当感到政务有得失,他会据引纲纪谈出自己的看法,因而得到侍中辛毗等人的看重。当时公卿以下的官吏都在议论制度的增减变化,对汉末开始的州牧领兵也有涉及(参见0.5.1《刘焉对益州的圈占》)。州郡官员统兵是从184年东汉朝廷号召地方平定黄巾军以来逐步形成的,后来逐渐成为通例。杜恕认为:"古代的刺史,只是执行朝廷的六条规定(参见1.14.14《多彩的贾逵》下),以清静无为为成绩,以此为人称道。现在不应让刺史统兵,应该让他们专心于民事政务。"他是主张返回到以前的治理模式。不久朝廷安排镇北将军吕昭兼任冀州牧,这是让防守北部边境的将军兼管河北大州的政务,杜恕立即上疏,表达了他对这一问题的全面思考。

①提出了国家治理中的重大问题。杜恕认为,治理天下的核心在于安民,安民的根本方法在于积累财富,积累财富要靠发展生产和节约用度。现在吴、蜀没有消灭,战争还在进行,这正是豪杰之士为国立功之时,但国家的武将和文臣都在推崇武力、谈论军事,地方官员于是忽视了民事政

*163*

务，种田的农民操起了干戈，这就不是发展生产；同时国库一年比一年空虚，耗费民力的赋税徭役每年在增加，并没有什么节约用度。在杜恕看来，整个国家关注和参加生产的人减少，而节用又严重不足，怎么能够保证持久运转呢？

②对比说明了当时的收支状况。这是对上一问题加深阐述，杜恕说，我们魏国有十州的土地，但天下战乱以来，户口总数赶不上过去一个州的数目。现在三面边境上有战争，花费巨大，国家领着一州的民众，经营着九州的地盘，就好像一匹瘦弱之马要走长远的道路，怎么能不加意珍惜它的力量呢？当年武皇帝（指曹操）非常节俭，那时候府库充实，尚且不能十州都有军队，而现在荆、扬、青、徐、幽、并、雍、凉等边境各州都有军队，而真正能够充实国库的只有兖、豫、冀与司（司隶部）四州而已。通过这样的对比，他是加深说明了问题的严重性。

③重申了军政官员分置的主张。杜恕说，我以前就建议州郡统兵的将领，应该专心于军事，不要兼管民务，地方管理应该另置官员，以便做好这事。现在用冀州牧的职位给将军吕昭提升级别，冀州人口最多，物产丰富，是充实国库的重要基地，不能让主政该州的人再担当军事任务。杜恕在这里把话说得非常直露，直接涉及具体的事和人，这未必是很好的方式，但却是杜恕说话行事的一贯特点。

④旁及国家的人才任用。杜恕说，国家应该以官职选择人，而不能为人选择官职。即便我们缺少人才，兼职的官员也不宜太多。如果官得其人，那就会政务平和，诉讼案减少，百姓富实，监狱空虚。陛下您继位当年，国家诉讼案共一百多件，现在年年增多，今年有五百多人涉案。人口没有增加，法律未曾严苛，这完全是政务和教化疏忽所致，州牧和郡守没有尽到自己的职责，这难道不明显吗？这里的言论直接针对曹叡本人及一大批州郡官员，杜恕言事的直率风格在此进一步显露。

⑤表明了他的国家治理观。他说，天下就像人的身体，腹心充实健康，四肢即便有些小病，也不是什么大问题；现在我们国家的兖、豫、冀、司四州就是天下的腹心，我认为这四州的州牧应该专注于民事，做好

自己的本业，以便能承受边境各州的四肢之重。

杜恕还在最后以"孤论难持，犯欲难成，众怨难积，疑似难分"表示了职位不高之人上疏建言的四点难处，史书中并没有记录曹叡对他所提建议的表态，但从后来的历史事实看，州牧统兵的情况并没有改变，杜恕的这次建议应该是没有发挥实际作用。

杜恕在朝中的职责有奏事建言的内容，他一直忠诚于自己的职守，虽然上面的建言并没有被君主重视和认可，但这并没有消减他对上疏建言的热情。237年他对朝臣们一时关注的官员考核制度提出了自己的看法（参见1.5.15《一场选官定制的讨论》），应该是开阔了人们的认识，部分地起到了作用。曹叡执政期间与朝臣的互动关系较多，杜恕还对君臣关系中出现的诸多具体问题提出了不少建议，他的想法未必能被当事君主所接受，但这里表明了他对国家事业的忠诚和对自己工作职责的珍重。

## 1.15（4）忠诚履职的杜恕（下）

杜恕针对国家治理中的具体问题提出过不少建言，《三国志·杜恕传》及其引注中记述，杜恕在朝任职八年，他的许多上疏一直都是对人对事毫不避讳，非常亢直。后来杜恕被调任为弘农太守，几年后转任为赵王曹幹的辅相（参见1.6.5《被特别关照的诸侯王》），因病离职，其间的具体情节和真实原因并不清楚。

杜恕辞职后离开京师，把家安在宜阳一泉坞，这是故址在今河南宜阳西南三十五公里处洛水北岸的关隘，地处平原，南、北、东三面天险峭绝，只修筑西面，即能合为坚固的城邑，因此也称"一合坞"，当时城高二十丈。杜恕大概是看中了该城的壁垒坚固，遂把他的全家大小都安置在这里。239年曹叡去世时，有许多人为杜恕说话，希望朝廷予以任用。杜恕不久被任为河东太守，这是他父亲杜畿曾长期任职过的地方，一年多后，调任他为驻守淮北地区的都督护军，这是统领监护地方各部队的军事将领，杜恕在该任上不久因病离职。从河东太守调任淮北军将，完全不合于杜恕当年上疏中关于军事将领和地方官员分而设置的建议，杜恕主张要让任职者专注军政单方面的事务，他在这里辞掉了军职，究竟是身体有病还是心里不畅，真正的原因也是不大清楚。

不久，朝廷任命他为御史中丞，因为他与朝中官员不和睦，所以被派到京外任幽州刺史，加建威将军，使持节，护乌丸校尉，这是主持北方边境乌丸（乌桓）民族事务的军职。当时，征北将军程喜在蓟城（今北京城西南隅）驻军，尚书袁侃等人告诫杜恕说："程喜曾在先帝那一朝任职，在青州排挤了田国让。现在您拿着朝廷的节杖，与程喜两人在同一座城里驻军，应该慎重地处置对待。"杜恕对此并没有在意。杜恕到任不到一年，有鲜卑族头领的儿子带领几十骑兵，绕过关口来到幽州城，大概是属于违规的行为，州里斩杀了一名跟从的人，却没有事前向上级请示，程喜于是上书弹劾杜恕。

当时杀死鲜卑人的事情发生后，程喜想让杜恕向自己屈身致歉，他手下的司马宋权向杜恕婉转地表达了这一意思，程喜在这里应是抓到了杜恕的把柄，要借此折杀他这位持节将领的威风。杜恕给宋权回信作了拒绝，他表示说："对于国家的法律，如果以善意看待，那就一切顺利；如果不以善意看待，那就必然会生出许多是非。有人说人们的天性不善，就不应当以善意看待，我碰上这些人，只能乘上扁舟远蹈沧海，而无法与他们和谐共处。我今年五十二岁，尚没有被朝廷废弃，杀掉鲜卑兵卒一事，如果天下人认为做得对，那就是我的行为适当；如果大家认为做错了，责任由我自己承担，也没有什么怨恨。程将军向上报告也好，不报告也好，我们大家都按照自己的本心去做事，只需直道而行即可。"他在信中说明了自己对事情的看法，表达了对心地不良之人的厌恶之情，认为无论所做事情错对，自己都将承担责任，不需要夹杂另外的目的和手段，其耿直心性在这里又一次明显地表现了出来。程喜因为杜恕的这一态度，于是对杜恕作了尖刻的弹劾。249年杜恕被下狱，由廷尉审理，依法应当处死，考虑他父亲杜畿为国献身溺死水中，杜恕得以减刑，被免为平民，他于是迁居章武郡（治今河北大城）居住。杜恕为人做事直率而任性，没有防备别人的意识，所以导致他的这次挫折。

当初杜恕离开赵国返还，陈留人阮武也从清河太守的职位上被征召，两人见面后阮武对杜恕说："我看您的心性公道但难以坚持，才质可当大任但难以顺利，才学可以记叙古今而心志不够专一，这就是人常说的有才能但没用好。现在有了空闲，可以做些深思，通过著述成一家之言。"杜恕记下了这话，后来受程喜弹劾被免职住于章武时，便撰写了《体论》八篇，其中写道："人伦大纲，最重的是君臣关系；立身的基本，最重要的是言行；安定社会和治理民众，最关键的是政务法规；战胜敌人并制止战争，最好的手段是用兵。礼是万物的本体，即事物的法式和规矩，万物都具备了自己的本体，就没有不善，所以称之为体论。"后来又撰写了《兴性论》一篇，探讨个人心性修养。252年在家中逝世，时年五十六岁。他的儿子杜预在晋朝为征南大将军，为平定东吴统一南方立有大功，且为建树颇丰的大学者。

史书上说，杜恕在每一职任上都致力于维护根本道义，树立恩惠仁爱，因此能得到百姓的爱戴，但比不上他的父亲杜畿。后来他在朝廷任御史中丞，因为与朝中的官员不和睦，所以总在京外任职。陈寿在这里并没有说明杜恕与谁关系不睦，而《晋书·杜预传》中说："因为父亲杜恕与宣帝（指司马懿）不相和睦，所以杜预年轻时很久不能被任用。"这里所表明的是，杜恕正是与掌政的司马懿关系不睦，因此才造成了他自己后来职场干事的艰难与儿子上进的阻力。后世学者认为，杜恕始终是曹魏的纯臣，他坚守基本的君臣道义，当然在朝中与司马懿难以和睦相处，这是由他的忠贞之性所决定的。

257年，魏帝曹髦主政之时，河东郡九十多岁的大学者乐详向朝廷上书，陈述原河东太守杜畿在当地治理时的功业，朝廷觉得事迹感人，遂封杜恕儿子杜预为丰乐亭侯，邑百户。乐详年轻时在河东家乡开始学习经典，正逢杜畿在河东治理中施行广泛的对民教化，乐详受到了杜畿的极大鼓励和支持，后来成为国家太学的大学者。杜畿对当地民众的恩德和对乐详个人的关怀使受益人在老年时仍然记忆犹新，而当乐详在国家文化与政治生活中有了某种发言权时，他倒是乐意张大杜氏的功绩以推动社会风气的优化，宁愿对杜氏做出应有的报答，社会生活的因果作用律终究没有亏负一生忠诚履职、踏实做事的杜氏父子。

### 1.15（5）郑泰对董卓的忽悠

东汉名臣郑兴后裔郑泰郑浑兄弟在不同历史阶段和不同领域中都表现出了各自的聪明才智，《三国志·魏书十六》中记述了他们的事迹，其中郑泰的活动发生在董卓乱朝之时，从严格意义上他不属于曹魏人物，但其当时反董卓的政治立场与曹操相一致，且其事迹见之于郑浑本传引注资料《汉纪》中，裴松之将他与兄弟郑浑相联系做介绍，其实《后汉书》中对郑泰（其中称郑太）其人也有完整记述。这里参照两处资料，可以看到郑泰在临急时刻对董卓成功忽悠的才智以及他政治立场的坚定性。

郑泰字公业，河南开封人，他的先祖郑兴、郑众都是东汉时的名儒，《后汉书》上有传。郑泰是郑众的曾孙，他年轻时就有才略，多计谋，在东汉末年灵帝执政时，郑泰料定天下即将大乱，于是私下交结豪杰，常引宾客宴会歌舞，救济的人很多。他家中富有，有田地四百顷，因为结交广泛而经常粮不够吃，本人在关东很有名声。被举孝廉，朝廷公车征召他任职，他予以辞绝。大将军何进辅政时征用名士，任用郑泰为尚书侍郎，加奉车都尉。

何进想要诛杀宦官，准备召董卓为助，郑泰对何进说："董卓强暴残忍而少道义，他贪得无厌，若把权柄借给他，会放纵他的欲望，必将危害朝廷。现在您在朝廷威德兼具，执掌大权，想要杀掉有罪的人，完全不需要董卓做援助。"又向何进陈述几件急需要办的事，何进不听，郑泰于是辞了官职。何进不久被宦官所害，而董卓果然在朝作乱，他擅行废立，激起了关东诸侯的对抗。董卓召集臣僚商议派出大军平定，群臣惧于董卓之威，不敢提出反对意见，郑泰恐怕董卓的势力发展强大，将来更难制服，于是说："治理国家靠的是德政，而不是依靠军队。"董卓很不高兴地说："照你的说法，军队就无用了？"群臣一时脸色大变，大家替郑泰担忧，郑泰于是变换口气，假意回答说："不是军队没用，我是觉得关东不值得出动大军征讨。"郑泰于是为董卓陈述了不值得向关外派大军出征的十条理由。

郑泰当时向董卓陈述的大意是：①自光武帝以来，中原百余年无战事，百姓富足安逸，他们已经忘记战争多年了。现在关东人众虽多，却不能造成什么祸害。②明公您出身西凉，年轻时就做国家武将，熟习军事，屡经战场，名震当世，天下民众对您慑服。③袁绍是公卿子弟，生长在京城，长得像妇人；张邈是东平的老先生，他常常走不出帷房；孔伷只能清谈高论，随意吹嘘。他们都没有统军的才能，在战场上临阵交锋一决雌雄时，都不是您的对手。④再看看关东的部队，能跨马射箭，像孟贲那样勇敢、庆忌那样敏捷、张良陈平那样富有谋略的人，至今还没有听说。⑤即便有上面那些人，但他们没有皇家的封爵，相互间的位次没有确定，难以同心协力，各部队都想依靠别人的力量，而自己则踌躇不进，希望坐观成败。⑥您以前所在的关西各郡，连接着上党、太原、冯翊、扶风、安定等地，近年来多次与胡兵交战，妇女都能拿戟持矛，何况勇悍的男子汉；用这样的军队对付多年忘战的关东民众，就好像虎狼驱赶群羊，胜利是肯定的。⑦天下自古作战英勇而至今尚存的，现在仅有并、凉、匈奴、屠各（指今内蒙地区）、湟中义从（指今青海湟中地区羌族志愿从军者）、八种西羌（指西羌八种志愿从军者），他们都为百姓所畏服，而明公您的部队吸收了他们或用他们为助手，以其为爪牙，再有力量的人都会感到恐惧，何况对付平庸的人！⑧明公您的将帅，都是自己的腹心亲信，跟随时间长久，自三原（今陕西三原泾阳一带）、硖口（今宁夏灵武西的古关隘）战斗以来，他们的忠诚和谋略都经过了考验，让他们对付关东表面凑合起来的部队，双方力量实在不相称。⑨凡交战有三种情况必然败亡：以乱攻治的亡，以邪攻正的亡，以逆攻顺的亡。现在明公您掌控的国政平稳安定，讨灭了凶暴的宦官势力，确立了忠义之道；以您的三德对付关东军队的三亡，奉诏讨伐，有什么人敢于抵御？⑩关东有学者郑玄，学通古今，为儒生所敬仰；北海邴原清高正直，是群士的楷模。关中将领如果向他们请教，必然会参考历史上的案例：战国时燕、赵、齐、魏也很强盛，但终究

*169*

被秦国所灭；西汉时吴、楚七国人众颇多，但不敢越过荥阳，何况现在朝廷德政显赫，股肱大臣都是国家贤良。那些想反叛的人必然得不到人们的支持。郑泰在十条陈述之后，继续对董卓说："您若觉得我所说的这十条还有少量可以采纳，就不必要在无事之时征调军队以惊扰天下，促使民众聚合而生出是非，自己反而抛弃仁德依恃武力，减轻了自身的威严。"

郑泰因为在商议军事决策时向董卓发表了不该出军讨伐的建议，在对方的询问威逼之下，为了自证所提建议的合理性，临机发挥杜撰出了这么多能凑成一个整数的理由，不能不佩服他应变的机敏。但能看到，郑泰向董卓陈述的上述十条理由，谈到双方军队统帅、将领和士卒素质对比；提到地利优劣、作战经验和忠诚勇敢的方面；也显示出了对政治状况的关注和对历史经验的参照，涉及的相关内容是驳杂而全面的，目的是为了说服董卓相信自身力量的强大。这里的陈述中自然包含了不少合乎实情之处，然而另一方面，郑泰在各个要素的对比上都肯定了董卓军队的优势，没有提到该军队的任何一处劣势与不足，明显有刻意回避的地方，也有重复和凑数的嫌疑。尤其是，在他所陈十条中，即便有部分的正确和可取之处，也并不能表明事情的全局状况，郑泰是拿出一个并不周延的论证，要董卓相信关于他的军队绝对强大的完全结论，进而放弃对关东的派兵抵御。对这样的陈述做何种判断和处置，无疑是对董卓智商的考验。

史书上说，董卓听了郑泰的这番议论后很高兴，他当即任命郑泰为将军，让他统领军队出击关东。由此看来，董卓是一位非常喜欢听到朝臣赞扬的人，他从凉州进入京师掌政不久，与群臣没有过深的关系，很难认清自己在朝臣心目中的真实地位，最缺少的是大臣们的赞誉。郑泰当着群臣的面一下子给了他较为过分的十条赞誉，他分不清真假，或者说宁愿信假为真，其内心的愉悦竟然难以掩饰。然而董卓又是一位久经沙场的战将，他从与关东诸军的现实对抗中能够感受到解决问题的症结，相对抗的力量不是依靠空洞无物的威慑就能真正摆平的，必须向对方展现自身的实际力量才行。所以，他很高兴郑泰所作的陈述议论，但也并没有放弃派兵出击的行动。他们两人互动的结果是，内心想要劝阻董卓出兵关东的郑泰，反而被董卓视作亲信，被任命为出兵关东的军事统领。

有人对董卓说："郑泰智略过人，他与关东将领联系较多，现在把军队权力交给他，成全了他的势力，我们私下替您担心。"董卓听了这话大概有所警惕，于是收回了交给郑泰的兵权，把他留在朝廷任为议郎。郑泰在朝中曾和司徒王允合谋除掉董卓，事情没有结果之时，他自己由长安脱身，从武关（今陕西丹凤东南五十公里）一路离开关中返回关东，事情应该发生在191年，郑泰出关后被袁术任命为扬州刺史，在前往扬州的赴任途中病逝，时年四十一岁。富有大志、才智非凡的郑泰不幸早逝了，他的政治潜能远远没有得到应有发挥，他的人生就像天空中一颗坠落的流星。

## 1.15（6）郑浑的治政之能

满怀远大志向的郑泰在长安图谋董卓不得，大约在191年独自脱身出武关投奔了袁术，被任命为扬州刺史，在赴任途中英年早逝。他的弟弟郑浑带着郑泰的儿子郑袤避难淮南，在此受到袁术的厚礼相待。不能确定叔侄两人来到淮南是在郑泰病逝之前还是病逝之后，很有可能郑泰就是奔着与两位家人淮南会合的目的而出武关投靠袁术的，可惜事不遂愿。《三国志·郑浑传》记述了郑浑在兄长逝后的人生经历与个人事迹，展现了他在地方治理上表现出来的卓越才能。

郑浑字文公，他在淮南生活时应该是察觉到了袁术倒行逆施的政治行为，料到其必定成不了大事，又听说先前与哥哥郑泰关系很好的华歆正担任豫章太守，于是渡过长江前来奔投华歆。曹操听说了郑浑的作为与品行，征召他为司空掾，后来调任为下蔡（治今安徽凤台）县长、邵陵（治今河南郾城东二十公里）县令。当时天下战乱，百姓都浮躁强悍，不考虑生产和生育，那些生了孩子养不活的人家就一概不哺育。郑浑到地方任职，他没收了当地人的渔猎工具，督责他们种地养蚕，又让开辟稻田，加重对弃婴行为的处罚。开始百姓怕犯法，后来生活好转变得富裕，就再没有不养育婴儿的了。这些地方所生的孩子，很多都取郑字为名，这是借以表达对郑浑的纪念和赞颂。郑浑不久被任命为丞相掾属，又升任左冯翊

(治今陕西高陵)，这属京畿三辅之一，郑浑的职务相当于郡守，升职当然是对他地方治理功绩的肯定。

约212年，上年兵败关中后逃窜蓝田的马超属将梁兴等人，在冯翊境内掳掠五千多户人家，强迫他们跟随自己抢掠为寇，周围各县不能对付，都很恐惧，他们都只能在左冯翊的治所办公。当时有人提议干脆将治所移到别处以据险防守，郑浑反对说："转移到险要的地方以自我防守，这只是向梁兴示弱，梁兴本来是被打败逃窜的残匪，现在流窜到山中，虽然有跟随的人众，但都是被逼迫的，我们应该广开招降的途径，公开宣示对随从者的恩信。"他决定用恩信招降的方法促使梁兴的队伍瓦解。郑浑于是聚集民众，一方面修筑城墙做好防守准备，一方面以公开的重赏鼓励吏民打击贼寇。政府还与民众立约，缴获贼寇的财物，以十分之七作为对民众的奖赏，百姓为此非常高兴，都自愿组织起来捕捉贼寇。郑浑这种策略，是用重奖的办法鼓励民众对分散的贼寇实行全民作战，把耕种的百姓转化成了可以随机参加作战的兵员，且调动起了他们自觉灵活行动的主动性。

当时的情况是，吏民百姓参加作战的很多，他们抓获了梁兴部属的许多妇女儿童并获得了不少财物；而每当掳得贼寇的妻子儿女时，那些丢失了妻子家眷的贼寇部众都会向郑浑请降，郑浑责备抓获对方妇女的人，并让归还对方，于是梁兴的部众逐渐瓦解离散；郑浑同时派吏民到山谷中对梁兴的部众宣传劝降，不断有其部众走出山谷；郑浑又命令各县官员回到治县安抚投降的民众。梁兴为此大为恐惧，他领着所余之人退守鄜城（今陕西洛川东南），不久，曹操派夏侯渊率军前来助战，郑浑率领民兵作前锋配合行动，斩杀了梁兴及其党羽，最终平定了梁兴的骚乱。

贼首靳富等人挟持夏阳（治今陕西韩城南十公里）县长、郃阳（治今陕西郃阳东南黄河西岸边）县令及许多官吏百姓进入硙山。郑浑再次带兵征剿，大破靳富，解救出两个县的官员和被劫百姓。又有贼寇赵青龙杀死了左内史程休，左内史是当时从冯翊西部划分出新置之郡的行政首脑，郑浑听说该事后，派勇士追赶贼寇并砍下其首级。郑浑采用多种灵活方式剿匪成功，境内山贼都被扫平，前后归附郑浑的达到四千多家，实现了当地的安定，百姓专心生产，郑浑转任上党（治今山西长治北）太守。

215年曹操征伐汉中张鲁，郑浑被任命为京兆尹，他特意制订移居之法，让劳动力多的与劳动力少的家庭居处在同一生活单位，让温和信用的人与孤老之人比邻相居；鼓励人们勤于耕种，严守法纪禁令，揭露伪奸之人，由此百姓安于农业，而盗贼止息，京兆地区社会生活安定。曹操大军当年进入汉中，京兆之地向汉中提供军粮最多，同时派到汉中耕作生产的民众没有逃亡之人。曹操为此十分赞赏郑浑，再次任命他为丞相掾属。

曹丕220年继位执政，任命郑浑为侍御史，加驸马都尉，后来先后调任阳平（治今河北大名东）、沛郡（治今江苏沛县）两地任太守。沛郡地势下湿，常有水涝之患，百姓缺粮。郑浑于是在萧（治今江苏萧县西北）、相（治今安徽濉溪西北十五公里）两县境内修建水堰，开垦稻田。郡里的人都认为这样不方便，郑浑说："地势低下，正适合灌溉，终究会有鱼稻生长的长久获利，这是富民的根本。"他亲自带领吏民修建水陂，用一个冬天建成，第二年粮食丰收，亩产连年增加，国家征收的地租比往年翻倍，百姓从中获得了不少利益，于是刻石立碑赞颂，称该工程为"郑陂"。

郑浑后来转任为山阳（治今山东昌邑）、魏郡（治今河北临漳西南之邺县）太守，他的治理方式与以前基本相同。因为魏郡百姓需要取用的木材非常缺失，郑浑于是督促民众种植榆树作为墙围，并引导种植五种果树，致使当地榆树成屏，五果丰实。进入魏郡境内，村落整齐如一，百姓财用充足。曹叡听到了这些情况，下诏对郑浑作出表彰，布告全国，升任他为将作大匠，为掌管土木工程的二千石三品官员。

郑浑无论什么时候都想着公事，他的妻子家眷未免受到饥寒。郑浑离世后，朝廷任用他的儿子郑崇为郎中。侄儿郑袤早年曾随郑浑一同投奔曹操，后来任临菑侯曹植文学属官，升任光禄大夫，晋初被任为司空，他固辞不受，大概也是表达了一种自我坚守的政治态度吧。郑浑在众多地区的地方治理中，曾平定匪患、稳定地方；关注民众的生产、生育、居住和生活，善于采取切合实际、灵活多样的方式实现自己的治理目标。他热爱工作，忠于职守，对国家事业表现了极大的忠诚，在平凡的地方治理中展现出了非凡的才质和能力。

### 1.15（7）治理敦煌的良臣

魏国凉州的西部数郡是行政治理极为困难的地区，由于地处僻远和战乱的隔绝，许多政治措施和社会教化难以施行，同时这些地区汉胡多民族杂处，政教难以划一，生产发展也处于落后水平。在国家情势变化不稳时，中央政府常会将那些治力不及的地区暂时弃置，等力量具备和条件允许时再图恢复。《三国志·仓慈传》及其引注资料《魏略》中介绍了西部敦煌郡在一度弃置之后恢复治理的过程，记述了仓慈和皇甫隆两位贤良太守在当地所采用的方式，从中能看到对特殊地区实行治理的历史经验，也可看到能够在艰难环境中创造业绩的人物自身所具珍贵的职业忠诚和人格品德。

仓慈，字孝仁，淮南郡（治今安徽寿县）人，开始他在本郡担任一般吏员，曹操迁朝廷至许都几年后开始在淮南屯田，仓慈被任绥集都尉，为郡中屯田官员。在曹丕执政后期仓慈担任长安县令，他处政清正简约并有很好的方法，官吏和百姓都敬畏而爱戴。曹叡执政时他被调任敦煌（治今甘肃敦煌西）太守，该郡在西部边陲，因为战乱而与内地隔绝，太守空缺达二十年，豪族大姓在当地称霸已经成为习惯，前任太守尹奉等人，只是沿袭旧俗敷衍而已，没有什么改变。

仓慈到任后，抑制豪族，抚恤贫弱百姓，非常合乎民心。以前的大族田地有剩余，而弱小百姓却无立锥之地，仓慈就都按口田征收赋税，让赋税标准逐渐变得公平。政府恢复治理与豪族在地方上的称霸是完全不相容的，仓慈在治理中应该是抓住了问题的核心，他从恢复赋税公平的经济问题入手，并用渐进的方式向前推进，使治理工作有目标、有步骤地进行，都显示了他对问题复杂性的领悟和彻底解决的坚定决心。

当时敦煌郡属下各城的诉讼案件既多又杂，悬而未决，大多都集中到郡里，仓慈到后亲自审阅案卷，衡量轻重，只要不是死刑，都只处以鞭杖刑罚就放走了。仓慈在这里对积压案件的处理肯定不是十分公正，但他内心的考虑是，对这些边远地区的用法必须与内地有所区别，应该更为宽疏才合乎实际，因此并不做过多的细致追究和周密审判；同时他也认定，对久拖积压案的处理中，追求快速比讲究公正更为紧要——"宽疏"和"快速"是他处置积案把握的两条并列原则，尽管他的处置未必公正，但这种做法却得到了民众的欢迎，他也是要以自己这种处置行为为其他相关人员作出榜样。后来一年之中判处死刑的还不到十人。

平时西域各族胡人来贡献礼品，而豪族大都拒绝往来；即使与对方互相贸易，也是欺诈侮辱，大多不是清楚公正，胡人对此常常不满。这里牵扯到民族关系如何处置，当地豪族带头兴起的大汉族主义当然是不能再延续下去，长期相处的民族，必须坚守民族平等的原则。针对以前对胡族部落在贸易中的欺辱行为，仓慈对他们都一一安慰。交易的胡人有想到洛阳去的，就为他们办好沿路需要的文书；有要从郡城回家的，官府按公平的价格收取货物，并用现成的东西同他们交易，让人护送他们上路。从此汉胡百姓都称赞他的德行恩惠。仓慈用实际行动向胡族百姓展现了政府实行民族平等的真诚性，力争为地方实现长治久安奠定牢靠基础。

几年后仓慈死在任上，官吏百姓就像死了亲人一样地悲痛，按他生前的模样画出遗像，以寄思念。西域各族胡人听到仓慈的死讯，全都聚集到戊己校尉（西域各郡的屯田官员）和郡中官吏的府下致哀，有人用刀划破自己的脸，以表血诚，当地人又为他建立祭祠，时常遥祭他的魂灵。仓慈在敦煌郡的任职时间似乎并不久长，但他以自己的真诚爱民和尽职治理赢得了当地民众的爱戴，情况似乎表明，可爱的胡族百姓在为人上似乎更为淳朴。

仓慈逝后，天水郡人王迁接替为敦煌太守，他虽然遵循仓慈的方法，但治理效果还是赶不上仓慈。王迁之后，金城郡（治今甘肃永靖西北）人赵基接任其职，他的治理又赶不上王迁。大约252年前后，在司马氏辅佐少帝曹芳执政时期，安定郡（治今宁夏固原）皇甫隆接替赵基为太守，敦煌郡的治理又开始出现了新起色。

《魏略》中说，皇甫隆担任敦煌太守时，当地的人不大会种庄稼，他们经常给地里灌溉蓄积的水,使土地有些湿润,然后开始耕种,但又不会使用"耧犁",不掌握西汉武帝时搜粟都尉赵过发明的"三犁共一牛"的耧车耕种法,也不懂得怎样用水和下种,人力和畜力花费很大,而收到的粮食却不多。皇甫隆到任后,教给当地百姓"耧犁"下种的方法,又教给衍溉技术,到年终作了统计,这样节省劳力超过一半,收成增加了五成。另外,当时敦煌妇女的衣着,习惯上是用一匹布像羊肠一样裹在腰间围成裙子,皇甫隆改变了当地妇女在穿衣方面的习俗,所节省的布匹无法统计。皇甫隆在对敦煌郡的治理中,通过先进耕作技术的传授和对某些着装的改革,把增收和节支两方面结合起来,着力推动当地生产和经济水平的提升,以促进民众生活的富庶。当时敦煌百姓认为皇甫隆刚断严毅不及仓慈,但在勤奋工作、恪尽职守、关爱百姓和为民兴利方面,则可以与仓慈相并列。

史书上对两位太守治理敦煌的具体方式所记述的篇幅并不多,但这些珍贵的资料中载录下了民族地区社会治理的先行经验,体现了先进生产技术和生活方式向当地传播输送的具体过程,也展现了民族大家庭中的人情温暖与丰富的生活状态。

## 1.15（8）太守治郡之补缀

三国时代魏国的地方治理中涌现出了不少忠诚守职、成绩突出的官员,他们各有自己的独特方式。《三国志·魏书十六》中,陈寿在篇末提到魏郡太守吴瓘等五位成就突出的郡守人物,却并没有任何事迹记述。史家裴松之为此在当时多种书籍中搜寻了五位人物的相关资料,其中有些毫无所得,他在这里引注了《魏略》中关于颜斐和令狐邵的记录,由此补充了陈寿在人物记述中的事迹空缺,展现了成功的地方治理所具有的特殊性与共同特征。

颜斐字文林,济北（治今山东长青南）人,因为富有才学,曹操征召他做太子洗马,为负责太子出行交往等事务的六百石七品官职。曹丕执政初年（约220年）转为黄门侍郎,其后出任京兆（治今陕西西安西北）太守。京兆郡自从211年马超被曹操军队击败之后，百姓大都不专心农业和养殖。以前四任郡守，都只顾眼前利益，不替百姓做长远打算。颜斐到任后，下令各县组织百姓整治农田，兴修水利，广种桑树果木。当时百姓大多没有车辆和耕牛，颜斐督促百姓在农闲时节准备好做车的材料，派工匠们教他们造车，然后相互传授造车技术；又让没有牛的人家先养猪狗，养到值钱时将其卖掉再去买牛。为了促使当地生产的发展，颜斐运用具体措施督促民众为自己准备车辆和耕牛等更好的劳动手段，包括造车技术的推广，滚雪球式的资产积累，这些应该都是他针对当地民众实际情况的用心设计。一开始百姓觉得麻烦，但过了一两年，几乎家家都有了大车和壮牛。他在郡府建起菜园，让郡吏在服役时间到菜园里劳作。京兆与冯翊、扶风接界，那二郡道路上被秽物塞满，田间荒芜，百姓挨饥受冻，而京兆则各处开通，物资丰富，常在雍州十郡中最富，颜斐对民众发展生产的引导应该是见到了颇大的成效。

　　曹叡执政后期，司马懿在长安驻军时专门设置了军市，但军中官兵多欺侮侵害当地居民，颜斐将此事报知司马懿，司马懿大怒，叫来管理军市的官员，当着颜斐的面杖责一百。当时长安典农中郎将与颜斐一同在座，他认为颜斐应该向司马懿致谢，便暗中推了颜斐一下，颜斐则不肯向前致谢，过了好久他才对司马懿说："我明白司马公的治理是对人们一视同仁，必定没有偏袒之意，典农刚才私下推我，是想让我感谢司马公，如果当时我向您致谢，就让大家不明白您的意思了。"司马懿闻听后严加约束手下官兵，从此以后军营和郡县都相安无事。这里大体牵扯到当时长安城中的军民关系，司马懿是治军的将领，颜斐是地方上治民的官员，他把军队上的扰民问题向司马懿反映，促使他严格治军，表明他对司马懿的信任，也表明他要追求对军民双方治理上无所偏袒的平等性。

　　颜斐还在当地兴办学校。郡中官吏百姓，想要读书的人，只要做较轻的劳役就可以了。又要求百姓在缴租时，用牛车顺便带两捆柴，供读书人在冬季取暖，他是想方设法要用最小的成本把郡内的各种事情办到最好。经过颜斐几年的治理，郡中风化大行，官吏不烦扰民众，民众也不用求官吏。颜斐清廉奉公，生活只靠自己的官俸，京兆郡的官员百姓很怕他被朝廷调到其他地方。

几年以后，颜斐被调任平原郡（治今山东平原南）太守。吏民们哭着挡在路上，车子不能前行，颜斐步步稽留，十多天后才出了京兆地界。当他走到崤山（今河南洛宁县北）时，得了重病，颜斐心里留恋京兆，家人和随从见他病得厉害，于是劝他说："平原太守应当努力恢复身体啊。"颜斐说："我本意不想去平原，你们称呼我，为何不说京兆呢？"颜斐与京兆治区吏民经过几年相处，已经产生了不忍割舍的浓厚情谊，他在重病中依然心念京兆，即便调离了也把自己认定为京兆之人。不久颜斐病逝于途中，尸体运到了平原。京兆百姓闻讯，人人痛哭流涕，并立碑称颂他的功德，他是长久地活在了京兆百姓的心中。

令狐邵字孔叔，太原郡（治今山西太原南）人，他的父亲在汉朝为乌丸校尉，这是主管北方乌桓（丸）民族事务的军事官员。曹操迁都许县时，袁绍在冀州，令狐邵离开家乡把家搬到邺城，在冀州牧袁绍属下干事。204年，他短暂外出到武安县毛城（今河北涉县西北三十公里）中，正逢曹操军队攻破邺城，很快又包围了毛城，后来毛城陷落，令狐邵等十多人被抓获，全部要被斩杀。曹操前来看视，见到令狐邵的衣帽有所不同，心中疑惑，就询问他的先祖前辈是谁，果然认识他的父亲，于是就释放了他，任用为军谋掾，这是参与军事的一般属官。

令狐邵后来调任丞相府主簿，又离开朝廷出任弘农（治今河南灵宝北）太守。他在所任职位上清如冰雪，妻儿都很少让去官府探望。他平时喜欢用为善的事例教育民众，待人宽厚，不支持民间有过多的狱讼，与属下不相互猜忌。当时弘农郡内没有通晓经史的人，他遍问郡中官吏，有愿意拜师学习的，便准予假期，让他们去河东郡跟着经学大师乐详学习（参见1.15.3《杜畿平治河东郡》下），待掌握经学概要后，便召他们回乡开设学校，弘农郡学风从此转而兴盛了起来。曹丕执政之初，令狐邵入朝任羽林郎，这是率卒百人参与宫中宿卫侍从的三百石八品官员，显然是低于太守的职务，不知这样的任用背后有什么原因。后来他又升任虎贲中郎

*178*

将，这是执掌宿卫可率千人的二千石官员，职位有所提升，但他三年后病逝。

当初，令狐邵的同族侄子令狐愚在没有做官时一直保持着崇高的志向，人们都认定令狐愚将来必会荣耀家族，而令狐邵认为"令狐愚生性倜傥，不修德行只希望成就大业，将来必给家族带来灭宗之灾。"令狐愚听说了令狐邵的话，心里很不服气。令狐邵担任虎贲中郎将时，令狐愚已有过几次升职，获取了较高名位。令狐愚见到令狐邵，从容地说起职场上的经历，他有意说道："先前闻听大人说我不能任职，那么我今天到底怎么样呢？"令狐邵只是看着他并没有回答。事后他对妻子说："公治（令狐愚）的性情气度还是和过去一样，在我看来，他终究会破败灭亡。只是不知道我是否会活到遭受牵连之时，但他必然会连累你们的！"果然，在令狐邵病逝十多年后，令狐愚担任了兖州刺史，他与舅舅王凌图谋皇帝废立，招致了灭族（参见1.7.3《司马懿的最后一搏》）。令狐邵的儿子令狐华当时担任弘农郡丞，作郡守的助手，因为关系疏远而没有受到牵连。这里是表现了令狐邵的识人水平，相信他在弘农郡的治理中也有这方面的突出事迹及用人成就。

# 1.16 出名的武将与侠士

关于魏国的史籍中载有驰骋疆场的武将，也有其时闻名遐迩的侠义之士。两者固然属于不同的类别，但他们都是凭借自己的勇气，胆识和谋略方式而活动，这里从职场奋争的意义上考察他们各人所具有的特别之处。

## 1.16（1） 忠勇将军张辽（上）

东汉战乱和人们治国平天下的活动把军事阵战提到了重要地位，这给擅长勇武的将军们提供了一显身手、建功立业的机会。曹操所开创的宏大事业吸纳了不少才俊，那些能够冲锋陷阵、登城斩将的人物在其中居于鲜亮行列。《三国志·魏书十七》介绍了魏国诸多将军一生的征战事迹，那位多年辗转几番选择最终投奔了曹操的张辽，因为忠诚有谋、勇冠三军和战功卓著而成为鲜亮行列中的首位人物。

张辽字文远，雁门马邑（今山西朔州治所）人。他的先祖聂壹在西汉政府对付北方匈奴的"马邑之谋"中配合官方引诱单于进入汉军包围，后来为了避怨而变姓。张辽少年时为郡吏，东汉末年战乱之时，并州刺史丁原见张辽武力过人，征召其为属下从事，让他带兵前往京都洛阳；不久大将军何进派他前往河北征兵，得到了一千多人，张辽带兵回京后，何进已被宦官杀害，带回的军队于是归属了董卓。192年董卓在长安被斩首，张辽的部队又归于吕布属下，他本人升为骑都尉。可以看到，张辽在年轻时离开郡吏位置成为带兵之将后，先后接受丁原、何进、董卓、吕布的统领和指挥，其中对有些人物是无原则的跟随，表明年轻武将这时候的思想认识是不成熟的。

192年吕布在长安被李傕击败后，张辽跟从吕布在颍川、兖州一带活动，195年吕布在兖州受挫而投奔徐州（参见0.8.6《吕布的站队问题》），张辽代理鲁（治今山东曲阜）相，他当年二十八岁。198年春吕布曾派中郎将高顺和北地太守张辽领兵进攻刘备（参见2.1.2《在徐州的艰难岁月》），由此可见张辽当时担任的鲁相和北地太守都是一种遥领职位，并没有实际到位。198年底曹操在下邳城围歼吕布后，张辽领着他的部属归降曹操，被曹操任为中郎将，赐爵关内侯。张辽在三十岁出头时终于找到了他人生的牢靠立脚点，这是极不容易的。因为他作战中多次立功，不久升为裨将军。

曹操打败袁绍后，派遣张辽平定鲁国下属各县，他与夏侯渊在东海（治今山东郯城西北）包围了泰山寇首昌豨（参见1.10.2《殉身疆场的夏侯渊》上），几月后吃完了粮食，他们商议领军队返回，这时张辽对夏侯渊说："最近几天，每当我巡视围城军队时，昌豨总是用眼睛盯着我，他们所发射的箭也不断减少，这必定是昌豨心中犹豫，所以没有力战，我希望能试探着与他交流一下，也许可以引诱成功。"于是他们派使者向昌豨传话说："曹公有命令，让张辽来对你传达。"昌豨果然走下城与张辽对话。张辽对他说："曹公神武盖世，他是要用美德感化四方，先归附的可以受大赏。"昌豨遂答应投降。张辽其后只身上三公山（在今山东郯城东北），进入昌豨家中，拜候昌豨的妻子和家人。昌豨心中欢喜，便跟随他去见曹操。曹操遣昌豨返还东海，其后责备张辽单身赴敌的危险行为说："这不是大将做事的方法。"张辽拜谢说："明公威信著于四海，我张辽奉着圣旨，昌豨必然不敢加害我。"这次军事活动表现了张辽对战场上敌情观察的敏感和对战况分析的精准；他对昌豨既敢战又能和，表现了对战争全局的把握和处事方式的灵活性；事后他把曾假借曹操名义的谈判讲和称为"奉圣旨"，话是当面说给曹操本人的，也显示出了他对曹操的高度崇敬，这是他思想智慧大跃进的时期。

202年张辽随从曹操大军在黎阳征讨袁谭、袁尚，其间屡建战功，遂被安排摄行中坚将军职务，他是以低位将领代掌四品军职。曹操在203年进攻袁尚占据的邺城，袁尚坚壁固守，因而久攻不下，曹操于是返还许都，听任袁氏兄弟自行内斗。其时张辽与乐进受命攻拔阴安（治今河北丰县北），把当地百姓迁移到黄河以南。

次年张辽跟随曹操攻破邺城后，他奉命别巡赵国、常山，招降了那些靠近太行山边缘的诸多贼众及黑山寇首孙轻等。其后随从曹操打败袁谭，他受命安抚海滨一带，击溃了辽东军阀公孙度所置的营州刺史柳毅势力。返回邺城时，曹操亲自出城迎接，让他与自己同乘一车，任命张辽为荡寇将军。不久张辽又奉命率军攻打荆州，平定了江夏（治今湖北新洲西）各县，返回后屯兵在临颍（治今河南临颍西北），他因功受封为都亭侯。

207年二月，曹操准备出击乌桓，想要彻底肃清袁氏在北方的残余势力，张辽进谏说："许都是天子所在地，现在您出兵远征，若刘表派遣刘备攻击许都，占据许都后号令天下，我们就完全失去了主动。"曹操料定刘表必不能任用刘备，于是决意大军向北远征。张辽跟随大军行动，部队经过艰难行军，八月曹操登上白狼山（今辽宁喀喇沁左翼境内建昌东），突然与乌桓大队人马相遇，张辽力劝曹操迎战（参见0.9.20《奔袭远方的征战》），并受命担任先锋，他纵兵攻击，乌桓军队大乱，蹋顿和各部王爷及以下的乌桓首领全被斩杀，投降的胡汉人众共有二十余万，曹军随后一举攻克了柳城（今辽宁朝阳南），取得了长途奔袭战斗少有的军事胜利。这次交战中张辽的阵战才能得到了淋漓尽致的发挥，他与部属在关键时刻冲锋陷阵的勇敢精神受到了当时和后世人们普遍的赞赏。

当时，荆州尚未安定，曹操派张辽驻军长社（治今河南长葛东北十公里），临出发时，军中忽有谋反者生事骚动，他们夜间起事惊乱，在军营中放火，全军受到惊扰，张辽见状对身边人说："不要乱动。绝不会是全营尽反，必是那些蓄意反叛之人想乘乱闹事罢了。"他下令凡军中不参与谋反的人都安坐勿动，随后张辽带领亲信兵将数十人，在军营中间站定，情况遂逐渐稳定了下来。事后他在军中查出并擒获了制造动乱的首领，将其诛杀。张辽在全军惊扰的危急时刻处乱不惊、从容镇定，以最正确的决策安定了军营秩序，表现出了他少有的处事智慧和大将风范。

209年，江淮豪强陈兰、梅成占据庐江郡北部的灊山（今安徽潜山西北）、六安（治今安徽六安北十公里）等县反叛，曹操于是遣于禁、臧霸去讨伐梅成，又遣张辽督领张郃、朱盖等去讨伐陈兰。当时，于禁的军队率先到达，梅成诈降曹军，于禁中计，他轻率回军。梅成旋即复叛，带其军众投奔陈兰，二人又率众转入灊山自守，占据了地利。灊山中有天柱山，高达二十余里，道路险狭，步行才可以登上，陈兰等人在山上建有营垒，驻守其中。张辽意欲进军，诸将都说："道路险恶，我军兵力又少，无法向纵深推进。"张辽坚持说："这就是春秋齐国申鲜虞所说的双方力量一对一，只有勇敢的一方才可前进。"于是进逼到山下安营，然后勇猛进击，最终斩下了陈兰、梅成的首级，他们的部属都做了俘虏。战后曹操评论说："登上天柱山，踏过险峻，斩取陈兰、梅成之首，都是荡寇将军张辽的功劳。"为此给他增加封邑，授给他假节的军事专任权。

从198年投靠曹操十一年期间，张辽的军事阵战潜能得到了极大的提升和发挥，他的军事谋略、战场上的勇猛果敢和不畏强敌敢于拼杀的无畏胆略，使他很快成长为三国时代屈指可数的优秀战将；跟随曹操军队以后，张辽的政治辨识能力也似乎跃上了一个新的台阶，他跟定主君，毫无动摇，在任何需要的时刻都能真诚献出自己的忠心和力量，收入囊中的诸多战功仅是他为国奉献而获得的自己其实并不经意的数目而已。

## 1.16（1）忠勇将军张辽（下）

张辽在198年底吕布下邳兵败后归降曹操，经历了许多激烈而艰险的阵战拼杀，十年后已成长为曹操麾下能征惯战、忠勇俱佳的优秀将领，对战场上的军事演变趋势也有了精准的判断能力。《三国志·张辽传》中记述，曹操209年在合肥迎击孙权后撤军时，安排张辽与乐进、李典领七千多人驻军合肥，负责守卫这一重要的边境前哨。

张辽在这里与东吴军队进行了许多年的军事对峙，其间有一次影响极大的对抗。215年，曹操率大军西征张鲁，让护军薛悌送去一封信函，信函上写着:"敌人到来时再打开。"不久东吴孙权率领十万大军进围合肥,张辽与诸将打开信函,只见上面写道:"若孙权来到,张、李将军出战;乐将军守,护军不得参战。"大家看到后都感到疑惑,张辽说:"曹公远征在外,如果等到救兵前来,敌军早已攻破城池了。信函中的指令是要我们在敌人还没有合围之前迅速出击,折杀他们的威风,以便安定军心,然后才可以坚守城池。成败之机就决定于首场一战,各位还有什么可疑惑的?"李典也赞成张辽的看法。

  这里孙权是领十万大军前来攻城,他知道曹操正远征汉中难有军队前来增援,是想凭力量上的绝对优势荡平合肥。各位将军本以为曹操送来的信函会有什么奇谋妙招,把希望寄托在制胜敌人的锦囊妙计上,打开后竟是要求将帅出战及对各人具体任务的安排,所以难免心生疑惑,张辽的解释应该是摸准了曹操的心思,是要以积极的进攻代替消极的防御,趁敌人立脚未稳时给其以重创,折杀他们的气势。这应是当时合肥驻军战胜强敌的正确策略。《资治通鉴》相关部分记述说,当时对张辽的解释众将未做回应,张辽发怒说:"这是成败的关键一战,各位如果还有疑惑,我张辽一人出城决战!"李典平时与张辽关系不甚和睦,他遂慨然表示说:"这是国家的大事,就看你如何计划,我怎么能以私情而伤害国家大义呢?"

  张辽于是在当天晚上征召军中勇士,组成了八百人的敢死队,杀牛犒赏将士,准备好明日大战。天色刚亮,张辽即披甲持戟,自己率先冲入敌阵,杀敌几十人,斩敌两位将官,他大呼自己的名字,径直冲入吴军的营垒,杀到孙权的帅旗麾下。孙权见状大惊,东吴众将士也不知道该如何应付,孙权等人跑到一座较高的山冢上,用长戟来自卫。张辽喊着让孙权下来迎战,孙权不敢轻举妄动,他看见张辽带的兵将很少,于是聚拢部队将张辽兵将重重包围,张辽带领众人左冲右突,随后一直向前拼杀,最终有几十人冲出了敌人的包围,还未冲出包围的人在后面大喊:"将军是要抛弃我们吧!"张辽又再一次杀入敌阵,救出了其余的兵卒。孙权军队望风披靡,没有人再敢抵挡张辽。当天的战斗从早晨打到正午,吴军丧掉了锐气,而张辽回城修理守备,合肥的军心安定了下来,城中各位将领都对张辽由衷佩服。吴军在合肥城外待了十多天，因为攻不下城，最后只好退兵。

孙权退兵时，张辽率军队前往追袭，几乎活捉孙权。《三国志·吴书》相关部分均记录了此事，综合几处记述，可以看到当时的情景大致是：孙权与吴将凌统、甘宁等人在逍遥津（今安徽合肥市东北隅古淝水上的津渡）之北，张辽看到孙权所在，立刻领着步骑兵杀来，甘宁引弓射箭，与凌统等人用生命保护孙权，孙权乘骏马奔过津桥得以脱身。张辽等人到了津北，凌统指挥亲兵三百多人将其包围，后来张辽的同行人都已战死，自己也受了伤，他料到孙权已经离开，于是返回。

史书上对张辽这次合肥守卫战作了少有的详尽记述和多次提及，这里既表现了曹操对合肥战情的正确估计以及对张辽忠勇心性的精准把握，也表现了张辽对主君意图的深切领悟和为国献身而奋不顾身、敢于压倒一切强敌的英雄气概。《魏略》中说，这次战斗后张辽的大名威震江东，境中小孩儿晚上哭泣停不下来，父母就用张辽的名子来恐吓。历史演绎小说中描写了"张辽威震逍遥津"的战斗情景，大体是有事实根据的。这次合肥守御战和先前北征乌桓时的白狼山之战，是最能代表张辽阵战风格与精神风貌的典型案例。

216年曹操率军与东吴作战时到了合肥，他专门巡视张辽出军杀敌的战场，看后叹息了很长时间，其后为张辽的守御增加了兵力，安排他驻军于居巢（治今安徽桐城南）。219年关羽从荆州出兵围攻曹仁镇守的樊城，张辽和周边军队奉命前往增援，尚未到达时，荆州军队已经溃败，樊城之围解除。曹操在摩陂（今河南郏县东南）会见各军，在张辽军队到达时，曹操乘辇车出去慰劳，返还后张辽驻军陈郡（治今河南淮阳），他的驻防地被向北调整。

曹丕220年初继承了魏王之位，张辽转任为前将军，受赐布帛千匹并粮谷万斛，他的兄长张汎及一位儿子被封列侯。因为当时与东吴关系一度紧张，曹丕再派张辽驻军合肥，封他为都乡侯，把增加的兵马和给他母亲的舆车一并送到驻军地；又通知各地官员，张辽的母亲到来时都要前往迎接，凡属张辽统属的军队将吏都要在道路旁欢迎。同年十月曹丕做了皇帝，立即封张辽为晋阳侯，增邑千户，与以前所封共计二千六百户。新掌权的曹丕是想给张辽最大的荣耀和更丰厚的利益，这也表现了他对这位功绩卓著战将的高度看重。221年张辽回到京师入宫朝见，曹丕专门安排在建始殿相会，亲自征询他对打败吴国的设想，结束后曹丕对身边人说："张将军就是古代的召虎啊！"将他比作西周时的名臣，为他在京城建起了宅第，又特意为他的母亲修筑了大殿室，当年在合肥跟从张辽冲击孙权帅旗的步卒都被封为虎贲。

221因为魏吴关系缓和，张辽被调至雍丘（治今河南杞县）屯军，他不幸得了重病，曹丕派侍中刘晔领着太医给诊断医治，前往询问消息的朝中虎贲在道路上接连不断。因疾病久未痊愈，曹丕命人把他接到行营，自己亲临问候，拉着他的手赐给御衣，朝中太官每天送来御膳，而病情稍有好转后，张辽便返回其军中。后来因为孙权拒绝将儿子送至洛阳为人质，魏国与东吴的关系在夷陵之战后又迅速疏离并恶化（参见1.4.9《对吴关系的反转》），曹丕派张辽乘舟，与曹休到海陵（治今江苏泰州）临江驻防。孙权对张辽很为忌惮，敕令前线诸将："张辽虽然生病，但他勇不可当，一定要谨慎！"222年，张辽与各位将军打败了吴将吕范（参见1.4.17《三路伐吴》），战后张辽病情加重，最后逝世于江都（治今江苏扬州西南二十五公里长江北岸），曹丕为之流涕，谥曰刚侯，他的儿子张虎继承了爵位，后来张虎逝后儿子张统嗣爵。

张辽去世后，他的战功和事迹并没有被国家忘记，225年曹丕追念张辽李典的合肥守御之功，发诏说："合肥之战中，张辽、李典以步卒八百人击败敌军十万人众，使吴军至今丧失了气势，这是自古用兵以来没有见到的，他们真正可以称得上是国家的英雄。现赐给他们两家各百户封邑，并赐两人各一子为关内侯。"曹爽辅佐少帝曹芳执政时的243年，张辽被祭祀在曹操庙庭。他生前一心为国效力，无意追求个人的富贵和功名，但他一生奉献给曹魏的巨大功绩以及忠诚勇敢的崇高声誉却被国家正式而长久地肯定了下来。

## 1.16（2）乐进的战功

曹魏大将中有一位战功几乎可与张辽并列的人物乐进，《三国志·乐进传》记录了他跟随曹操南征北战二十多年间所立的许多次战功，但非常遗憾的是，史书中并没有像张辽那样记述其作战的具体情节，裴松之在传文中也没有一处引注的资料，人们从中看到的是乐进斩敌拔城的功绩，以及他对曹魏事业的忠诚，能够感受到一位优秀将领在长期职业生涯中对国家的默默奉献。

乐进字文谦，阳平卫国（治今河南野王）人。他长得身材矮小，以胆识刚烈而成为曹操属将。大约190年曹操派他回阳平郡（治今河北大名东）募兵，他征得一千多人，返还后被任命为军中代理司马、陷阵都尉。

乐进跟随曹操四处征战，194年在濮阳攻打吕布，在雍丘（今河南杞县）进攻张邈之弟张超，后来在苦县进攻袁术大将桥蕤（参见0.6.1《袁术的称帝闹剧》中），乐进都是在大军前面冲锋陷阵而有功，为此被封广昌亭侯。198年他随从曹操在安众（治今河南邓县东北二十公里）征讨张绣，又在下邳（今江苏睢宁西北三十公里）围歼吕布，击败其属将。后来在射犬（今河南修武西南十公里）攻击眭固（参见0.2.6《好人张杨》），在小沛攻打刘备（参见2.1.4《对袁绍的依附与疏离》），都战胜了对手，被任用为讨寇校尉。

后来乐进渡过黄河进攻获嘉（治今河南获嘉东北），返还后在200年随大军在官渡与袁绍大战，他奋勇力战，在乌巢俘虏了袁绍部将淳于琼。202年又在黎阳攻打袁绍之子袁谭袁尚，斩其大将严敬，被拜游击将军。不久乐进领军攻打黄巾军余党，作战取胜，安定了乐安郡（治今山东高青高苑镇西北）。204年随大军包围邺城，攻夺邺城后追击袁谭于南皮，攻城时再次先登，从该城东门进入。袁谭兵败后，乐进领军攻打雍奴（治今天津武清东北），取得了胜利。206年曹操给汉献帝上表，称赞乐进及于禁、张辽说："武力高强，计谋周全，忠诚无二，并能坚守节义，每次征战都身先士卒，能奋勇突破险阻，攻无不克；他们自己摇动战鼓，作战不知疲

*187*

倦。他们承担另外的任务，都能统帅军队，使将士上下一心，令行禁止；临阵制定对敌策略，很少有缺失，按照他们的功劳，都应该受到表彰。"其后于禁被封为虎威将军，乐进为折冲将军，张辽为荡寇将军。

乐进奉命征讨并州高幹，从北道进入上党郡（治今山西长治北三十公里），迂回到敌军后面，高幹等人退守壶关（今山西黎城东北太行山口的关隘），乐进连战取胜。但因高幹坚守而未能攻下，后来曹操206年亲自征讨，壶关才被攻克。同年秋八月曹操进军淳于（今山东安丘东北）征讨当地起义军首领管承时，派乐进与李典先行前往攻击，结果管承败走，逃入海岛远处，海滨一带完全平定。

208年时荆州尚未归服，曹操派乐进屯军阳翟（治今河南禹县），后乐进随军攻打荆州，留屯襄阳，213年乐进攻击刘备部将关羽和苏非等人，都取得胜利，在南郡（治今湖北江陵东北）各县山谷中居住的蛮夷都前往乐进处归降；乐进又讨伐刘备任命的临沮（治今湖北远安）县长杜普、旌阳（治今湖北枝江北）县长梁太，都取得大胜。

214年乐进随从曹操征讨孙权，曹操给他假节，授予一定的军事专断权。后来曹操回师，留乐进与张辽、李典屯军于合肥，215年发生了影响颇大的合肥保卫战，乐进被曹操指定为守城将领。战后曹操为乐进增加食邑五百，与前共计一千二百户，因为乐进多次有军功，划出五百户封其一子为列侯；不久又升任他为右将军。216年乐进逝世，谥号威侯，他的儿子乐綝继承了爵位，乐綝具有父亲那样的果敢刚毅气质，后来任职扬州刺史，诸葛诞反叛时，乐綝被其掩袭杀害，皇帝发诏悼念，追赠其为卫尉，谥愍侯，他的儿子乐肇嗣爵。

乐进是一位忠诚曹魏、作战勇猛的将领，他自190年曹操兴兵起，二十六年间经历了屈指难计的战斗，也有许多独立统兵的实战经历，其间创下了为数不少的阵战业绩，尽管他的英雄心性和用兵特征没有得到充分的史料展现，他的功业同样与曹魏共在。

## 1.16（3）悲情将军于禁（上）

曹操在创业初期汇聚了一批战功卓著的武将，他们跟随曹操征战南北，凭着各自多年的为国忠诚和在战场上的功绩而不断升迁，最终有着不错的人生结局，如乐进、张辽、徐晃以及其他的各位将军，他们是以个人的奉献换得了应有的名誉和报偿。然而大将于禁却不是这样，《三国志·于禁传》介绍了于禁一生战场拼争的诸多事迹，也记录了他樊城之战的不慎及其导致晚年的悲情，能引发人们对世态与人生作出更多的思考。

于禁字文则，泰山郡钜平县（治今山东泰安西南）人。190年黄巾余党再次兴起时，济北相鲍信在自己家乡泰山平阳（治今山东新泰）征召军队，于禁参加了鲍信的队伍。192年曹操代理兖州牧，而鲍信在与敌军对抗中战死，于禁遂和他的同伙投靠了曹操，担任统领百名士卒的军队基层官员都伯，隶属于一个叫王朗的将军。这位王将军发现于禁在作战中很有才能，可以担任大将，就把他推荐给曹操。曹操召来于禁与其谈话，大概也是感到了其军事潜质吧，即任命于禁为军司马。

曹操不久发起了进攻徐州陶谦的复仇之战（参见0.8.1《陶谦保徐州》中），于禁领兵进攻广戚（治今江苏沛县东），并攻取了该城，被任为陷阵都尉；后来吕布攻占了兖州，曹操返军与吕布军队在濮阳作战，于禁单独领军在城南打败了吕布的两营部队，又独立出军在须昌（治今山东东平西北）打败吕布属将高雅。他随从大军进攻寿张（治今山东东平西南）、定陶、离狐（治今河南濮阳东南），又在雍丘（今河南杞县）包围张超军队，全都取得了胜利。后来于禁随从曹操征讨黄巾余党刘辟、黄邵的军队，屯军版梁（在今山东、河北、河南三省某交界处），黄邵领兵夜袭曹操大营，于禁领着他的军队将其击败，斩杀了刘辟、黄邵，招降了他们的部队，于禁被升为平虏校尉；随后又跟随大军在苦县包围了袁术属将桥蕤，最终将其斩杀。

197年于禁跟随曹操到宛城收降了张绣，张绣不久反叛曹操（参见0.8.5《张绣与贾诩的将相璧合》），双方大战后曹军失利，退还舞阴（治今河南泌阳西北三十公里）。当时各部队都与曹操失去了联系，军队散乱而行，只有于禁把所带的几百人组织得很整齐，他且战且退，虽有伤亡而部队没有离散。张绣的军队追击稍缓时，于禁整理好自己的队伍鸣鼓而还。尚未到达曹操驻地时，路上看到受伤的十多人赤裸行走，于禁询问原因，他们说："是被青州兵抢劫了。"青州兵是几年前投降曹操的黄巾军被改编后的称号，他们当时受到曹操宽赦，这次又在退军路上抢劫，于禁听罢非常生气，对部下说："青州兵与各部队都在曹公属下，难道他们至今还是贼寇么！"于是领兵前往征讨，并指责了他们的罪行。

青州兵很快跑到曹操跟前去告状。于禁到达曹操营寨跟前，先让部队修筑营垒，并不急着去见曹操作说明，大家都提醒说："青州兵已把你状告给曹公了，应该赶快向曹公作出申辩。"于禁说："现在敌军就在后方，他们随时可能追来，如不提前做好准备，怎么能对付敌人？况且曹公那么聪明的人，这事情还需要去申辩吗！"他按部就班地凿堑安营结束后才去见曹操，说明了事情的缘由。曹操听罢非常高兴，他对于禁说："军队这次在淯水失利，我心里非常急躁，但你在乱军中能保持军纪整齐，征讨暴乱后首先考虑修筑坚固的营垒，保持着不可撼动的军势，即便是古代的名将，也就到这种地步了！"曹操对于禁在关键时候能保持军纪、御敌有节的治军风格给予了高度评价，对他惩治青州兵趁乱抢劫的行为也给予了充分理解，同时还合计于禁前后的功劳，封他为益寿亭侯。后来于禁再次跟随曹操在穰城（今河南邓县）进攻张绣，198年在下邳擒获吕布，还与史涣、曹仁在射犬攻败眭固，将其斩杀。事实表明，于禁和曹操君臣两人的互信度颇高，于禁统军严整，作战勇敢并富有经验，他对曹魏事业不断奉献出了自己的忠诚和力量，获得的战绩是巨大的，而曹操对他的功绩也作出了及时的肯定和报偿。

在曹操与袁绍双方的较量期间，一开始袁绍兵力强盛，于禁自愿作全军先锋，曹操予以赞赏鼓励，派给他步卒二千人，让于禁带领他们驻守延津（古黄河流经今河南延津西北至滑县以北的津渡）以抗拒袁绍，而曹操领大军返至官渡（今河南中牟东北）。刘备于199年在徐州反叛，曹操领兵东征刘备时，袁绍进攻于禁，于禁固守延津终未被攻克。其后于禁与乐进领步骑五千人，进击袁绍别处营寨，他们从延津西南沿黄河到达汲县与获嘉，焚烧敌营三十余屯，斩杀和俘虏袁军各数千，逼降袁绍属将何茂、王摩等二十多人。在配合主战场的另外战线上，于禁与乐进两人在这里做出了极大的成绩，袁绍的力量逐步消减，这其中不能否认于禁等人在外围交战中频繁取胜的功劳。

于禁又受命单独领兵出军原武（治今河南原阳），向袁绍屯驻在杜氏津（故址在今河南原阳西北的黄河津渡）的部队发起进攻，将其打败，他被升任裨将军，不久返还官渡。当时曹操与袁绍正在战场对峙，双方垒起土山相对，袁军将箭射进营中，曹军士卒死伤很多，将士恐惧，于禁督守土山，奋力而战，在交锋紧张之时，于禁气势更加振作。官渡之战随着曹操偷袭乌巢而很快结束，袁军大败溃逃（参见 0.9.14《官渡决战》）。于禁战后被任偏将军，他随从曹操平定河北，一直到 205 年平定了冀州。至此为止，于禁的大半人生与其他将军一样灿烂多辉，他是君臣和吏民心中攻敌必克、为人敬重的英雄。

## 1.16（3）悲情将军于禁（下）

大将于禁跟随曹操征战许多年，到 205 年曹操平定河东、夺取冀州时为止，他为曹魏事业立下了不少的功绩，成了人们心目中敬重的英雄，坚持论功行赏的曹操也给了他相应的功名和报偿。《三国志·于禁传》等处叙述了于禁在他生命后期十多年间发生的事情，反映了于禁阵战中的另外表现和他为人处事的某种出特方式，展现了他人生的另一侧面。

约 202 年，投奔荆州的刘备奉刘表之命向北进攻，军锋到达了叶县（治今河南叶县），曹操派大将夏侯惇、于禁、李典前往抵抗。刘备在一天早晨烧掉营垒而退军，夏侯惇率领部队追击，李典说："敌人无故撤退，应该有埋伏。南边的道路狭窄，草木又浓密，不能追击。"夏侯惇不听他的意见，和于禁一同带兵追击，李典独自留守。两位将军在追击时果然中了刘备的埋伏，被刘备军队攻破，多亏李典领兵及时赶到，刘备才真地撤退。这次战斗仅仅记载于李典本传中,是在肯定李典作战谋略的同时,表现了于禁等人在战场上的轻敌。

206年,先前在张辽和夏侯渊攻击下投降了曹操的东海(治今山东郯城西北)贼寇昌豨,不知什么原因却再次反叛,曹操派遣于禁征讨。于禁领兵出击,急攻昌豨营寨,但是未能攻克,曹操于是再派夏侯渊领兵与于禁一同作战。夏侯渊攻下了昌豨的十余座军营。昌豨因为与于禁有旧交,便向于禁投降(参见1.10.2《殉身疆场的夏侯渊》上)。昌豨投降后,诸将都以为昌豨已降,应当让曹操处置,而于禁说:"你们难道不知曹公经常说的命令吗!在大军包围后投降的敌人不予赦免,作将军的遵照法令行事,这是侍奉君主的节义。昌豨虽然是我的旧朋友,但我岂可以因此而不遵守事主之节!"他自己去见昌豨与其诀别,流着眼泪将其斩杀。当时曹操在淳于(治今山东安丘东北)驻军,听到这个消息后感叹说:"昌豨不向我投降,却投奔于禁归降,这是他的命啊!"据称从此更加器重于禁,东海平定以后,曹操又上表朝廷为于禁、乐进、张辽三人请功,于禁被拜为虎威将军。

斩杀故旧好友昌豨之事,许多读史者对此有不同的认识。裴松之就公开表示,包围后再投降的敌人法律上不予赦免,但如果囚禁起来送给曹操处置,这也并没有违反法律的规定。于禁不为故旧好友的侥幸保命而尽力,反而放任他自己的好杀之心,以此来堵住众人可能产生的非议。裴氏认为于禁的这种处事方法与他后期的人生遭际是有关系的,他没有好的人生结局应该并不奇怪。事实上,曹军的法律规定不赦免包围后投降的敌人,但并没有规定处决权就在临阵将军手中;于禁在战场上是得了夏侯渊的作战果实,收降了兵势已败的昌豨,除过把昌豨送给曹操处置之外,他也可以将其交给夏侯渊,可以选择的办法是多样的,但于禁却偏偏选择了自己作主杀掉好友的方式。也许于禁想要借助这种方式锁定自己收降寇首昌豨的战功,也许他要向人们证明自己惩处寇首而不计私情的公正品格,但无论如何,他这样的选择实在是罔顾故旧朋友专门向他归降的内心期待,违背了传统文化中一直提倡并被社会大多数人尊奉的做人义气。于禁

<<< 1.16 出名的武将与侠士

应该是多少料到了这样的结果,所以在斩杀昌豨时他前往诀别,泪流不止,但这在别人看来,只是虚假的装腔作势,并非迫不得已;于禁振振有词地对部属自称遵守了"事主之节",实在是用不实的言辞和虚假的泪水来掩饰自己的不仁不义。从曹操听到昌豨被杀后的议论表态看,他其实并不十分赞成于禁擅自斩杀昌豨的行为;他对于禁从此更加器重,那更多的只是对于禁本人心理隔阂和产生警惕的一种掩饰手段。

209年于禁与张辽等将领率军讨伐江淮豪强梅成、陈兰(参见1.16.1《忠勇将军张辽》上),于禁轻信了梅成的假降而中计,后来负责向张辽军队押运粮草的工作,协助张辽取得了战斗的胜利,曹操为他增加食邑二百户,连同以前的共计一千二百户。当时,于禁与张辽、乐进、张郃、徐晃都为名将,曹操每次出征,不是用于禁为军队前锋,就是用为殿后强将,于禁持军严整,缴获来的财物从不私藏,因此曹操对他的赏赐非常厚重,同时安排他统属并不为人喜欢的袁绍降将朱灵,借用于禁的威严镇服朱灵其人。史书上说,于禁常常用严厉的军法统御将士,他因而不是很得到将士的拥戴。但如果知道了于禁蔑视仁义的内在心性,就能明白他不能获取众人之心的根本原因其实不在严厉执法方面。

219年,关羽自荆州进攻樊城,并包围了守将曹仁,曹操派于禁、庞德领七军共三万人前往樊城增援,时值秋季,大雨如注,汉水横溢,平地水深几丈,于禁的军队全被水淹,他与几位将军登高望水,不加回避,关羽看见了他,遂乘大船前来进攻,于禁无处躲避,于是投降了关羽,庞德则不屈被杀(参见2.2.2《关羽事迹辨正》中)。曹操听到了这个消息,长时间地哀叹说:"我与于禁相识近三十年,为何他到临危关头反不如庞德?"不久孙权偷袭荆州,于禁被吕蒙俘获又到了东吴,有次他和孙权一同骑马出行,东吴骑都尉虞翻看见后即指斥于禁说:"你作为俘虏,没有资格与我们君主并列同行!"甚至手持马鞭要鞭挞于禁,孙权喝止才停了手;随后孙权在楼船与群臣宴饮,于禁听到演乐曲时伤心流泪,虞翻又指责说:"你是在假装可怜想得到释放吗?"说得孙权也感到有些过分,于禁在异国他乡屈辱地生存着。

193

曹丕220年建魏称帝后，孙权一度向魏称藩，遂把于禁送还魏国。曹丕召见了于禁，于禁的胡须和头发都已雪白，面容消瘦，流泪哭泣着向曹丕叩头，曹丕对于禁表示了安慰，任命他为安远将军。曹丕准备派他出使东吴，让他先到邺城去拜谒曹操的高陵（故址在今河北临漳西），他却让人在曹操陵墓的堂室中事先画上关羽在樊城作战胜利的情景，画中庞德愤怒对敌、于禁则屈膝投降。于禁见到图画非常羞愧，得病逝世，他的儿子于圭继承了爵位，被封益寿亭侯，而于禁被追谥为厉侯，这在当时属于明确的恶谥，含有浓厚的贬义。

于禁的内心其实是缺乏仁义信念、充斥着自利情结的，在关键时刻作出不合德性理念的行为选择，这绝不是偶然的灵机偏转。史家司马光说："于禁领着数万军队，战败而不能死节，他活着投降了敌人，后来又返回魏国。文帝曹丕可以撤销他的官职，可以将他杀掉，但却在陵室中画图以羞辱，这不是做君主之人的行为。"曹丕在高陵墓室中的作画，纯粹是对于禁的有意作弄，他应是心中鄙视于禁的为人，以此对其作出羞辱，至于由此会出现什么结局，是这位公子哥儿式的皇帝未予考虑的；而在故国享受了英雄般待遇的于禁，战败受押后在他国领地受到无尽欺凌，自然一直想念魏国，但真正返回后得到的却是最高君主送给他的巨大屈辱，他的精神和灵魂承受不起这样的巨大压力，发病离世成了唯一解脱屈辱的方式，征战大半生获得的名誉也付之流水，他是魏国一位悲情的将军。

### 1.16（4）张郃的武战之功（上）

无论是战场上的勇猛顽强还是用兵布阵的精到，张郃都不失为三国时代屈指可数的优秀将领，他从200年官渡之战后期弃袁投曹始，在曹操、曹丕、曹叡三代主君属下征战了三十余年，为曹魏的事业拔城拓疆、远征御敌，建立了卓越的战功。《三国志·张郃传》及其引注等史料介绍了张郃一生的事迹，记述了他对曹魏事业的长久奉献与诸多重要功绩，也展现了他兵败木门道的人生之憾。

张郃字俊乂，河间郡鄚县（治今河北任丘北十七公里）人。汉朝末年他应征参军讨伐黄巾军,担任军司马,为韩馥部下(参见0.9.5《才不配位的韩馥》)。韩馥失败以后,张郃带兵归顺袁绍,袁绍任他为军中校尉,安排抵御公孙瓒。公孙瓒被击溃,因为张郃军功为多,被升任宁国(治今安徽宁国)中郎将。张郃经过几年阵战的考验迅速成长起来,至此在三国时代崭露头角,成了争战各方关注的人物,他的人生也展开了新的篇章。

**在官渡弃袁投曹** 曹操和袁绍199年在官渡对峙,张郃对袁绍说:"我们虽然接连胜利,但不必与曹公对战,可以暗中派出轻骑兵从南边包抄,这样他们的军队就会不战自败。"这是一个非常好的用兵策划,可能当时袁绍的力量太强大了,他不屑于采取这样迂回曲折的办法去对待弱小之敌,所以并未听从这一建议。官渡之战后期袁绍派将军淳于琼督运粮草屯驻乌巢,曹操亲自领兵迅速出击。张郃劝袁绍说:"曹公士兵精锐,去后一定会击溃淳于琼,乌巢一旦失陷,那么将军的大业就要毁掉,应该赶快带兵援救。"郭图说:"张郃的计策不对,不如进攻曹操大本营,那他势必回救,这样乌巢危机就会不救自解。"张郃说:"曹公营盘牢固,必定攻不下来。如果淳于琼等人被俘,我们也就全部要当俘虏了!"袁绍最后只派出一支轻骑增援淳于琼,而用重兵攻打曹操大营,未能攻破(参见0.9.14《官渡决战》),而曹操果然在乌巢大破淳于琼,袁绍全军溃败。郭图感到羞惭,他进一步诬陷张郃说:"张郃盼望我军尽快失败,所以出言不逊。"张郃害怕了,便投奔了曹操。

另有《武帝纪》和《袁绍传》中记述说,袁绍派张郃、高览领兵进攻曹军大营,两人在战斗中听说淳于琼丢失了乌巢,于是投降了曹操,由此导致袁绍军队的大溃败。张郃降曹究竟是在袁军溃败之前还是之后,袁军溃败的原因是否由于张郃高览的投降而导致,是两种不同记载的关键。而张郃的降曹究竟是由乌巢之败引起还是由郭图的逸言引起,对今天的读者已经成了一个难解的悬案。当时曹操得到张郃后非常高兴,对他说:"春秋时楚国伍子胥不早觉悟,使自己身陷危局,哪比得上微子主动离开殷纣王,韩信抛弃项羽而归汉呢?"他当即任命张郃为偏将军,封为都亭侯,交给他部队,让他随从自己大军攻打河北,直到204年八月占领了邺城。

**拓展曹魏地盘** 张郃其后跟随曹操到渤海攻打袁谭，单独率军包围了雍奴，击溃了敌人。207年又随同曹操北征乌桓，大战柳城，当时张郃与张辽都担任全军先锋，张郃因功升任平狄将军。后来又领兵征讨东莱郡（治今山东龙口东十五公里）讨伐当地寇首管承；不久协同张辽等人讨伐陈兰、梅成等人，均大获全胜。211年他随从曹操到渭南，击溃了关中叛军马超、韩遂；其间张郃独立领军包围安定（治今宁夏固原），迫使跟随马超反叛的属将杨秋投降；又与夏侯渊一同征剿盘踞鄜城（今陕西洛川东南）的马超属将梁兴以及武都（治今甘肃成县西北十五公里）一带的氐族叛军，其后再次攻破了马超的部队，平定了自称河首平汉王而统治枹罕地区三十多年的宋建（参见1.10.2《殉身疆场的夏侯渊》上），他为曹魏势力向北部和东部的扩展，以及维护关中与陇西一带西部地区的安定做出了不小贡献。

**在汉中的战功** 曹操215年征伐张鲁，先派张郃督率各军讨伐逃往蓝田的寇首梁兴，以及氐族王窦茂的军队，均取得胜利。当时曹操从散关进入汉中，派张郃督率五千步兵在前开路，直到阳平关（在今陕西勉县西白马河入汉水处的故关隘），后来张鲁投降，曹操率大军返还，留下张郃与夏侯渊等人防守汉中，抵御刘备的进攻。张郃另外领兵，出军巴东、巴西地区，迫使两郡投降，随后将两郡的百姓迁徙到汉中。张郃进军到宕渠城（今四川渠县东北十五公里）时，被刘备的大将张飞所阻，只好退回南郑（故治在今陕西汉中市），曹操任命张郃为荡寇将军。

刘备在218年后自益州出兵争夺汉中，他屯驻阳平关，张郃屯军于广石（今陕西勉县西），双方较量数月后，刘备在次年把一万多精兵分成十部，夜间急速向张郃发动攻击，张郃率领亲兵拼死搏战，刘备未能攻破广石。随后刘备在走马谷（大约为勉县南部的定军山之谷）焚烧都围，夏侯渊去救火，在岔路上遭遇刘备部队，双方交战中短兵相接，夏侯渊被刘备属将黄忠所杀（参见1.10.2《殉身疆场的夏侯渊》下），张郃退回了阳平关。其时夏侯渊虽为曹军汉中部队的都督，但刘备心中忌惮的是张郃，夏侯渊战死后刘备说："要杀就杀更厉害的，杀夏侯渊有什么用！"

夏侯渊死后魏军丧失了元帅，将士们都害怕刘备乘机进攻，全军惊慌，夏侯渊身边主管军事的司马郭淮对全军通告说："张将军是国家名将，刘备也很害怕。现在形势紧迫，非张将军不能安定局面。"于是推举张郃为主帅。张郃出面调度部队并安排军阵，众将都接受张郃的节制，军心才安定了下来。曹操在长安，派使臣把象征军权的节钺送给张郃，这是认可和支持了张郃对汉中部队的统领地位。随后曹操亲至汉中，刘备据守高山不敢出战，曹操便将各路军队领出汉中，张郃回军屯驻陈仓（今陕西宝鸡市东）。

张郃归降曹操后，有过独立作战的经历，但大多是在张辽、夏侯渊的统属下御敌征战，这是其资历和个人身份所决定的，但他在战场上常常成为敌军最为忌惮的人物，联系先前他在官渡之战中献给袁绍的两条用兵策略，能够看到他出色的军事潜质；与刘备汉中交战后期他一度成了曹军部队的统领，军中地位已得到了极大提升。

### 1.16（4）张郃的武战之功（下）

魏国名将张郃自官渡之战中归降曹操，近二十年间在开拓地盘、守卫边境和争夺汉中的战斗中立下不少功绩，展现了斩将夺隘的高超武艺和用兵布阵的指挥才能，成了曹魏不可多得的优秀将领。《三国志·张郃传》等资料中记述，220年正月曹丕即位后，任命张郃为左将军，晋封都乡侯爵位；及当年十月曹丕建魏成了皇帝，封张郃为鄚侯。鄚县（治今河北任丘北十七公里）是张郃的家乡，这是皇帝将张郃特意封在他的家乡，表达出的是对其不同寻常的宠爱。

221年，曹丕下诏书命令张郃与曹真征伐安定一带的卢水胡人和东部羌人，战后又召张郃与曹真一同到许昌宫朝拜。222年九月曹丕组织三路大军伐吴，张郃属于上军大将军曹真所统领包围南郡的部队（参见1.4.17《三路伐吴》），行动中张郃同夏侯尚进攻江陵，他独率军队渡过长江，夺取了百里洲（湖北枝江最大之洲，又称江陵中洲）上吴军的屯坞，有力配合了全军的军事行动，数月后随大军一同撤归。

226年明帝曹叡继位后,派张郃到南方屯军荆州,与司马懿进攻孙权部下将领刘阿等人,追到祁口(今湖北宜城西祁水与夷水汇合处),两军交战,大破刘阿。228年诸葛亮率军首出祁山,曹叡赐予张郃特进的职位,派他总督各路军马,张郃在街亭(今甘肃庄浪东南与秦安东北)堵截住诸葛亮所任参军马谡统领的军队。马谡依傍南山扎寨,没有下山占据城池,张郃遂断绝了蜀军取水的通道,并发动进攻,大败马谡之军(参见2.3.5《首出祁山》下)。先前南安、天水、安定各郡均响应诸葛亮而反叛,张郃领兵打败叛军,平定了这几处地方,恢复了当地的秩序。曹叡向张郃发诏说:"贼寇诸葛亮领着巴蜀军队,遇上了我军猛虎一样的将士。将军您披坚甲执利器,所向无敌,我很赞赏你的军事行动。现在为你增加食邑一千户,连同以前所封共四千三百户。"战前曹叡授给张郃的特进,是朝廷对功德优盛官员为表敬重而赐给仅次于三公的荣誉性待遇,战后又增加了他的封邑。街亭之战是张郃重挫蜀军而为魏国立下的重大战功,曹叡给他的奖励也是厚重的。

当时司马懿在荆州训练水军,打算沿着沔水进入长江讨伐东吴,曹叡下诏命令张郃统帅关中的部队接受司马懿的指挥。张郃到达荆州时,正赶上冬季水浅,大船不能行进,于是回师方城(今河南叶县南方城东北的聚落)驻扎。229年,诸葛亮再次出祁山,对陈仓发动猛烈进攻。曹叡派驿马召张郃到京师,授命张郃抵御蜀军,曹叡亲自到河南城(今洛阳市西)设置酒宴为张郃送行,还派遣三万士兵以及武卫、虎贲两营的勇士护卫张郃,他询问张郃说:"等将军到了前线,诸葛亮会不会已经占领了陈仓?"张郃知道诸葛亮孤军深入,不会携带太多的粮草,不能久攻,就回答说:"估计臣还没到前线诸葛亮就已经撤走了。臣屈指计算,诸葛亮的粮草支撑不了十天。"张郃昼夜行军,还没有到达,诸葛亮就已撤退了(参见2.3.6《兵出散关》)。曹叡诏令张郃回师京城,任命他为征西车骑将军,他是把最有能耐的将军任用到了对付诸葛亮的最重要岗位上。

史书上说到两个情况:一个是说,张郃用兵能够把握和运用机变策略,善于战术变化,能根据地形战况布置对敌战术,作战结局一般超不出他的预料，包括诸葛亮在内的蜀国将领都对他有所忌惮。另一个是说，张郃虽然是武将，却喜欢同儒士交往，他曾经推荐同乡卑湛，说他通晓经学，德行完美，张郃荐举的卑湛很快被朝廷任用为博士。这里的第一个情况是对张郃用兵才能的大致概括，除街亭之战外，史书上没有更多地介绍张郃用兵布阵的具体过程以及某些战斗的实际演变情节，人们难以形成更深的体会，但相信陈寿的断语不会凭空形成，这些概述应该不缺乏应有的事实根据。第二个情况表现的是张郃自身文化修养的深厚，他虽然身为武将，并以拔城斩将而立功出名，但他绝不是一介单纯的武夫。张郃应该与文化人有更多交往，他能识辨儒士经学修养的深厚程度，自身应是不缺少相应的文化修养。从这一意义上说，张郃是一位文武兼备的人，只是时代对战将的需要为他提供了自身才能得以在战场上早先发挥的出口而已。张郃荐举卑湛后，当时曹叡很快对张郃下诏说："从前光武帝臣属祭遵当将军的时候，奏请设置五经大夫；他身在军营中，也常与儒士进行吟唱和投壶游戏。现在将军您统军征战，却还心里想着国家和朝廷的事情。我非常赞赏将军的美意，现在就提升卑湛为博士。"这种不打折扣地加以任用，事情本身就包含着国家主政者对张郃忠诚之心和文才修养的高度信任，当然，这一方式对张郃给足了面子，其中也包含着对张郃的特殊嘉奖，以及微妙的笼络示好，他是君主心目中极有价值、值得笼络亲近的战将。

234年诸葛亮复出祁山，这是诸葛亮第五次北伐，曹叡诏命张郃统领众将西到略阳（今甘肃秦安东北四十五公里）协助大将军司马懿御敌。战前张郃与司马懿的作战部署是有分歧的（参见2.3.9《射杀张郃的祁山之战》）。双方军队经过了反复较量，数月后诸葛亮军粮用尽而退兵，司马懿派张郃领兵追击，张郃说："兵法上说，围城要给敌人留下出口，返回的敌军不要追赶。"司马懿不接受他的建议，张郃不得已而追击，他进兵到木门道（今甘肃天水市西南五十公里处的关隘，又称青封）与蜀军交战，被诸葛亮预先埋伏的弓弩手射中右膝而逝。战后朝廷赐给张郃壮侯的谥号，他的儿子张雄嗣爵。曹叡考虑张郃征战多年，屡立战功，将他的食邑作了划分，封他的四个儿子为列侯，赐给他的小儿子关内侯爵位。

有人认定张郃在木门道战死是司马懿有意陷害忠诚之将，是他开始挖曹魏墙角的表现。这一认识把张郃看作未来守护曹魏事业不受侵害的柱石，自然有其合理性；但认为司马懿在曹叡执政之时就有篡权和颠覆曹魏的心机，似乎有点不合实情。当时司马懿处在自身接受朝廷考验的不被信任时期（参见1.11.9《司马懿的为人》中），他更看重的是用战场上的立功换来皇帝的信任；下令张郃追击而失手折将，反映着司马懿战术上的疏忽和诸葛亮一时算计的精到，但无论如何，一代将星张郃不幸陨落在山谷，给魏国的国防巩固和未来的政治保障的确留下了万般遗憾。

## 1.16（5）战功不凡的徐晃（上）

陈寿在《三国志·魏书十七》中为张辽、乐进、于禁、张郃和徐晃同篇作传，他在篇末指出："曹操开创基业，当时军中良将，以上述五子为先。"后世人据此将他们五位将军称为"五子良将"。他们五人在曹操创业阶段正逢年轻气盛，凭借优良的武艺在战场上奋力拼争，战功卓著，为曹魏事业做出了非凡的贡献，成为青史有名的人物。然而就他们人格的鲜明和人生的完美言，张辽之外就属徐晃。

徐晃字公明，河东郡杨县（治今山西洪洞东南七公里）人。年轻时为郡吏，因为讨伐贼寇有功，被任命为骑都尉，后来跟随杨奉到了长安。约193年李傕、郭汜在长安作乱（参见0.1.14《三恶控朝廷》），徐晃劝说杨奉，让他和献帝刘协返回洛阳，杨奉听从了他的意见，于是促成了献帝刘协一伙君臣东返洛阳的艰险历程。而徐晃在这一历程中也迅速成长成熟，他的身份地位和政治自觉同时得到了提升，人生的画卷由此展开。

**自觉地投奔曹操** 195年秋刘协东返时渡过黄河到达安邑，因为徐晃一路上的护驾之功，刘协封他为都亭侯；数月后到了洛阳，韩暹、董承时常发生争斗（参见0.2.8《东行同路不同归》），徐晃便劝说杨奉归顺曹操，杨奉听从了他，但很快又反悔。曹操196年八月将朝廷君臣由洛阳裹挟到许县建都，同年十月他领兵到梁地（约今河南汝州西部）讨伐杨奉（参见0.2.5《被忽悠了的杨奉》），徐晃便投奔了曹操。当时徐晃对曹操应该有了一些听闻和了解,他劝杨奉归顺曹操而未得,后来在得到机会时即抛弃杨奉而自投,他是认定了心中的明主,自觉自主地做出了人生的选择。

**经受了战场考验**　曹操安排徐晃统兵,派他出击卷县(治今河南原阳西二十五公里)、原武(治今河南原阳)的贼寇,大获全胜,升任裨将军,属名号较低的将军。193年徐晃跟随曹操在兖州反击吕布时,曾逼迫吕布的属将赵庶、李邹等人投降;198年又同史涣在河内郡斩了眭固(参见0.2.6《好人张杨》),200年初随同曹操前往徐州大破刘备。徐晃初投曹操麾下的几年间,跟随大军多处征战,充分展现了他对主君的忠诚和武艺的出众,曹操对他也有了更深的认识,他在众多将领中脱颖而出。

**消灭袁氏屡建战功**　袁曹官渡决战之时,徐晃随曹操出军白马,协助关羽打败颜良军队,攻取了白马城;随后进军到延津,大败文丑,因功被任命为偏将军。其后徐晃与史涣在故市(今河南荥阳东北)攻打袁绍的运粮车队,因为功劳最多,被封为都亭侯。204年曹操包围了邺县,攻破了邯郸,易阳(治今河北永年东南十五公里)县令韩范佯装献城而据守顽抗,曹操命徐晃进攻。徐晃来到后,写信缚在箭尾射入城中,为韩范陈说利害,韩范终于悔悟,投降了徐晃。徐晃随劝曹操说:"袁谭、袁尚未被打败,冀州很多城池都在观望,现在要是灭了易阳,后面各城就会拼死守御,恐怕河北就很难平定了。希望您准许易阳投降,以便作出示范,那么各城就会望风而降。"曹操认为很对,这里展现了身为将军的徐晃在平定河东时其实不乏应有的政治筹谋。不久他再次跟随曹操大军在南皮击败袁谭。

**维持境内安定**　徐晃先前同曹洪攻打强(治今河南临颍东)反叛的义军首领祝臂,大破敌军;平定河北后单独率兵讨伐毛城(今河北涉县西北三十公里)敌寇,设置伏兵大举袭击,攻破了三个驻地又出兵讨伐平原郡(治今山东平原南二十公里)的叛军,战胜敌人并平定了该郡。207年又随曹操征剿辽西乌丸首领蹋顿,被封为横野将军。

**征战南方荆州**　208年徐晃跟随曹操讨伐荆州,他单独率一支军队屯扎樊城，又讨伐中庐（治今湖北襄樊西南二十公里）、临沮（治今湖北远安西北）、宜城的贼寇。再与满宠到汉津（今湖北武汉）征讨关羽，与曹仁在江陵（故治在今河北沙市西北五公里）攻击周瑜。徐晃的脚步总是踏在主帅在各时期设定的军事战略中心上，在最关键的地方展现自己的阵战才能。

**参与西部平叛** 210年，徐晃统兵讨伐太原郡叛军，包围大陵（今山西交城西南），拔取了该城，杀死敌帅商曜。211年韩遂、马超在关中谋反，曹操派徐晃领军屯驻汾阴（治今山西万荣西南）安抚河东郡。曹操特意赐给徐晃牛酒，让他在自己家乡祭奠祖先坟墓，表现了对徐晃的高度器重。当时曹操出军关中平叛，军队到了潼关，担心不能渡过黄河，召徐晃询问。徐晃说："主公大兵到此地，而敌军不另派兵驻守蒲阪（今山西永济西黄河渡津），足见他们没有谋略。现在给我一支精兵，从蒲阪津渡河，作为全军的先锋以截断敌军，就可以消灭他们。"曹操认为他的方案很好，遂派徐晃率领步骑兵四千人过河。徐晃领兵挖堑立栅，尚未完成，敌将梁兴就在夜间率五千多步骑兵前来进攻，被徐晃击退，曹操大军得以渡河，最终打败了马超韩遂的反叛部队（参见2.2.5《声名在外的马超》）。

**维护新拓地区的稳定** 打败了马超，曹操收复了关中及其周边地区，维护当地稳定又成了重要的任务，曹操派徐晃与夏侯渊平定隃麋（治今陕西千阳东）、汧县（治今陕西陇县西南三公里）的氐族反叛，同曹操在安定（治今宁夏固原）会师。其后曹操返回邺城，派徐晃与夏侯渊平定鄜县（治今陕西洛川东南），打败夏阳（治今陕西韩城南十公里）的贼寇余党，斩杀了梁兴，使三千多户投降。

**争夺汉中的战绩** 215年徐晃随曹操进军汉中讨伐张鲁，他受命去征剿樸、仇夷各处山上的氐族兵众，迫使他们投降。徐晃因功升任平寇将军，攻破了贼寇陈福等人的三十多个屯兵据点，解除了将军张顺的被围困境。其后曹操回到邺城，留下徐晃与夏侯渊在阳平关防御刘备。218年刘备进攻汉中，蜀军进至阳平关。因为魏军阻击，刘备遂派陈式等十多个营的部队断绝了马鸣阁道（今四川广元西北），企图切断曹军后方通道。徐晃从另外道路进攻，敌人被迫逃进山谷，死伤很多。曹操听说后，非常高兴，给徐晃假节授权，发布通令说："这条阁道是汉中的咽喉险要，刘备想断绝内外联系，夺取汉中，将军这一行动打破了刘备的计划，真是高明的策略啊！"后来，夏侯渊在定军山之战中阵亡，曹操于是亲自到阳平关，带出汉中的各路军马，撤回关中。汉中之地到219年终为刘备夺取，但徐晃在争夺战中的英勇和筹策显然是出色的。

## 1.16（5）战功不凡的徐晃（下）

徐晃自196年抛弃杨奉投奔曹操，直到219年五月汉中征战撤归，他为曹魏的事业忠诚奋争了二十多年，成了君主信任、同僚敬仰的优秀战将。然而，徐晃的战功并非到此为止，这年年底，他接受了更为重要的征战任务，曹操派他前往樊城援救曹仁，与关羽交战，关羽是一位武功高强、极有声威的对手，他当时在樊城已是屡屡得手，战场上气势如虹，徐晃受命出军后谨慎用兵认真对付，其后又勇猛出击大胆深入，最终不负众望取得了战斗的胜利，这一仗为徐晃的军事生涯增添了亮丽色彩，成就了他的一世英名。

刘备219年春夺得了汉中后自称汉中王，将镇守荆州的关羽封为前将军，这年八月，关羽领荆州兵向曹仁驻守的樊城发动进攻。《三国志·徐晃传》中记述，在樊城军情紧急之时，曹操派大将于禁、庞德率部去为曹仁解围，后来又派徐晃领军前往增援，他知道关羽兵锋正盛，为了守护南部门户，在这里安排了精锐的阵容以对付关羽。当时逢汉水暴溢，先期到达的于禁七军部队被淹，庞德被擒斩，关羽在樊城包围了曹仁，同时又在襄阳包围了将军吕常，情况十分紧急，而曹操在徐晃出军后亲自率部队由洛阳进抵摩陂（今河南郏县东南）督战。

徐晃军队到达后驻扎在宛城，他的部队大多是新兵，难于同关羽的荆州兵直接交锋，曹操派将军徐商、吕建等人给徐晃传令说："必须等兵马全集中，然后再一起向前。"关羽的部队在偃城屯驻，徐晃首先进军屯驻在樊城北的阳陵陂，他设计挖掘堑壕，作出要截断敌军后路的样子，荆州

203

军果然烧毁自己的营寨离开了。徐晃则占领偃城，两面营寨相连，又稍微前进到距离敌人的包围圈三丈左右的地方，他并未进攻，而是在创造条件，等待时机。曹操则前后派殷署、朱盖等一共十二营部队到徐晃这儿，壮大魏军的力量。

荆州部队的围头有军士屯驻，另外还在四冢驻军，徐晃扬言要攻打围头的守敌，却秘密进攻四冢，这种声东击西的策略大概使荆州兵对四冢营寨疏于防守吧，关羽看到四冢要被攻破，遂亲率五千步骑兵出战，徐晃出面迎击。另有资料说，关羽和徐晃是同乡且关系很好，两人在阵前相互望见，随即隔远对话，他们说私人生活之事，并不涉及军事。不一会儿，徐晃下马宣令说："能拿下关羽头颅的，赏金千斤！"关羽听到这话非常惊异，他对徐晃说："老兄，你说的是什么话！"徐晃回答："这是国家之事！"参见2.2.2《关羽事迹辨正》中）随后两军混战，荆州部队被徐晃击败。当关羽退走时，徐晃率军穷追不舍，尾随关羽败兵实行追杀，并紧随其后冲入关羽营寨。当时关羽营寨的外围深壕及鹿角十重，障碍设施极为严密，若从营外强攻非常困难。现徐晃乘关羽军队陷于混乱之机跟随突袭，一举而大破，并一鼓作气冲入对方屯军地，蜀将胡修、傅方的部队大多被杀死和迫降，很多人掉入沔水而死。

曹操听闻战况报告后发令说："敌人堑壕鹿角层层包围，将军作战全胜，攻陷敌围，杀死和俘虏大批敌寇。我用兵三十多年，包括所听古代善于用兵的战例，也没有长驱直入冲进敌人重围的；而且樊城、襄阳被围，比起战国时齐国受困时的莒城、即墨，情况要严重得多，将军的功勋，要超过孙武和司马穰苴。"他对徐晃这次作战取胜给予了极高的评价。徐晃整顿部队回到摩陂，曹操出城七里迎接徐晃，设宴庆祝，亲自举杯向他劝酒，慰劳说："保全住樊城、襄阳，都是将军的功劳。"当时各路人马都集中到一起，曹操巡视各营，士兵都离开队列观看曹操，只有徐晃的军队排列整齐，全体将士站在队列中不动。曹操叹息说："徐将军可以说是有周亚夫的风度了。"他用汉景帝时期平定了吴楚七国之乱的名将周亚夫比喻徐晃，虽属夸张性的褒扬，但也反映了他的真实心情。

<<< 1.16 出名的武将与侠士

　　曹丕220年初继承了魏王之位,升徐晃为右将军,晋封逯乡侯;这年徐晃受命与夏侯尚到上庸讨伐刘封,将其驱离,魏国遂占有了上庸之地(参见2.5.3《刘封在上庸的纠纷》上)。当年十月曹丕建魏作了皇帝后,晋封徐晃为杨侯,将这位功德俱佳的爱将封在其故乡杨县,顺便给了他衣锦还乡的荣耀。后来徐晃受命镇守阳平(治今山东莘县),转封他为阳平侯;222年还参加了曹丕组织的三路伐吴的军事行动,跟随曹真进军南郡。明帝曹叡226年即位,徐晃在襄阳抵御吴将诸葛瑾,朝廷为他增加食邑二百户,连同以前的共三千一百户。227年他病重时留下遗嘱,要求用平时穿的衣服收殓他,不久即逝,被谥为壮侯,他的儿子徐盖承袭了爵位。徐盖死后,儿子徐霸袭爵。曹丕划分徐晃食邑,再封他的子孙两人为列侯。

　　徐晃生性节俭谨慎,统率军队常在远处安排侦察人员,首先做好自己军队不可战胜的准备,然后再和敌人交战;有时为追击逃敌和争夺战利品,士兵常常顾不上吃饭。徐晃经常叹息说:"古人担忧不能遇到明君,我们现在幸而遇到了,就应当拿战功来报效,还计较什么个人的声誉呢!"他多年来始终不曾过多交往以寻求援助。可以看到,徐晃不乏应有的功名之心,而他为曹魏事业忠诚奉献的动力同时也源于对创业君主曹操的敬仰和信任。

　　陈寿对"五子良将"概括评述说:"于禁统兵作战最为强毅稳重,但没有很好的人生结局;张郃在战场上善于巧变;乐进以骁勇果敢而出名。而考察他们的事迹,与他们各人的名声传闻都有差距。这或者是资料的记述注释有所遗漏,赶不上张辽、徐晃事迹的完备周详吧。"陈氏这里对五位将军的记述,看来是参考了他们各人的名声传闻,他感叹于禁、张郃、乐进事迹资料的缺乏,觉得难以从手头的资料中得出传闻中的那种响亮名声,因而怀疑资料记述中会有不少遗漏。而陈氏认为张辽、徐晃两人的注记"备详",其实也是相对而言的,但读者毕竟能较清晰地感触张辽白狼山之战和合肥之战中的英勇表现,估摸到徐晃在樊城之战中的用兵策略,能在他们的完美人生中看到其各自的某些鲜明人格。

### 1.16（6） 名亚徐晃的朱灵

史家陈寿在《三国志·魏书十七》中介绍了徐晃的征战事迹后，简单地提到魏将朱灵，但只仅仅说到他如何投奔归属曹操的事情，肯定他"名亚徐晃"而已。裴松之引注了《九州春秋》和《魏书》中的有关记录，为朱灵的事迹做了更多补充，参考史书中其他各处的零星记录，从众多资料中大体可以看到将军朱灵一生的主要军事活动，以及他的独特心性与功绩。

朱灵字文博，清河鄃县（今山东平原西南）人，他起初为袁绍部将。清河人季雍以鄃城背叛了袁绍而投降公孙瓒，公孙瓒派遣兵将到鄃城协助季雍据守，袁绍命朱灵领兵前往攻打，但朱灵的家人都在城中，公孙瓒的部队便将朱灵的母亲、弟弟都绑在城上，以此来诱降朱灵。朱灵望着城哭泣说："大丈夫一旦出身为人效力，怎么能顾全家室！"于是奋力攻战，夺取了鄃城并俘获季雍，然而朱灵一家都被杀害。

曹操192年报父仇征讨陶谦（参见0.8.1《陶谦保徐州》中），当时袁绍与兖州牧曹操尚属同盟友好，于是派部将朱灵统率三个营援助曹操，朱灵作战有功。曹操与陶谦的战争结束后，袁绍所派来的将领大多返回了。朱灵说："我阅人很多，还没有人能赶得上曹公的，这真是明主啊！现在已碰上了明主，还要去哪里呢！"于是朱灵留下来不再离开，他所带的将士都仰慕曹操，全跟着朱灵留了下来，自此朱灵成了曹操的部将。

朱灵跟随曹操后也是四处征战，在其他各处资料中他曾在如下场合频繁显身：①199年，僭号称帝的袁术受到曹操等各路军队的联合打击后走投无路，称帝的把戏搞不下去了，准备把手中的传国玉玺送给袁绍，有消息说袁术要经过徐州北上投奔冀州，当时投靠曹操身在许都的刘备自愿带领军队前去拦截，曹操遂派刘备和将军朱灵带领前往徐州截击袁术。刘备还未到达徐州，袁术就病死了，刘备兵进徐州后拒绝回军背叛了曹操（参见2.1.3《虎穴栖身》），随即打发随军的朱灵等将领返回许都。②曹操208年征讨荆州时，朱灵与于禁、张辽、张郃、李典、路招、冯楷共七路人马受都督护军赵俨的监领而跟随出征,这里没有记录荆州战斗的情景。③211年曹操进入关中征讨马超韩遂的反叛,大军到达潼关时,曹操派徐晃、朱灵率四千精兵从蒲坂津乘虚渡过黄河,据河西为营,为后来打败叛军准备了条件。④211年十二月,朱灵、路招等人在护军将军夏侯渊的统领下驻守长安,其后跟随夏侯渊打败了南山贼寇刘雄,迫使其部队全部归降;又在鄠县(今陕西户县)围攻马超的余党梁兴并将其消灭(参见1.10.2《殉身疆场的夏侯渊》上)。⑤215年曹操征讨汉中张鲁,进军至陈仓时,曾派朱灵、张郃等人扫除武都郡氐族部队的阻挠。朱灵在上述场合都是作为一个配角而出现,史料中没有记录他在战斗中的具体活动及其功绩,但战斗的胜利不能没有朱灵的贡献和功劳。

朱灵在跟随曹操征战的二十多年间,发生过两处不同寻常的事情。一次是:205年曹操在平定了冀州后,派遣朱灵领着新招募的五千步骑兵前往守御许南,临行前他告诫说:"冀州的新兵,多年受到的是宽缓的教导训练,军纪涣散,现在一时整齐,他们心中还是不乐意。你治军素有威严名声,应该按道理宽宥他们,不然会发生变故。"这是曹操的知兵和谨慎之处,朱灵应该接受并遵照执行才是,但兵至阳翟(治今河南禹县),军中中郎将程昂真的谋反,朱灵立即将程昂斩杀,他把这件事报告曹操。曹操写信回复说:"军队之所以危险,是因为面对外部敌人,内部也会有阴谋和难以预测的变乱。过去汉将军邓禹领着光武帝划分给他的二万人西行征讨,后来部将宗歆、冯愔争权相攻并反击邓禹,邓禹只领着二十四人返回洛阳,他难道是因为战争而损失吗?你的书信言辞恳切,多陈说过错,其实未必像你所说的那样。"曹操并没有过多指责朱灵,但内心的不满难以掩饰。真正优秀的将领对这些带兵问题是会自觉意识到的,这里曹操有言在先,对朱灵做过提醒,而这并没有引起朱灵本人的重视。

另一件事情是,于禁持军严整,于是曹操安排他统属并不为人喜欢的袁绍降将朱灵,借用于禁的威严镇服朱灵其人(参见1.16.3《悲情将军于禁》下)。陈寿在史书中提到:"曹操常恨朱灵,想夺走他的兵权,感到于禁治军有威重,就派于禁领着几十骑兵,带着公文令书,直接到朱灵兵营掌控了他的军队，朱灵和他的部众都不敢轻举妄动，朱灵遂成了于禁的部下督军。"这里并不清楚曹操怨恨朱灵的缘由是否与205年出军途中斩杀程昂一事有关，但一位军将治军能力的不足似乎不该引起主帅过多的怨恨。另外，在为袁绍进攻鄃城一战中，朱灵不顾母亲与弟弟的性命而攻陷其城，史书上对这件事情并没有作过评论，但战国时魏将乐羊在领军队围攻中山时，中山君主在城中杀掉了乐羊的儿子，烹其羹送给乐羊，乐羊食子羹以明心志，毫不含糊地攻下了中山城，而返军后魏国君主则设法免掉了乐羊的军职。身边的人们分析是君主觉得乐羊缺少人情，不敢对他大胆任用。曹操是否因为该事而对朱灵心有戒备，的确难以判断。但这是在袁绍那里发生的事情，朱灵以自觉奔投曹操的行为证明了他对现任君主的忠诚，难道曹操尚且不能理解其人的心底。这里不能明白曹操心生怨恨的缘由，也不能明白他解决问题何必要采取这样极端的方式。

　　曹丕220年建立魏国做了皇帝，即封朱灵为鄃侯，并为其增加封邑，他发诏说："将军协助先帝（指曹操）创业，领兵征战许多年，威武高于周代的中兴名将方叔、召虎，战功超过汉代的绛侯周勃与颍阴侯灌婴。史书中赞美的语言，不知如何再作增加！我现在承受天命而统辖海内，而开创功业的将军是国家的栋梁，都是我所愿意同福共庆的人，希望能将我们的功业永久传承，所以封你为鄃侯。"古人有一种观念：人在富贵后不返回故乡，就如同穿着漂亮的衣服晚上行走。朱灵是清河鄃县人，所以曹丕特意封他为鄃侯。曹丕在这里对朱灵大加赞扬，并在封侯时充分考虑了他的心理需求，似乎与父王曹操对朱灵的看法大相径庭，以至于后世有些史家认为，曹操所怨恨的朱灵可能是另外一位并非出身鄃县的同名将军，这当然是少有根据的猜测了，但也反映了曹操怨恨朱灵并让于禁夺其军权一事的怪异。

　　朱灵收到曹丕诏书自然非常高兴，但他上书表示说："我一直希望封在高塘。"为什么朱灵不愿意在鄃县受封呢？可以想象，鄃城是他的故乡，但那也是他母亲弟弟等一家人的殒命之地，是他早年领兵进攻鄃城导致了公孙瓒部队对全家的杀害，相信这是他不愿在家乡鄃县受封的根本原因。

曹丕于是改封朱灵为高唐（故治在今山东禹城西南二十五公里）侯。曹丕是尽量想给他最大的心理满足，朱灵离世后被谥威侯，儿子朱术继承了爵位。243年曹爽辅佐少帝曹芳执政期间，朱灵以后将军的身份被供祀于魏太祖曹操庙庭，与曹真、曹休、徐晃、张辽等二十位文武大臣同享尊荣，这不禁使人们对曹操怨恨朱灵的记录产生出了更多的疑惑。

朱灵是魏国五子良将之外颇有名声的战将，史书上对他专门的记载虽然不多，但他自觉地放弃袁绍而追随曹操，并频繁地显身于曹魏拓疆与平叛的战场上，在曹魏事业的发展上功不可没。朱灵在为人和治军方面有自身的缺陷，这限制了他自身军事才质的发挥，但他仍然不失为名追徐晃的出众将领。

### 1.16（7）英年早逝的李典

曹魏庞大集团中有不少出众的将领，《三国志·魏书十八》为"五子良将"之外的若干将领作传，介绍了他们各自一生的活动历程及其对曹魏事业的贡献。其中《李典传》记述了传主承继家族之业追随曹操而忠诚奋争的事迹，从中能够看到李典在不长生命历程中的不俗之处。

李典字曼成，山阳钜野（治今山东巨野南）人。他的叔父李乾，有英雄气质，在乘氏（治今山东巨野西南三十公里）组织和聚拢了几千家宾客，曹操起兵不久的191年前后，李乾带领属下众人追随曹操，跟随曹操在寿张（治今山东东平西南）击败黄巾军，又参加了其后出击袁术、征讨徐州陶谦的军事活动。吕布夺取兖州作乱时，曹操派李乾回到乘氏，让他安慰和稳定当地周边各县。吕布属下别驾薛兰、治中李封招降李乾，想让他反叛曹操，李乾没有听从，他们就攻杀了李乾。曹操遂让李乾的儿子李整统领李乾的兵马，与其他将领一起攻打薛兰、李封。薛兰、李封被打败，李整在平定兖州的军争中立了战功，曹操升迁他为青州刺史。

李典从年少时就喜欢读书，不喜欢阵战之事，他曾拜师学习《春秋左氏传》，博览群书。曹操对此非常赞赏，在他的堂兄弟李整逝世后，曹操大概是想把李乾组织聚合的军队交由他们李氏族人统领，于是将颍阴（治今河南许昌市）县令李典调任中郎将，让他统领李整的军队。后来应是考虑到李典的爱好，遂升任他为离狐（治今河南濮阳东南）太守，安排他治民的地方政务。

199年曹操和袁绍在官渡对垒，李典率领宗族和部下向曹军输送粮食布匹，200年袁绍被打败后，曹操任命李典为副将军，驻军于安民（今山东东平西南二十公里）。曹操在黎阳攻打袁谭、袁尚二人，让李典和程昱等人率领宗族和部下用船运送军粮。适逢袁尚派魏郡太守高蕃带兵驻扎在黄河上游，断绝了李典程昱运粮的水道，曹操命令他们说："如果船只不能通过，就下船从陆路运送。"李典与将领们商议说："高蕃的军队铠甲少却占据着水道，他们内心懈怠，进攻他们一定会取胜。军队中可以不执行上级的命令，如果对国家有利，自己拿主意是可以的，应该尽快攻打他们。"程昱也认为正确。于是，李典率军向北渡过黄河，攻打高蕃，取得了胜利，水道因此恢复畅通。

当时刘表派刘备向北扩张，刘备到了叶城，曹操派李典跟随夏侯惇抵抗刘备。刘备一天早晨烧毁营地离去，夏侯惇带领各部追击刘备，李典说："敌人无故退却，怀疑他们一定有埋伏。南边道路狭窄，草木深长，不能追赶。"夏侯惇不听，与于禁一起追击刘备，李典留守军营。夏侯惇两人果然陷入敌人的伏击圈，作战不利，李典率军前往救援，刘备望见对方的救兵到了，才解散包围离去（参见1.16.3《悲情将军于禁》下）。李典虽然不大爱好军事，但他对战场情势能够做出合乎情势的判断，不失优秀将领的素质。

李典随曹操围攻邺城，邺城平定后，与乐进一起在壶关包围了高幹，在长广（今山东莱阳东）攻打管承，都取得了胜利，曹操升任他为捕虏将军，封都亭侯。李典的宗族和部下三千多户人家，都居住在乘氏，他自己请求将宗族和部下家属迁往魏郡。太祖笑着说："你想效仿耿纯吗？"耿纯是东汉时的开国将领，他率家族归降刘秀后生怕有人再生二心，于是让族弟耿䜣烧掉了家族庐舍，以断绝族人反顾之望。曹操看来是并不主张李典有这样的行为，李典谢恩说："我驽笨怯懦，功劳微薄，但是蒙受的恩宠和封赏过于丰厚，实在应该让全宗族人都出力；再说战事还没有平息，应该充实都城，以控制周边地区，这不是效仿耿纯。"于是把宗族和部下一万三千多人移居到邺城。曹操认可了他的行为，并嘉奖他，提拔他任破虏将军。

李典同张辽、乐进驻扎在合肥，215年孙权率众包围了他们，张辽想领命出战。乐进、李典、张辽平时不和睦，张辽担心他们不答应，李典慷慨地说："这是国家大事，只看将军的计划如何，我怎能因为个人恩怨而忘了国家大义呢！"带领部众与张辽一起打退了孙权军队（参见1.16.1《忠勇将军张辽》下）。战后李典获得一百户的封地，连同以往所封共三百户。

李典喜好学问，尊重有学问的人，不跟其他将领争功。尊敬有贤能的士大夫，做事恭谦退让，就好像自己不如别人，军中都称他为忠厚之人。他三十六岁时逝世，儿子李祯继承了爵位。曹丕登基后，追念他镇守合肥的战功，增加李祯封邑百户，并赐给李典另一位儿子关内侯的爵位，封邑百户，谥李典为愍侯。李典才质出众，忠诚为国，虽然英年早逝，但战功不俗，他对曹魏的贡献得到了两位君主的肯定与嘉奖。

## 1.16（8）坚守节义的李通

曹操角逐中原最为艰苦的争夺属官渡之战，在该战进行时一度为曹操镇守淮汝地区、稳定东境政局的是有侠义风格的李通，他也是一位自己兴兵起事欲图大业，而后主动归降了曹操，并为曹魏事业忠诚奉献立有重要战功的人物。《三国志·李通传》等几处史料中记述了李通不长一生的重要事迹，介绍了他在重要历史时刻的政治选择与坚定立场，展现了他坚守节义而英勇无畏的道德人格。

李通字文达，江夏平春（治今河南信阳西北三十公里）人，他因为侠义而在地方上知名，与同郡人陈恭在朗陵（治今河南确山西南二十五公里）起兵，有很多人都来投奔。当时有个叫周直的人，部下有两千多户人家，与陈恭、李通两人外表相和而内心不睦，李通想要设法杀掉周直，但陈恭从中阻梗，李通知道陈恭没有决断，便独自定计。他与周直聚会，趁酒酣的时候杀了周直。部队发生骚乱，李通带领陈恭杀了周直的党羽亲信，吞并了周直的队伍。后来陈恭的妻弟陈郃杀死了陈恭，控制了他的部下。李通攻破陈郃的部队，斩下陈郃的首级祭奠陈恭的坟墓，招降了他的部队；不久又俘虏了黄巾军头领吴霸，李通的队伍在他自己的努力奋争下逐步壮大了起来。碰上了大饥荒的年月，李通倾家荡产救济布施，同士兵们分酒糟、米糠为食，这种同甘共苦的精神感动了将士吧，大家都争着受他所用，他队伍的凝聚力也得到了加强，贼寇不敢前来侵犯。

曹操迁朝廷到许都后，李通带领部众到许昌投奔曹操，曹操任命他为振威中郎将，屯驻汝南郡（治今河南平舆北）西界。曹操198年征剿张绣，刘表派兵援助张绣，曹操部队失利。李通带兵连夜赶到，曹操得以再战。李通抢先登城，大破张绣的军队，他因功被任命为裨将军，封为建功侯。当时曹操从汝南划分出两个县为杨安郡，任命李通为阳安都尉，代理太守职务。这看来是曹操专门腾出职位为他升职，属于特殊情况下的因人设任，也显示了曹操对他的信任与特殊对待。

李通妻子的伯父犯法，朗陵县长赵俨将他收捕法办，处以死刑。当时生杀大权掌握在州牧太守的手中，杨安太守对郎陵县有统属权，李通的妻子儿女哭着请求保全亲人生命，李通则说："刚刚为曹公出力，按道义不该以私废公。"他赞扬赵俨执行法令不逢迎，与他有了更亲密的交往，后来还与赵俨商量制定了当地在战时暂缓征税问题的解决办法。曹操与袁绍199年开始在官渡相持，袁绍派使者任命李通为征南将军，刘表也在暗中招诱拉拢他，李通全都拒绝。当时豫州各郡大都反叛，只有阳安郡不为所动，李通的亲戚部属流着泪说："现在我们孤立危急，独自守卫，失去了强大援助，灭亡就会马上到来，不如赶快顺从袁绍。"李通持剑怒叱说："曹公英明有智，一定能平定天下。袁绍虽然强大，却统率无方，最终会被曹公俘虏，我宁死也不怀二心。"于是当即斩杀了袁绍的使者，把送来的征南将军印绶送交曹操。看来，李通是一位胸有大义且知恩图报的人，曹操对他的特殊对待他是内心感念的，他在职位上不仅拒绝以权枉法，拒绝保护犯罪的亲戚，而且在关键时候能站稳自己的立场而拒斥背叛，坚守了应有的道德节义。不久他又向贼寇瞿恭、江宫、沈成进攻，消灭或击溃了他们的部众，把他们的首级送给曹操，平定了淮水汝水沿岸地区。曹操遂改封李通为都亭侯，任命他为汝南郡太守，掌控了一个大郡的统辖权。

209年，曹操大军在赤壁之战后退回北方，刘备同周瑜在江陵包围了曹仁，同时另派关羽断绝了北路的交通。李通奉命救援曹仁，他率兵出击，下马拔除鹿角冲进敌围，一边战斗一边前进，作战勇冠全军，接应了曹仁的部队。李通在行军途中染病去世，时年四十二岁。朝廷追加他食邑二百户，连同以前共四百户。

曹丕220年建魏作了皇帝，赐予李通刚侯谥号，下诏说："当初袁绍大兵压境，从许昌、蔡县以南，人人都怀有异心，李通坚持大义，不顾个人安危，使怀有二心的人顺服，我非常赞赏他。他不幸早逝，儿子李基虽已承袭了爵位，但不足以酬劳他的殊勋，李基的兄长李绪此前屯驻樊城，又有战功。他们家两世忠诚有功，现在任命李基为奉义中郎将，李绪为平虏中郎将，给予特殊优待。"

后世史家评论说："当年李通镇守淮、汝之地，与钟繇镇抚关中具有同样的意义，从战略上看这些地区都与全局有关，不仅仅关乎一个地区的得失。"当年曹操任用李通时采取了特殊方式，展现了施予的恩义；而李通逝去十多年后，曹丕仍然惦念着他二十年前官渡之战时守护东境的功劳，赞扬他忠贞不贰的表现。李通以自己在紧要关头的守节行为与重要功绩酬报了君主的恩义，曹魏两代君主均对他持有不同寻常的态度，不是没有原因的。

## 1.16（9）臧霸的人生与功绩

被视为亡命之徒的臧霸，在曹操唯才是举的用人方针下被转化成了镇守青、徐之地的重要将领，他在这一职位上忠诚做事，有力地配合了曹操对中原的争夺，后又随大军多次伐吴，成为曹魏臣属中贡献不小的将领。《三国志·臧霸传》及其引注介绍了臧霸的人生转折以及跟随曹操守土和征战的重要事迹，展现了一位心性不同的英雄。

臧霸，字宣高，泰山华县（治今山东费县东北）人。他的父亲臧戒，曾任华县狱掾，掌管监狱事务的官吏，因依据法律，不肯听任泰山郡太守凭私欲杀人，太守为此大怒，命令收捕臧戒送到郡府，当时监送者一百多人。十八岁的臧霸领着从客几十人在费县西山道半途截劫出父亲臧戒，监送者都不敢动，臧霸便与父亲一起前往东海逃命，他本人从此以勇猛健壮而闻名。

黄巾军起事时，臧霸跟从陶谦与黄巾军作战，被授予骑都尉。其后他在徐州招收士兵，与孙观、吴敦、尹礼等聚合军众，臧霸为统帅，驻扎在开阳（治今山东临沂东二十五公里）一带。194年曹操为恢复兖州讨伐吕布时，臧霸等带兵往助吕布。198年吕布在下邳被曹军所擒获，臧霸则隐身匿藏，曹操征募线索寻找到臧霸，见面后非常喜欢他，让臧霸招降吴敦、尹礼、孙观以及孙观之兄孙康等人，这些人都来归降了曹操。曹操任臧霸为琅邪（治今山东临沂北）相，任用吴敦作利城（治今江苏赣榆西三十公里）太守、尹礼任东莞（治今山东沂水县东北四十公里）太守、孙观任北海（治今山东昌乐西）太守、孙康任城阳（治今山东莒县）太守。划出青、徐二州地盘，交给臧霸镇守。曹操"唯才是举"的用人方针在对待臧霸一事上得到了充分的体现。

曹操在兖州时，曾任命徐翕、毛晖二人为将。在曹军征讨徐州陶谦期间兖州反叛起乱，徐、毛二人背叛曹操投靠了吕布。后来兖州之乱平定，徐、毛亡命出逃投靠臧霸。曹操告诉刘备，让他转告臧霸送来二人首级。当时刘备在剿灭吕布后正投靠曹操（参见2.1.3《虎穴栖身》），臧霸对刘备说："我所以能自立于世的缘由，就是因为不做这些负义之事。我臧霸身受曹公不杀之恩，不敢违抗他的命令；但是成就王霸大业的君主，可以用大义来说服，希望刘将军为我求情。"刘备将臧霸的话告诉了曹操，曹操非常感叹，他对臧霸说："这是古人的高尚行为，臧君能这样做正是我所希望的。"于是改变了主意，任命徐翕、毛晖二人为郡守（参见1.3.19《备下宽厚之心待人》）。当时曹操正与袁绍在官渡对抗，而臧霸屡次带领精兵进入青州平叛，所以曹操能专心应付袁绍，不必顾虑东方之事。

205年曹操在南皮打败了袁谭，臧霸等前往祝贺，他顺便请求派子弟及几位将领的父兄家属前往邺城，应该包含着送出人质以示忠诚的意思。曹操说："诸位忠心报国，但何必要这样来表现呢。过去萧何派遣子弟前往前线随从汉高祖，高祖没有拒绝；耿纯焚烧自己的房子马车和棺木而追随汉朝，光武帝没有违背他的决定，现在我怎么能改变前人的做法呢！"曹操在这里把话说得非常客气，表达了"恭敬不如从命"的意思，他列出刘邦、刘秀的行为做样子，事实上应是接受了臧霸等一批将领送亲属到邺城居住。

当时东部各州纷乱，臧霸等人执守道义而征伐暴虐，使黄海、渤海、泰山地区清平安定，他们在此立下了莫大的功劳，都被封为列侯。臧霸被授予都亭侯，又任威虏将军。后来臧霸又与于禁讨伐昌豨，与夏侯渊征讨黄巾余贼徐和等，均有功劳，升为徐州刺史。沛国人武周担任下邳县令，臧霸非常敬重武周，常到其住处做客。臧霸的助手䚡詷有违法之事，武周获得他的罪状，就拘押拷问而致死狱中，臧霸对武周更加友好。

臧霸跟从曹操讨伐孙权，常常冲锋在前；在巢湖之战中他攻破居巢（治今安徽桐城南）。209年张辽讨陈兰（参见1.16.1《忠勇将军张辽》上），其时臧霸被调到皖县（治今安徽潜山）讨伐吴将韩当，他在这里配合张辽的作战，使孙权不能前往救助陈兰。韩当派兵迎战臧霸，臧霸与韩当在逢龙（今安徽安庆）作战，韩当又派兵在夹石（今安徽桐城北峡山）拦阻臧霸，臧霸在交战中打败了韩当，带军队回到舒城（今安徽庐江西南）驻扎。孙权本来派几万人乘船驻扎在舒口（今安徽舒县境内杭埠河入巢湖之口），准备分兵前往营救陈兰，听说臧霸军队驻扎在舒城时，立即撤军。臧霸引军连夜追赶，到天明时行军一百多里，拦截敌军并从前后夹击。吴军情势窘迫，不能上船，跳水而逃者很多。为此吴军不能救援陈兰，保证了张辽对陈兰作战的全面胜利。

臧霸跟从曹操到濡须口征讨孙权，与张辽同为前锋，途中遇上大雨，前锋军队先到，其时江水上涨，敌船逐渐靠近，将士都惶恐不安。张辽准备撤离，臧霸阻止说："曹公能够预料战情的变化，他清楚前锋军队的状况，绝不会舍弃我们的！"第二天果然发出了相应的指令。张辽见到曹操后告诉了臧霸说过的话，曹操认为臧霸做得好，任他为扬威将军，假节。后孙权请求投降，曹操还军，留下臧霸与夏侯惇驻扎在居巢。

  曹丕220年初继位为魏王，升任臧霸为镇东将军，封其武安乡侯，安排他都督青州各路部队。曹丕受禅让作了皇帝后，晋封臧霸为开阳侯，徙封良成侯。222年他跟随曹休一路征讨东吴（参见1.4.17《三路伐吴》），在洞浦（今安徽和县东南长江岸边）打败吕范的军队，战后被任为朝中执金吾，这是执掌京师警卫和皇帝出行守卫的中二千石三品官员，位特进。每有军事问题，曹丕都会主动向他咨询。

  臧霸自接受曹操之命镇守青、徐二州，他在岗位上极有功劳，其间随军征讨东吴也不在其他将领之后，但为什么后来把他调离地方统军位置而在朝中任职呢？人们往往会以为是职务的晋升，但引注的《魏略》中记述了另外的情况：219年时臧霸派出的一支青州部队正在洛阳执行任务，次年正月曹操在洛阳病逝，原来由黄巾军改编的"青州兵"以为天下即将大乱，于是都敲着鼓擅自离开了（参见1.14.14《多彩的贾逵》中），这其中也有臧霸所派出的青州部队。大概因为青州部队不守军纪的原因吧，曹丕即位后，即安排曹休都督青、徐二州的军队。臧霸对曹休说："君主不肯听我的建议！如果给我部骑兵万人，我必能横行江南。"曹休把这话告诉了曹丕，曹丕觉得青州的部队前面擅自解散离去，臧霸这是故意说大话！于是他利用一次东巡州郡的机会，乘臧霸来朝见时削夺了他的兵权。资料中说，臧霸小名奴寇，孙观名婴子，吴敦名黯奴，尹礼名卢儿。有史家认为，臧霸及其故旧同伙本来就是作寇匪的亡命之徒，曹操逝后他们无所顾忌，难免不生二心，曹丕找机会削夺他们兵权，应该是有原因的。但这一说法和陈寿的记载则大为不同。

  明帝曹叡226年即位后，为臧霸增邑五百，共计三千五百户。臧霸不久去世，谥为威侯，他的儿子臧艾继承了爵位，243年他被尊祀于魏太祖曹操庙庭。无论臧霸走过了多么曲折的人生道路，但在曹操用人方式的影响下，他的一生还是充满传奇和辉煌的，他以自己的英勇才情和不懈努力在所受职位上建功立业，成就了壮烈而不凡的人生。

### 1.16（10）守御江夏的文聘

为刘表守御荆州北部边境的文聘，在刘表逝后转而为曹操守御刚刚夺取的江夏之地。他在曹魏的南部前哨阵地上成功抵御了来自东吴和关羽的两面冲突，配合了魏国对东吴的多次军事攻守，完成了自己的职责重任。《三国志·文聘传》及其引注用不长的篇幅介绍了文聘在荆州政局剧变关头的人生转折，记述了他镇守江夏约二十年间的重要战功，展现了他真诚笃实的品格和出众的军事才能。

文聘字仲业，荆州南阳郡宛县（治今河南南阳）人，起先为荆州牧刘表的大将，刘表安排他守御荆州北方边境。208 年刘表去世，其子刘琮继位，当时曹操起兵南征荆州，刘琮举州投降（参见 0.7.5《荆州的剧变》），招呼文聘一起归降，文聘说："我文聘不能保全本州土地，只应该等待接受惩罚。"曹操渡过汉水后，文聘前往进见曹操，曹操问他说："为何来得这么迟呢？"文聘回答："此前我不能辅助刘荆州（指刘表）一起侍奉国家，现在失去了荆州，但我希望据守汉川，保全地盘，以保证活着不负于孤弱新主（指刘琮），死后到了九泉之下也心中无愧。现在设想都落空了，以至到了这个地步。我心里实在悲痛惭愧，没有脸面早来进见明公。"说罢唏嘘流泪。曹操听了文聘的话深感悲怆，说道："仲业，你真是一个忠臣！"他以厚礼招待文聘，授予文聘统兵之权，令他与曹纯往长坂坡追讨刘备（参见 1.10.4《统领虎豹骑的曹纯》）。

文聘作为守御北方边境的将军，在荆州沦陷后感到自己没有完成君主交给的使命之重，因而深负愧疚之心，他当然无颜出面迎接占领军的统帅；但文聘在曹操发问时，却把这样的深沉心思和盘托给对方，同时表达了自己对刘氏故主忠贞不贰的态度和当时实现该忠诚的行动计划，这与曹操对荆州的政治设定自然是冲突的，但却由此展现了他遵循传统道德、执守为臣节义的高尚人格，也体现出了对曹操的真诚态度和高度信任，因而得到了曹操的充分理解，甚至赢得了对方的敬佩。文聘的一切设想都因为荆州政治局势的骤然变化而落空了，他最终还是来到了曹操面前，这代表着他最后的政治抉择，曹操为这位英雄人物的壮志未酬而悲怆，愿意成全他以后的功名理想，因而无所犹豫地接纳了他并授给了他统兵之权，分配给了他重要的军事任务。后世史家认为，文聘在这里流着眼泪表达了他对故主的忠诚之情，所以曹操第一次见面就给他委以军任，这并不是只看见他雄壮英武而在仓促间的随意行为。

　　赤壁之战后曹操退回北方前，需要留守一些军队驻守已得的荆州地盘，因为感到江夏（治今湖北安陆西南）与东吴接壤，民心不安稳，于是让文聘担任江夏太守，并让他执掌曹魏军队，把守御边防的事务托付给他，赐给他关内侯爵位。文聘当年守御荆州北境而壮志未酬，现在曹操把江夏守御的任务交给他，让他仍然在荆州故土上实现自己的人生理想，这里体现着对文聘更进一步的看重和信任。

　　213年初，乐进与关羽交战于青泥（今湖北钟祥东），不久关羽退至寻口（约今湖北安陆西南）时，文聘从江夏率军赶到，二人联手与关羽交战，文聘因为作战有功被晋封为延寿亭侯，又加封为讨逆将军，这为五品军职。其后文聘曾于汉津（今湖北武汉）攻取关羽军的辎重，又在荆城（今湖北钟祥西南四十三公里汉水西岸）烧毁其船。驻守江夏的文聘当时面临与关羽和东吴两面作战的艰难处境，直到219年关羽荆州败亡为止，这里发生过不少局部战争和各种摩擦，文聘成功守御了江夏之地，只可惜史料中对这里的战况记述不多。220年曹丕即位后，加封文聘为长安乡侯，并假节，授予他更大的军政机动权。

　　222年曹丕组织军队三路伐吴，文聘配合夏侯尚围攻江陵，他带领一支军队屯于沔口（故址在今湖北汉阳西南沔水注入长江处），在石梵（约今湖北天门东南汉水北）独自抵挡吴军一队人马。因防御敌人有功，被升迁为后将军，封为新野侯。

　　后来孙权领着五万军队亲自攻打石阳（治今湖北应城东南四十公里），

包围了文聘，情况很紧急，但文聘坚守城中不动，孙权屡攻不下，驻扎了二十多天后只好撤围而去。文聘领兵追击，大破吴军。《魏略》中对这次战斗有另外的记述：孙权亲自领着几万军队突然到达，当时正逢大雨，城栅大多崩坏，民众散居在田野中，来不及整修城栅。文聘听说孙权军队到来，一时不知道该怎么办，后来考虑最好的办法莫过于让全城潜默，以此疑惑敌军。于是他命令城中人都须隐藏起来，他自己也躺在住舍中不动。孙权看见城中景况果然疑惑，对自己的部下说："北方魏国认为这人是忠臣，所以让他守御江夏郡，现在我们大军到达却不见动静，这若不是有隐秘的图谋，必定是有外来的救援。"于是不敢进攻而退兵。两种记述的危险境况和最后的结局都是相同的，引注资料中则介绍了更多具体的情况，也表现了文聘对待危急情况的机智和应敌谋略，属于一种特殊情况下的空城计。战后曹丕给他增加封邑五百户，加上以前的封邑共计一千九百户。

　　文聘驻守江夏二十年，他有威有恩，名震敌国，外敌不敢侵犯。朝廷划分文聘的封邑，封他的儿子文岱为列侯，又赐文聘侄子文厚关内侯爵位。文聘死后，追谥号为壮侯。因为儿子文岱先亡，文聘的养子文休继承了爵位。史书上没有记录文聘逝世的年份，按时间推算，应是曹叡执政之初，从封邑的划分和爵位的继承方式看，朝廷是以最优惠的方式对待文聘后裔，意在让文氏家族在国家发展中享受到更大的恩惠，文聘对国家的贡献在曹魏君臣的心中始终未被忘怀。

## 1.16（11）吕虔的军政功业

　　曹操在创业中还发现和任用了一批军政兼通的人物，他们"上马以治军，下马能治民"。处于战乱年代，这些人物在职任上常可发挥他们的特长，对保障地方治理的安定起到了很好的作用。《三国志·吕虔传》及其引注等多处资料记述了吕虔一生的主要活动，重点介绍了他在泰山太守和徐州刺史等职位上治军治民的军政成就及其相关联的事迹，从中能看到三国时代更为丰富的社会文化生活。

　　吕虔字子恪，任城（治今山东济宁东南二十公里）人。曹操为兖州牧时，听说吕虔有勇有谋，就任命他为从事，吕虔带领自己的家丁防守湖陆（治今山东鱼台东南三十公里）。襄贲县（治今山东苍山南）校尉杜松部下平民炅母等人作乱，与昌豨勾结，曹操命吕虔代替杜松作该县校尉，这是主管地方军事和治安的职务。吕虔到达襄贲后，请来炅母和他属下头目及党羽几十人，招待他们酒食，他事先挑选壮士埋伏在旁边，吕虔在炅母一伙都喝醉时，使伏兵把他们全部杀死，接着安抚剩余的部众。吕虔在这里采用鸿门宴的方式，消灭了当地反叛的首领，骚乱得以平定。吕虔本来就掌控着一支家丁队伍，应该属于准军事部队，他熟悉军争活动的优长在地方治理中一开始就发挥了积极作用。

大概正是看中了吕虔军政兼通的才质吧，曹操让吕虔担任泰山郡（治今泰安东二十五公里）太守。该郡依山连海，郡民听说天下大乱，都逃跑或藏匿起来；当时袁绍任命的中郎将郭祖与公孙犊等几十人都占山为寇，百姓深受其害。吕虔率领家兵到达泰山郡，对民众施恩惠讲信用，采用仁德的治理方式，郭祖的党羽都被降服，藏到山里的百姓也都出来定居耕作。吕虔又挑选强壮的人补充到军队中，泰山郡从此有了精兵，在各州郡中名列第一。济南的黄巾军首领徐和等人，所到之处劫持县令官吏，攻打城邑。吕虔率兵与夏侯渊共同出击，前后打了几十仗，斩首和俘虏了几千人。

曹操派吕虔总督青州各路部队前往讨伐东莱郡（治今山东龙口东十五公里）群寇李条等人，立有战功。史书上没有记录作战立功的具体情景，而记载了战后曹操发布给吕虔的如下通令："人有志向，必定成就事业，这是英烈之士所献身追求的。你任泰山太守以来，捕捉奸人讨伐贼寇，百姓获得安宁，亲自冒着矢石，每次征战必胜。过去汉朝将军寇恂在汝水、颍水之间扬名，耿弇为攻取青州、兖州献策，古今都是一样的。"曹操这里对吕虔的军政之才及其功绩给予了充分肯定。不久吕虔被推举为茂才，加骑都尉，仍然管辖泰山郡。吕虔以军事活动而出名，但他也不是单纯的一介武夫，据称吕虔主政泰山郡十多年，对当地民众施有许多威德和恩惠，他在文以治民方面也是具有特定方式并取得了突出成就的。

后世史家注意到，曹魏当时许多州郡的主政人都是像吕虔一样在同一地方久任其职，如张既在雍、凉二州十多年，梁习在并州、冀州二十多年，杜畿在河东十六年，文聘在江夏二十年等，这里所表现的是君与臣之间的高度信任以及民众与政府的相互信赖。

　　220年初曹丕继承魏王之位，加吕虔为裨将军，封他为益寿亭侯。后来升其为徐州刺史，加威房将军。吕虔遂请琅邪人王祥担任徐州别驾，民政的事情全部委托给王祥。吕虔征讨利城郡（今江苏赣榆西三十公里）的叛贼，因斩首和俘获叛军而再立战功。曹叡226年即位后，改封他为万年亭侯，增加食邑二百户，连同以前的共六百户。吕虔死后，他儿子吕翻袭爵；吕翻死后，儿子吕桂承袭了爵位。初仕徐州别驾的王祥后来成了魏晋之际的名臣，世人都赞扬吕虔能够任用贤人。

　　后来的史书中记述了与吕虔有关的两件事情：一是，晋代史家孙盛所著《杂语》中提到吕虔在徐州任用至今仍极有名声的王祥，其中说：王祥字休征，他生性非常孝顺，继母对他苛刻虐待，多次想危害他，而王祥在行动和脸色上都没有厌倦的表示。到了最寒冷的季节，继母对他说："我想吃刚抓的活鱼。"王祥就脱掉衣服，准备剖开河面的冰来求鱼。不一会儿，水面的坚冰开裂，下面有鱼跳出来，王祥拿着鱼做给他继母吃，当时人们都认为是王祥的孝感动了上天所致。王祥供养后母三十多年，后母去世后方才出仕任职，因为人朴实忠诚而被世人看重。王隐《晋书》中说：王祥开始出仕时，年龄已过五十，不久升任司隶校尉。高贵乡公曹髦在太学作经学探讨后不久，任用王祥为三老（参见1.8.4《皇帝能做的事情》），升为司空太尉。后来晋朝建国，王祥被任为太保，封雎陵公，268年八十九岁去世。当今社会上流传的"二十四孝"，其中就有"王祥卧冰"的传说，而《杂语》原文中只说："祥脱衣，将剖冰求之，少顷，坚冰解，下有鱼跃出。"这里是"剖冰"，不是"卧冰"。如果卧而解冰，那就太过于愚笨，似乎也不可能，但原文中提到的"脱衣"又有什么意义？事实上，王祥求鱼，其重点只是对继母的恭顺态度和他受委屈而心中无怨的孝敬品德，其他的夸张描写自然不能当真。

另一件事情说的是"吕虔佩刀"。《晋书·王祥传》中记述说："吕虔有一把佩刀，相工观看后认定吕虔一定会登上三公之位，所以应该有这样的佩刀。吕虔对别驾王祥说：'我不是可以做三公的人，这刀对我说不定还有害。而您有公辅的器量，所以将刀相送。'王祥坚决推辞，吕虔强迫他才接受。王祥临终前，又将这把刀送给弟弟王览，对他说：'你的后代一定兴盛，足以配此刀。'王览的后裔果然历代都出贤才，东晋时王氏家族中王敦、王导就是声名显赫的人物。"无论一把佩刀是否具有如其所记的神奇性，但从中可以看到徐州刺史吕虔作为地方主政官员，他同时是以出众的武功而留名于世的，他是一位兼通军政、两相助益的名臣。

## 1.16（12）"虎痴"将军许褚

古人常以虎来比喻人的骠勇雄健，包含着对其武艺和气力的赞赏。在曹操的军营中就有一队"虎士"，早先聚集他们而归顺曹操的头领许褚被曹操任用为近身侍卫，军中称为"虎痴"。"痴"是指对某一事物极度沉迷，心陷其中而遇事不知变通的状态，许褚把这种"痴"用在了对曹操的警卫保护工作上，表现了他对君主和国家、对工作和事业的绝对忠诚。《三国志·许褚传》用不长篇幅介绍了许褚一生的主要事迹，记述了这位虎痴将军对曹魏事业的贡献，展现了其勇武雄壮、忠诚质朴的人格特质。

许褚字仲康，谯国谯县（治今安徽亳州）人。他身高八尺有余（合今近1.9米），腰围粗壮，容貌雄俊刚毅，气力过人。汉朝末年，他聚集年轻人及其宗族几千家，共同筑起坚固的壁垒以防御贼寇。当时汝南郡（治今河南平舆北）葛陂为首的贼寇一万多人前来攻打他们的壁垒，许褚因为人少难以抵敌，奋力作战而极度疲劳，手头的箭用光了，于是让城中男女收集如汤盆水杯一样大的石头放置在四个城角，许褚用石头投掷敌人，所打中的都被击碎，敌人不敢逼近。当时粮食缺乏，他们假装与敌人讲和，用牛和对方换粮食。敌军来取牛，牛都跑了回来，许褚于是走到阵前，用一只手拽住牛尾巴行走了一百多步。敌人看见后很惊恐，于是不敢来取牛就撤走了。自此淮、汝等地一听到许褚的名子都畏惧忌惮。

<<< 1.16 出名的武将与侠士

　　曹操在197年夏领兵巡行至淮、汝一带，许褚率领部众前来归顺。曹操见到许褚觉得他很豪壮，说："这是我的樊哙啊。"当天任命他为都尉，安排做自己的近身侍卫。那些早先跟从许褚的侠客都被曹操任为"虎士"，这是有名号的勇士。198年许褚跟随曹操征讨张绣，率先登上城墙，斩敌一万多，被升任为校尉。200年又跟从曹操在官渡征讨袁绍，当时曹操的侍卫徐他等人密谋造反，因为许褚经常侍卫在曹操身边，他们忌惮而不敢行动。后来等到许褚休假歇班之时，徐他等人怀藏着刀进入曹操营帐。许褚这天到了自己住处后突然心动，他立即返回值班，徐他等人不知道，进帐后看见了许褚，非常惊愕，同时徐他脸色大变，许褚发觉情况异常，当即击杀了徐他等人。在这里，当曹操即将遇刺时，歇班休息的许褚感到了一种异常的生理反应，可以认为有一根神秘的力量存在而被许褚所感知，但其中更多的原因是，在官渡决战的紧要关头，许褚知道自己肩负的责任之重，离开曹操后他的心情本来就是紧张不安的，他明白自己警卫工作的薄弱环节之所在，因为心中惊恐，于是前往大营观看；这里即便是有神秘的力量存在，也只能被许褚所感知，归根到底是许褚对工作毫不马虎的责任心起了作用。事件之后曹操对许褚更加亲近信任，与他一同出入营帐，许褚也时常不离曹操左右。204年许褚跟随曹操围攻邺县，因奋力作战而有功，被封为关内侯。早年许褚所带领的虎士，他们都是剑客，曹操认为他们壮勇，对跟随大军征伐的许多人在同一天拜为将。

　　211年许褚跟随曹操去潼关征讨韩遂、马超时，曹操打算向北渡河，临到过河之时，他决定先让军队渡过，只留下许褚及一百多虎士在南岸断后，未料马超率领步骑兵一万多人突然来攻曹操，当时箭如雨下。许褚告诉曹操说："敌兵来的太多，现在军队全已渡河，我们应该离开。"于是他扶着曹操上船。敌人来势很猛，后面的士兵们都争着过河，船太重将要沉没，许褚手斩登船的人，左手举着马鞍为曹操挡箭；因为船工被飞箭射中而死，许褚用右手划船才得以勉强过了河。当天要不是许褚，曹操差点丧命。

　　此后曹操与韩遂、马超等人在阵前单马会话，身边的其他人都不跟

223

随，只带着许褚，马超对自己的勇力颇为自负，暗地打算上前突袭谋害曹操，他一向听说许褚勇猛，怀疑跟从曹操的就是许褚，于是询问曹操说："明公身边有个叫虎侯的将军在哪里？"曹操回头指着许褚，许褚瞪眼看着马超，马超不敢发作，于是各自回营。过了几天两军会战，曹军大败马超，许褚斩杀了许多敌人，升为武卫中郎将。"武卫"的称号就是从此开始的。军中因为许褚的力气如同老虎而且痴呆，所以称他为虎痴；当时马超询问"虎侯"，人们后来就这样称呼他，还以为这就是他的姓名。

　　许褚生性谨慎，遵奉法律，做事持重而话少。曹仁从荆州来邺城拜见曹操，曹操还没有出来，曹仁就进来和许褚在殿外相遇，并招呼许褚过来和他坐下说话，许褚说："魏王将要出殿。"于是自己回到殿内去了，曹仁很气愤。有人责备许褚说："征南将军（指曹仁）是宗室重臣，他屈尊相约说话，你为什么要推辞呢？"许褚说："他虽然是亲族重臣，但属于外藩之将。我身为内臣，当众交谈就够了，怎能进屋私谈呢？"曹仁是曹操最亲近的宗室兄弟，而许褚坚守的是一般的警卫纪律，对曹仁仍然没有一丝灵活变通的余地。曹操听说这事后，更加亲近和厚待许褚，安全保卫工作其实需要的正是这样只认规则不认人情的痴人，不久曹操升任他为中坚将军。

　　220年初曹操在洛阳逝世后，许褚大哭吐血。曹丕当年受禅做了皇帝，进封许褚为万岁亭侯，升他为武卫将军，安排他总督皇宫宿卫禁兵，对他非常亲近，同时升任早年相跟随的几十位有功的虎士为将军，百余人被任为都尉、校尉。226年曹叡即位后，又进封许褚为牟乡侯，封邑七百户，同时赐其一子为关内侯。许褚逝世后，被追谥为壮侯，他的儿子许仪继承了爵位。许褚的兄长许定也因军功被封为振威将军，都督那些负责巡查和警卫道路的徼道虎贲。几年后曹叡想到了许褚对曹魏的忠诚，下诏再予褒赞，赐许褚子孙二人为关内侯。后来许仪在263年魏国大军伐蜀之战中身为牙门将军，他负责在前面领兵为大军整修道路，但部队在过河时桥面穿通，马脚陷了进去，军队统领钟会认为道路没有修好，按军令斩掉了许仪（参见1.14.3《钟会的成长与作为》中）。265年晋朝建立后，许仪的儿子许综继承了爵位。

许褚自197归附后一直作为曹操的近身侍卫而立功，曹操就是他崇敬和侍奉的对象，自220年曹操逝后，未见他有任何突出的事迹记录，也许是他后半生心理支柱倒塌后的结果吧，他和他的家族后裔得到了应有的荣誉和待遇，他的功绩和人格很久未被人们遗忘。

### 1.16（13）传奇英雄典韦

在虎痴许褚之前充当曹操近身侍卫的是力气过人的传奇人物典韦，他是一位义气深重的侠客，约于192年归依了曹将夏侯惇，在曹军与吕布的濮阳大战中脱颖而出，受到曹操的高度器重，却在几年后为保护君主的生命而战死，留下了无尽的遗憾。《三国志·典韦传》记述了这位传奇人物短暂的一生活动，表现了他为人的豪爽侠义和在战场上的英勇无畏，展现了他的英雄气质。

典韦，陈留郡己吾县（治今河南宁陵西南二十五公里）人。他相貌魁伟，体力过人，有志气节操，喜欢行侠仗义。襄邑（治今河南睢县）的刘氏与睢阳（治今河南商丘南）的李永结下仇怨，典韦想要为刘氏报仇。李永原是富春（治今浙江富阳）县令，家中戒备森严，于是典韦乘着车，带着鸡和酒，假扮成远道来问候的客人。他叫开了李永家的大门，怀揣匕首冲进去杀了李永，并杀死了李永的妻子，然后缓缓地走出门，取回车上的刀戟，步行离开李家。李永的住处靠近集市，整个集市的人都震惊了，有几百个人前来追赶典韦，但又不敢靠近。典韦走了四五里，遇到自己的伙伴，他们辗转拼杀得以脱身，由此典韦被豪杰所识。这里不清楚刘氏与李永两人结仇的是非原因，但典韦为知己友人复仇的侠义精神和他面对险难而毫不畏惧的勇敢气概足令人们心生敬佩。

朝廷西迁长安年间，张邈在关东组织义兵，典韦作了张邈的士兵，隶属司马赵宠。军队的牙门旗又长又大，没人能举得动，典韦一只手就把旗举了起来，赵宠对他的才干和力气很是惊讶。当时张邈是支持曹操的盟军（参见1.3.17《一对生死友谊的破裂》），两军中的人员也有不少接触和

225

流动吧，后来典韦又归属了夏侯惇，其中的具体细节并不清楚。典韦在夏侯惇属下数次杀敌有功，升为司马。

194年曹操讨伐徐州陶谦时张邈背叛曹操，引诱吕布占有了兖州，不久曹操回军在濮阳讨伐吕布，吕布的另一支部队屯兵在濮阳西面四五十里的地方，曹操夜间偷袭，到天亮时打败了敌军，还没来得及撤军，就遇上了吕布的救兵赶来，从三面进攻曹军。当时吕布亲身搏战，从太阳出来到日头偏西，双方交战几十回合，一直相持不下，形势非常危急。曹操遂在军中招募冲锋陷阵的勇士，典韦抢先应募，他率领应募的几十人，都身穿多重衣服和两层铠甲，丢掉盾牌，只拿着长矛撩戟出战。其时西面情况紧急，典韦前去抵挡，敌军乱箭齐发，箭如雨下，典韦根本不看，他对跟随的人说："敌人距我十步时再告诉我。"众人说："十步了。"典韦又说："五步时再告诉。"众人都害怕了，大声疾呼："敌人来了！"典韦手持十多支戟，大呼而起，抵挡者无不应手而倒，吕布遂率领众人撤退。正值天色已晚，曹操得以脱身。这一战斗中是典韦的神勇气概扭转了战局，显露了他非同寻常的超人武艺以及危急时刻的拼死精神，大得曹操赏识。典韦的家乡离曹操的谯县不远，这也增加了曹操对他的信任，战后曹操任命典韦为都尉，安排在自己身边，让他带领亲兵几百人，常绕大帐巡逻。

典韦喜好酒食，吃喝都是别人的两倍，每次曹操赐他酒食，他总是大嚼长饮，纵情吃喝，需要多人在旁侍候，不断给他加食添菜才供应得上，曹操赞赏他的豪壮。他本人强壮勇武，带领的人又都是挑选出来的精兵，每次作战总是最先攻陷敌阵，不久被升为校尉。他性格忠厚谨慎，经常白天在曹操身边侍立整日，夜晚在大帐附近歇息，很少回到自己的住处。可以看到，由于受到优厚的对待，典韦对曹操是内心敬爱的，他是用一种侠义报偿的心态来看待曹操，并履行曹操赋予自己的职责。典韦喜欢使用大双戟和长刀，军中为此流传说："帐下壮士有典君，提一双戟八十斤。"

曹操197年初征伐荆州，抵达宛城，张绣出城投降，曹操非常高兴，设宴邀请张绣和他的将领们共同庆贺。曹操依次敬酒时，典韦握着大斧站在背后，斧刃径宽一尺，曹操每到一人面前，典韦就举起大斧盯着他。张绣和他的将帅一直到酒宴结束，都没人敢抬头看典韦。过了十多天，张绣谋反，偷袭曹操大营（参见 0.8.5《张绣与贾诩的将相璧合》），曹操应战失利，带着轻装骑兵退去。当时典韦在营门中迎战，叛军无法攻入，于是分散从其他门一齐进攻，典韦手下校尉还有十多人，全都殊死搏斗，无不以一当十。叛军先后涌进的人越来越多，典韦用长戟左右攻击，一叉过去，总有十几支矛被击断，后来他的手下校尉死伤殆尽，典韦本人也身受几十处伤，最后与敌人短兵相接，敌兵冲上前搏击，典韦用双臂挟住两个敌兵将其杀死，其余的兵贼不敢上前，典韦又冲上前去突击敌人，杀死数人，最后因为伤势加重，他怒睁双目大骂而死。其时典韦可能并不知道曹操后来已经离开的情况，他守定营门，始终没有撤离的打算，是怀着必死的决心阻挡叛军的，因为曹军事先没有任何准备，也因为涌进营门的叛军人数过多，典韦等人寡不敌众，最终不屈而死。典韦死后敌人才敢上前，割下他的头，互相传看，全军又都来看他的躯体。历史演义小说中对典韦这次的作战情景有更多的夸张性描写，彰显了典韦的英雄气质，给人们留下了更为深刻的印象。

　　曹操退驻到舞阴（治今河南泌阳西北三十公里），听闻典韦战死，痛哭流涕，招募人暗中取回他的尸体，亲自临尸哀悼，派人将灵柩送回襄邑安葬，并任命他的儿子典满为郎中。此后曹操每次经过襄邑，都会用中牢的礼仪祭奠他。后来因思念典韦，遂任用典满为司马，把他安排在自己身边。曹丕即王位，任命典满为都尉，赐予他关内侯爵位。史书上对典韦的文字记述虽然不多，但提到的事迹都很典型，从中能看到他为人的爱憎侠义和对君主的忠诚，看到他非同常人的传奇般武功，能够感到他浑身充满的英雄气概。

## 1.16（14）不屈强敌的庞德

　　面对人生命运的转折，是否可以与身为原上司的故主作出不同的政治选择？凉州名将庞德用自己的行动对这一问题做出了肯定的回答。故主马超归降了蜀国刘备后，庞德215年在汉中归顺了曹操，几年后他为曹魏的事业尽忠殒命，兑付了自己的信念与誓言。《三国志·庞德传》及其引注介绍了庞德的曲折人生，记述了他219年与关羽在樊城交战被俘、坚贞不屈而自甘赴死的行为及豪爽气概，展现了他富有个性和理想的一出英雄悲剧。

庞德字令明，南安郡狟道（治今甘肃陇西东南十公里）人。年轻时曾担任郡吏、州从事，约190年后跟随马腾攻击反叛的羌人、氐人，多次立功，逐渐升为校尉。202年后，曹操在黎阳征讨袁谭、袁尚，袁氏派郭援、高幹等人在河东郡抢掠，曹操命钟繇统率关中众将讨伐（参见1.14.1《钟繇的建魏之功》上），庞德随从马腾的儿子马超在平阳（治今山西临汾西南十公里）抵御郭援、高幹。其时庞德担任先锋，在对敌军的进攻中大获全胜。

当时庞德手斩一敌头颅，放置在鞬中（战马上盛弓箭的袋子）。战斗结束后，众人都说郭援已死但找不到他的首级。郭援是钟繇的外甥，庞德后来从鞬中取出一颗人头，钟繇看见后即哭，大家才知道郭援被庞德所斩。庞德为此向钟繇致歉，钟繇说："郭援虽说是我的外甥，但他是国家的贼寇，你不必要致歉！"敌首郭援被斩，庞德在战斗中立有大功，被任命为中郎将，封都亭侯。后来地方头领张白骑在弘农郡反叛，庞德再次随马腾征剿，在两座崤山之间大破叛军。

庞德每次随军出战总是攻陷敌阵，打退敌人，在马腾部队中最为勇猛，208年马腾被征召到朝廷担任卫尉，庞德留在马超部下。曹操211年在渭南打败马超，庞德随马超逃入汉阳郡（治今甘肃甘谷东南的冀城），据守冀城；后来又跟马超投奔汉中张鲁（参见2.2.5《声名在外的马超》）。215年曹操平定了汉中，庞德随部队投降。曹操早就听说庞德骁勇，任命他为立义将军，封他为关门亭侯，食邑三百户。庞德此前一直跟随马腾、马超父子，从此他成了曹操的属将并受到重用，与归顺了刘备的马超分道扬镳。

219年正月，南阳郡的侯音、卫开等人占据宛城而反叛，他们拘执了郡太守，暗中与镇守荆州的蜀将关羽联合。庞德率领部下与曹仁夺取了宛城，斩杀了侯音、卫开，便往南驻扎在樊城，受令讨伐围攻樊城的关羽。樊城的众将因为庞德之兄庞柔跟随马超在蜀国刘备手下干事，因而对他颇有怀疑，但庞德常说："我身受国家大恩，理应为国家尽义捐躯。我要领兵攻打关羽，今年我不杀关羽，关羽就该杀了我。"庞德在军中其他将领的怀疑中发誓要与关羽决战，公开表明了自己的态度与决心，而当时并未有抬榇（棺材）出征的过激行为。清代学人韩荌对此发表议论说："庞德过去是马腾的部将，马腾被曹操灭族，马超和兄长庞柔也都在蜀国，他反而与蜀国为仇，似乎想要对曹操尽忠，但终究不为合宜。"这种议论应该包含着后世人们的尊刘意识和传统的从一观念，恰恰忽视了人们应有的独立意识和良鸟择木的理念。无论如何，庞德的职业忠诚和敢于藐视强敌的作战气概还是感人的。

不久庞德亲身与关羽交战，他射中了关羽前额。因为庞德平时阵战中总骑着白马，关羽的士兵称他为白马将军，都很怕他。曹仁让庞德部队屯扎在樊城北边十里的地方，正逢连下了十几天大雨，汉水暴溢，樊城地面水深五六丈（合今10多米高），庞德同众将上堤避水，关羽乘船进攻，四面包围用弓箭射向堤上。庞德则披甲持弓，箭无虚发，他手下将军董衡、部属董超等人想要投降，庞德处死了他们。从清晨一直交战过午，关羽攻势更急，最后用完了箭，双方短兵相接。庞德对督将成何说："我听说良将不会因怕死而苟且偷生，烈士不损毁名节以求活命。今天是我死的日子！"他作战更加发愤，气势愈益雄壮，但水势越来越大，将士们都投降了，庞德同部下一名将领、两名伍长弯弓搭箭，乘着小船想要回曹仁军营，却因水大而翻船，遗失了弓箭，庞德独自抱着船沉到水中，被关羽俘获。

庞德站立不跪，关羽对他说："你哥哥在汉中，我想任用你为将军，为什么不早投降呢！"庞德骂关羽说："竖子，什么叫投降！魏王率领雄兵百万，威震天下。刘备不过是个庸才，岂能和魏王对敌！我宁肯做国家的鬼，也不当贼寇的将。"于是被关羽所杀。后世学人康发祥对此发表议论，总之是认为庞德临死前发出豪言壮语，但因为政治站队错了，所忠诚的对象有误，所以不是真正君子的行为。这种认识和韩荄多有相似，但并不能抹杀庞德忠诚自己信仰，面对死亡而大义凛然的英雄气概。

曹操听说了庞德的事情后非常悲痛，为他的死而流泪，封庞德两个儿子为列侯。过了数月，到220年初曹丕即王位后，他派使者到庞德陵墓前赐给谥号，曹丕是想让庞德的魂灵感知曹魏对自己英雄的看重，他同时下诏说："从前春秋晋国元帅先轸为国捐躯，战国时齐国大夫王蠋自缢殉节，受到了前代人的赞美。现在庞德果敢刚毅，赴难成名，他的名声到处传扬，其大义行为自古就受到尊崇。我非常怀念他，赐他壮侯的谥号。"又给庞德的儿子庞会等四人关内侯爵位，各食邑一百户，这里应该是给了庞德后裔超规格的赏赐。庞会具有他父亲那样勇猛刚烈的风格，后来任中尉将军，受封为列侯。

引注资料《蜀记》中记录说：钟会263年平定蜀国时，做过一些宣传，大军入蜀后把庞德的尸体搬回安葬在了邺县，当时打开蜀地的坟墓，庞德身躯和头颅如同生前一样。裴松之在引注了这一资料后，当即又明确指出："庞德死于樊城，曹丕宣布谥号时又专门派人到他的坟墓前，那么他的尸体绝不会在蜀地。"裴氏的反驳是极有道理的。另有《蜀书·关羽传》中引注《蜀记》所记说：263年魏军伐蜀，刘禅举国投降，当时庞德的儿子庞会跟随钟会出兵来蜀国，他进入成都后因愤恨关羽在樊城杀了父亲，于是尽灭了关羽家族（参见2.2.2《关羽事迹辨正》下）。一场看似报仇雪恨的快意行为，其实又引发和上演了一出冤冤相报、无辜者受难的悲剧。

## 1.16（15）庞淯的情仇国恨

《三国志·魏书十八》中在庞德之后介绍了凉州官员庞淯的英勇一生。其实庞淯和庞德虽然姓氏相同，但并没有任何亲族关系，相同的只是他们对国家主君的忠诚挚爱和为人做事上果决刚烈的心性。庞淯本传及其引注中记述了庞淯与武威太守张猛和酒泉太守徐揖间的恩怨情仇，表现了他恩怨分明、大义为国，慷慨赴死而无所畏惧的英勇豪气，从中能够看到三国

<<< 1.16 出名的武将与侠士

时代人们社会交往的更多现实状况。

庞淯字子异，酒泉表氏（治今甘肃高台西三十公里）人。最初以凉州从事身份代理破羌（治今青海乐都东南）县长，武威太守张猛反叛，领兵攻杀了雍州刺史邯郸商，并发令说："胆敢有前去给邯郸商发丧祭奠的，立即处死而不赦免。"庞淯听到这一命令后即抛弃了官职，他昼夜奔走到了武威，在邯郸商的丧所大哭哀悼，然后到了张猛的家门，怀藏着匕首，准备见面时杀掉张猛。

武威太守为什么要反叛？他与邯郸商发生了什么样的纠葛？说起来是一段显得非常滑稽的情节。魏国郎中鱼豢所撰《典略》中记录了如下事情：张猛字叔威，本是敦煌郡人，他的父亲张奂，在汉桓帝（146年—168年在位）时期历任郡守、中郎将、太常，后来居住在华阴县（治今陕西华阴东南），死后就安葬当地。朝廷迁于许都后不久，张猛担任所在郡（华阴属弘农郡，治今河南灵宝东北）功曹，当时河西四郡（指敦煌、张掖、酒泉、武威）因为离凉州治府（当时在甘肃张家川县）太远，又因贼寇隔河为阻，他们上书朝廷请求另外设置州府。朝廷发诏让陈留人邯郸商以雍州刺史的身份管理河西四郡政务，治府设在姑臧（今甘肃武威）。其时武威太守空缺，诏书又以张猛父亲张奂过去曾在河西具有威名，所以以张猛补缺武威太守，于是邯郸商、张猛一同西行任职。

早先张猛与邯郸商同岁，两人常开玩笑相耍弄。209年他们一同去武威就职，从当时任职关系上看，邯郸商是张猛的顶头上司，两人是直接的上下级关系，但因为他们早先认识，又具有并不友好的私人关系，所以走在路上更是互相责备戏侮。到达武威后，邯郸商想要杀掉张猛，被张猛觉察到了，张猛于是领兵向邯郸商进攻。邯郸商的州府住所与张猛靠近，他听说张猛领兵前来，恐慌之下登上屋顶，大呼张猛道："叔威，你想杀我吗？但我死后被人知道，你也要被灭族。我们两人和解行不行？"张猛大呼说；"来吧！"邯郸商翻过房屋去见张猛，张猛对他责备数落，话说完后，把邯郸商交给监察系统的官员督邮。督邮把张猛对邯郸商所数落的事情记录下来，将邯郸商关闭在官方人员出使住宿的传舍驿站，邯郸商想要

231

逃离，事情被发现，张猛于是将其杀害。

　　这是一起任职官员因为个人恩怨而相互仇杀的荒唐事件，邯郸商与张猛在接受朝廷任命后，仍然以他们原有的不良关系而交往，没有建立起起码的相互尊重，使相互间的怨恨在赴任途中继续加深，引发了强者为胜的仇杀。按照当时古人的理念，以下反上的行为属于反叛，所以无论他们个人间相仇杀的原因和性质怎样，认定张猛的行为属于反叛不是没有道理。其时担任破羌县长的庞淯获悉了张猛的行为，并且听到他禁止给邯郸商作发丧祭奠的通令，不禁怒从心起。他似乎与邯郸商并无过多的私人关系，但出于一种为国除叛的大义，他抛弃了官职，准备以己之力去斩杀张猛。

　　史书上说，张猛的谋刺行为被武威士兵发现了，他们准备捆绑庞淯。张猛知道庞淯是一位义士，于是吩咐手下人打发他离开。张猛感叹说："我张猛因为杀害刺史而有罪，庞淯以对人忠心而出名，如果把他杀了，怎么来劝勉一州践行道义的人士呢！"于是就没有杀害他，庞淯自此以为人忠烈而出名。

　　210年，关中将军韩遂奉命前来征讨张猛，张猛发兵向东进军作抵抗。韩遂早年在凉州兴事起家（参见0.5.6《韩遂的职场生涯》），在当地是大名鼎鼎的人物，当地的官员百姓都害怕韩遂，于是起来一同进攻张猛。当初张奂为武威太守时，张猛刚被母亲怀上。他母亲梦见自己带着张奂的印绶，登上楼而唱歌。天明后她把梦告诉了张奂，张奂前去询问占梦的人，占梦人说："夫人怀着男孩，以后应会再到此郡做官，他必会死在官任上。"这次张猛受到韩遂进攻时，他自知必死，对人说："假如人死后没有知觉就罢了，如果有知觉，难道我的头颅东过华阴还要经过先君（指父亲张奂）坟墓之前？"他是羞于让父亲魂灵面对他任职被杀的头颅，于是登楼自烧而死。在这里，庞淯对张猛的刺杀没有成功，但张猛毕竟还是死了，无论是通过什么方式，庞淯所持为国复仇的道义还是得到了伸张。

　　后来酒泉太守徐揖请庞淯担任郡府主簿。徐揖在任上曾诛除了郡中强族黄氏，黄昂脱身在外，他招募了一支队伍向太守徐揖进攻，包围了郡城，按性质这当然属于一种反叛行为。在地方政府面临危机的关头，主簿庞淯丢下妻子儿女，他晚上翻城出围，把酒泉受困情况向张掖、敦煌二郡报告。两郡开始不大相信，因而未肯发兵，庞淯准备伏剑自杀，二郡为他的大义所感动，于是为他们发兵平叛。但军队尚未到达时郡城就已陷落，徐揖已死。庞淯收敛了徐揖的尸体为其发丧，将灵柩送还徐揖家乡，为他穿丧服三年后归还。

庞淯一个人的能力是有限的，但他在情况紧急的时候，置个人利益和生命于不顾，为国家和主君献出了最大的忠诚，他是一位爱国忠君、不忘国恨而情义深重的大丈夫。曹操听说了庞淯的事情，征召庞淯为丞相府掾属。220年曹丕受禅作了皇帝，拜庞淯为驸马都尉，不久升任他为西海（治今内蒙古额济纳旗东南）太守，赐爵关内侯。后来征任其为朝廷中散大夫，这是担任顾问应对而无固定职事的六百石七品职位，应属于国家给予他的晚年待遇，逝世后他的儿子庞曾继承了爵位。

庞淯长期在遥远的河西四郡担任不高的职务，但他具备着强烈的国家忠诚和为人大义，有小人物敢于为国担当的珍贵精神和做人气魄。史家可能注意到了他为人做事特别突出的罕见性，对他的家境做了考察，披露出了异常的情况：当初庞淯的外祖父赵君安被同县人李寿所杀，庞淯的舅舅兄弟三人同时病死，李寿全家很高兴。庞淯的母亲赵娥亲因为父仇难报而伤心，她乘坐帏车，袖中藏着剑，大白天把李寿刺杀在都亭前面。事情结束后，她缓缓地走到县府，脸色不变地说："父仇已报，前来接受刑戮。"危急时敢于慷慨赴死的英勇豪士庞淯，他的身前原来站立着一位侠义英雄的母亲！

## 1.16（16）刚烈侠女赵娥亲

庞淯的母亲赵娥亲是一位史上罕有的侠义之女，他早年为了给父亲报仇而走上了磨刀持剑、手杀仇敌的悲壮之路，这种英勇气概因为受到当时人们的称赞，因而极大地影响到当地的侠义风气与价值理念，对儿子庞淯尤其产生了重要的引导和影响。《三国志·庞淯传》引注了晋初学人皇甫谧所撰《列女传》中的相关资料，介绍了酒泉烈女赵娥亲一段悲戚而壮美

233

的事迹，以此说明庞淯的家庭状况，表明他前面所站立的英雄母亲。

　　酒泉郡的庞娥亲，是表氏县（治今甘肃高台西三十公里）庞子夏的妻子，禄福县（治今甘肃酒泉）赵君安的女儿。因为他嫁给了庞氏，所以被称庞娥亲，而按照我们现在的习俗，应该称她赵娥亲才对。赵娥亲的父亲赵君安被同县人李寿所杀，她的三个弟弟都想前往报仇，李寿深为担心，十分戒备，但后来碰上灾疫，三位弟弟都不幸离世。李寿听到消息非常高兴，他请来本宗族的人共相庆贺，说道："赵氏的强壮之人都已死尽，只剩下一位弱女儿，我还有什么可担忧的！"防备也松懈了。娥亲的儿子庞淯外出路过，听到了李寿所说的话，回家后告诉了母亲。娥亲本来就有复仇之心，听到了李寿的话，内心被深深激愤，她凄怆地流着眼泪说："李寿，你不要高兴得太早，我终究不会放过你！如果我与你共同戴天履地，就是我家之人的羞耻。你怎么能知道我娥亲不会亲手用刀杀死你，反而暗自侥幸呢？"

　　这里并不能知道赵、李两家最初矛盾所起的是非曲直，但在社会治理极度松弛的东汉末期河西之地，国家法制得不到有效贯彻，李寿杀掉了赵君安却并没有得到当地有关部门的裁决与处置，自然激化了家族仇恨。当赵家三男被疫疾致死时，李寿不是去主动关爱以化解矛盾，反而为此幸灾乐祸，言语中又表达了对女性的鄙视，这对赵娥亲形成了最尖刻的刺激，一位刚烈女子心中的复仇之火遂被点燃。他的儿子庞淯听到了李寿对赵家的鄙夷之辞并转告了母亲，赵娥亲在这里是下决心立誓言绝不在受鄙夷的气氛中苟且生存，他要做一位男子汉也极难做到的事情，哪怕复仇而死，也要把英雄的形象留给儿子。

　　赵娥亲暗地里在市场上买来名刀利器，带着长剑，手持短刀，她昼夜发奋准备，立志必杀李寿。李寿为人凶暴，他听说了娥亲复仇之言，从此外出乘马带刀，当地的人都畏惧他。赵娥亲的邻居徐氏妇人，担心娥亲不能制服李寿，恐怕娥亲为了复仇反而被害，每次都劝阻她，对她说："李寿是男子，平时就很凶恶，加上现在他自己有防备；你虽然有英勇壮烈之志，但力量强弱上不是他的对手，邂逅时不能制服，那就是再次受到李寿的重祸,如果绝灭了赵家门户,遭受的伤痛和羞辱就太重了,希望你为赵氏的门户再多做些考虑。"娥亲说:"杀死父母的仇恨,不能与他同在天地共戴日月。李寿不死,我娥亲即便苟活在世间,还有什么意义!现在三位弟弟虽然早逝,门户断绝了,但我娥亲还在,难道还能让别人代替去复仇!若以你的看法,那李寿就没法杀掉;按我的内心,他李寿必定会被我所杀。"

赵娥亲夜晚总要把她的刀磨几次,然后扼腕发奋,悲涕叹息。他的家人与邻居常以此而发笑,娥亲对人说:"你们耻笑我,以为我弱女子不能杀掉李寿,但我一定会用李寿脖子上的血来染红我的刀刃,还要让你们亲眼看到。"她于是放弃了家中的事务,乘着窄小的鹿车寻找刺杀李寿的机会。据说等待了十多年,到了179年二月上旬,这天太阳出来天气晴朗,娥亲在都亭之前与李寿相遇,她下车扣住了李寿乘坐的马,大声呵斥,李寿心中惊愕,回马欲走,娥亲奋刀砍杀,马受伤而惊,李寿被甩于路边沟中,娥亲赶上去就地砍杀,却砍中了树干,刀被折断。这时李寿受了伤但并未死去,娥亲于是上前准备夺取李寿佩带的刀杀死他,李寿护住刀睁大眼睛大声呼喊,同时跳了起来,娥亲挺身扑去,她左手抵住李寿的前额,右手叉住李寿的喉咙,多次用力盘旋,李寿应手倒下。娥亲遂拔出刀割下李寿的头颅,拿到了都亭,都亭是当时郡县所设置的办事处,娥亲在此是向官方自首,她自己步行进了监狱,言辞与脸色并未改变。

其时禄福县长是汉阳(治今甘肃甘谷东南)人尹嘉,他不忍心为娥亲判罪,当即解下印绶辞官离去,网开一面放掉了她。娥亲说:"报了仇我即赴死,这是我应该受到的惩处;审理案件而判处刑罚,这是你们应遵守的规则,我怎么敢贪图生存而不遵守国家法律?"当地人听到这件事情,倾城而出前来观看,人群堵塞了道路,人们都为娥亲的悲喜慷慨行为而感叹。县长的助手守尉不敢公开放纵娥亲,于是暗中让她离开,并教他自己想办法躲藏起来,娥亲并不接受,她大声说道:"违背法律而逃避死亡,不是我的本心。现在仇人已被杀死,接受惩处是我应该得到的,希望对我按法审判以保持国家的体统,这样即便死上一万次,我也心满意足,不想为了贪生而辜负你们。"守尉偏偏不听娥亲的劝说,娥亲再次对他说:"我一女子虽然微贱,尚且知道国家法律,杀人之罪,法律不容放纵。现在我既然犯了法,按大义不该逃避,请求对我施加刑戮,在街市上处死,以此彰显国家法律,这才是我娥亲的愿望。"她说话辞气严肃,面无惧色。守尉知道娥亲的心意难以改变,于是用车将她强制拉回家,不久碰上了国家大赦而得以免罪,全州郡的人都赞叹佩服她。

后来凉州刺史周洪、酒泉太守刘班等人同时向朝廷上表,称赞赵娥亲的烈义,还为她刊石立碑,彰显她的家族门户。家住弘农的朝廷太常张奂(参见 1.16.15《庞淯的情仇国恨》)当时也很看重和赞赏娥亲的行为,送来束帛二十端作为礼物。张奂的儿子张猛在 209 年赦免了违反禁令的庞淯,可能也包含有他们上代的历史情缘。天下听到了娥亲这件事情的人,都惊叹并赞赏她的大义行为。朝廷原黄门侍郎梁宽追述赵娥亲的事迹,为她专门作传。玄晏先生(即皇甫谧)认为:"杀父之仇,不共戴天,这一般是对男子而言,娥亲以弱女之身,感念父亲受辱的酷痛,心恨仇人的恶言,奋剑刺向仇人之颈,使其人马俱死,告慰先父的冤魂,报偿三位亡弟的遗恨,这事情近古以来,还没有遇到。《诗经》上说:'修我戈矛,与子同仇。'这就是说的娥亲啊。"

另有《御览·魏略》中提到,官府后来并没有追究赵娥亲的杀人之罪,后来娥亲的儿子庞淯长大后,他的节义行为又和母亲相类似,官府为此特意让酒泉郡将他们母子的画像悬挂在庭壁上,希望人们传播他们的事迹。赵娥亲为父报仇的行为一直得到了人们的赞赏,这对庞淯的人生发展和心性塑定应该起到了决定性的影响,表明了民族文化中对正义、公道的扶持和对弱者的同情谅解,尤其表现了人们对忠孝理念的推崇和在某种情形下对刚烈侠义的崇尚。近代女士施剑翘(1905—1979 年)经历了与赵娥亲同样的事情,几乎有着同样的结局,正是一种文化理念在不同时代的同样作用。

## 1.16（17） 闻名凉州的阎温与张恭

凉州是西汉武帝当年所设置的十三刺史部之一，东汉时治所在陇（今甘肃张家川县），辖境相当于今甘肃、宁夏和青海湟水流域，及陕西定边、吴旗、凤县、略阳等县，三国时魏国移治姑臧（今甘肃武威）。凉州是魏国社会治理的荒疏之地，这里也在不断涌现出一些极有影响的知名人物。《三国志·阎温传》归并记述了阎温与张恭父子在战乱年代，为了维护国家统一而与反叛势力相抗衡的英勇事迹，展现了他们对传统理念的执着坚守，表现了西部吏民淳朴的爱国之心和坚定的道德大义。

阎温字伯俭，天水西城（治今甘肃天水西南五十公里）人，他以凉州别驾身份代理上邽县（治今甘肃天水市）令。曹操211年率军进入关中打败了马超后，马超次年投靠汉中张鲁借来军队，于213年前来争夺凉州（参见2.2.5《声名在外的马超》）。当时马超到了上邽，上邽人任养等人率众迎接，县令阎温禁止不住，便骑马回到凉州，马超率兵包围了凉州治所冀城（今甘肃甘谷东），形势紧迫。凉州刺史韦康派阎温秘密出城，向驻军长安的夏侯渊求救。

当时马超的军队将冀城包围了好几层，阎温夜间潜水出城，第二天马超军队发现阎温的踪迹，派人追踪拦截，在显亲（今甘肃秦安西北）界内追上阎温，将他捉住去见马超。马超解开他身上的绳索，对他说："现在两军胜败已经分明，你为了孤城请求救兵却被抓获，怎么施展大义呢？如果听我的话，告诉城里人，东边长安不会有救兵前来，你就可以转祸为福。如果不这样，现在就把你杀掉。"阎温假装答应，马超便用车载着他来到冀城城下，阎温朝城内大声喊道："大军不出三天就到，努力坚持！"城内的人都为他哭泣，祝他万岁。马超恼怒地责问他："你不要命了吗？"阎温不回答。

当时马超对冀城久攻不下，所以又继续引诱阎温，希望他能改变主意。马超问阎温说："你城里的朋友，有想跟我同心合力的吗？"阎温不予理睬，马超更严厉地斥责他，阎温说："事君之道，宁可赴死也不存二心，而你却要让长者说出不义的话，我难道是苟且偷生的人吗！"阎温有他自己内心秉持的道德大义，尽管马超对他进行了生死面前的威胁和利诱，但他始终按照自己的意志去行动，并对对方的劝降进行了道义上的斥责。大概是马超感觉到从阎温身上再也得不到任何好处了吧，于是将他杀死。阎温为了维护凉州的城防安全奉献出了自己的生命，他在敌军威胁面前的大无畏精神赢得了守城民众的敬佩，也为西凉历史增添了光彩。

张恭是出自凉州敦煌郡的人物，当时河西之地一直战乱不绝，与内地隔绝不通，敦煌太守马艾死在了职位上，郡府又没有做助手的郡丞，大概是一时郡中政务无人处理吧。担任郡中功曹的张恭，平时就有很好的学识和德行，郡中的人都推荐他代行长史事务，让他暂做郡府秘书。张恭在职位上显示了自己的才能，得到了众人的信服，其后他派自己的儿子张就向东到达许都去见曹操，请求委派郡中太守。

当时酒泉郡的黄华、张掖郡的张进各自据守本郡，准备与张恭并势，他俩有脱离中央政府而自行割据的打算，但这与张恭的理念是根本冲突的。张就到了酒泉，被黄华所拘执。史书上没有说清楚张就被拘执是在东去许都之时，还是在完成使命后返回敦煌的途中，黄华用刀剑威胁他，而张就坚持不屈服，他私下给张恭写信说："大人主持着敦煌政务，忠义昭彰，难道会因为儿子处在困危之中就改变志向吗？过去战国时乐羊食子，汉朝时李通抛弃家小，他们都为忠臣们做出了很好的榜样，担当国家重任的臣子，岂能一心想着妻子儿女吗？现在国家大军马上就到，只能做好战备，以配合大军的行动，而绝不能因为私家的情感，使我张就带着遗憾进入黄泉。"人身被叛军拘执的张就表现出了崇高的爱国大义，他生怕父亲张恭顾忌儿子的生命，放弃了对正义的坚守而与反叛的黄华同流合污，明确表示绝不能以自己为念，以免让人生留下遗憾。

张恭收到信后，应该受到了极大的鼓励，他立即派遣堂弟张华进攻酒泉郡的沙头（治今甘肃玉门西北八十公里）、乾齐（治今甘肃玉门西南）二县；又接着在张华之后派出一支部队作为后继，让两军互相配合支援。另外张恭又派出二百精锐骑兵，去迎接前来就任的官员及其家属，这支骑兵部队向东循着酒泉郡的北塞，直接出张掖北河，迎接到了朝廷派来的新任太守尹奉。于是张掖张进等待黄华的援助，而黄华准备援救张进时，却顾虑西面张恭的部队，担心敦煌军队进攻他们的后方，恐慌之下，黄华去归降了金城（治今甘肃兰州东三十公里）太守苏则，张就竟然平安无事。这是一次有惊而无险的军事活动，张恭父子凭借他们坚定的为国信念，在事情危急关头作出了正确的选择，达到了保证地方平安的效果，后来尹奉到达敦煌顺利就职。

221年，受禅建魏后的曹丕下诏褒扬张恭，封其为关内侯，并任他为西域戊己校尉，负责当地屯田事务，等同于二千石四品官员，治所设在高昌（今新疆吐鲁番东十多公里哈拉和卓堡西南）。几年后朝廷征召张恭返回京都，准备给他侍臣的职位，让儿子张就代替他的原有职务。而张恭在敦煌表示自己病重，坚持辞掉了朝廷的征召。大约229年曹叡执政前期张恭去世，赠给他执金吾的官位名号，这是执掌京师警卫的二千石三品职位，他逝后得到了较高的待遇，儿子张就后来作了金城太守。张恭张就父子两人同时闻名于凉州，他们在凉州西部的安全防守和地方建设中奉献了一生，至今青史留名。

## 1.16（18）侠义救困的孙宾硕

《三国志·魏书十八》在阎温张恭两位义勇名人本传之后引注了《魏略·勇侠传》的相关资料，资料中记述了勇于救助困苦、为人侠骨忠肠而气质类似的几位名人，孙宾硕就是其中的一位。孙宾硕，名嵩（又为菘），引注资料上用的是姓字，为古人对人物称呼更显尊重的表示。他是北海安丘（治今山东安丘东南）人，生活于东汉末期，早年就以为人侠义而闻名乡里，其后因救助名臣赵岐而被举荐任职，在东部州郡极有影响。这里着重记述了赵家遇到的厄难和他对赵岐不畏风险的侠义救助，从中也展现了汉末社会生活的一个侧面。

汉桓帝刘志在位（146—168年）之时，担任常侍的宦官左悺、唐衡所掌握的权力与皇帝不相上下，大约160年前后，唐衡的兄弟唐玹为京兆虎牙都尉，这是畿辅之地的郡守助手，为秩比二千石的官员。唐玹刚到任时，对京兆尹延笃没有礼节，进府门时不按规定持手版，郡中功曹赵息在廊下喊道："虎牙进府的礼仪与县城官员相同，怎么能吊着胳膊进入府门？"于是让人拘执了唐玹身边的主簿，唐玹只好取来手版。唐玹见到了京兆尹延笃，延笃吩咐属下人，他要自己做东去市场上吃饭招待，赵息提醒说："唐衡家的人来做都尉，不是凭德行选拔的，不值得特意到市场上买酒食招待，自己做些菜食就行。"唐玹后来正式到任，他打发吏员拿着任命书答谢延笃，赵息又对门卫说："没见过这些无德行的子弟，到这时候才拿着任命书来报到，还不自己出面。"唐玹知道了赵息这一切言语，内心非常气恨，他为了打击赵氏，就写信给兄弟唐衡，提出让自己做京兆尹。不到一月时间，唐玹果然被朝廷任命为京兆尹，成了京兆郡的一把手。赵息知道自己得罪了唐玹，大概感到新上任的唐玹绝不会对自己客气，于是就逃走了。

赵息的叔父赵仲台，当时担任凉州刺史，唐衡在朝中发诏书征召他回京；同时另发诏书给朝廷相关官员和郡部督邮，让他们收捕赵仲台及赵家一尺以上的儿童，将他们全部杀掉，并申明有胆敢藏匿赵家人的与其同罪。赵息的另一位叔父赵岐担任皮氏（治今山西河津）县长，听说了家中的灾祸，他从官舍直接逃跑到了河间郡（治今河北献县东南十公里），改名换姓，后来又转到了北海（治今山东乐昌西），他穿着粗布衣裳，经常在市场上贩卖胡饼，这是北方外族人喜欢吃的面饼。赵岐以此为谋生手段，也属于一种自我隐藏方式吧。

北海是孙宾硕的家乡，他当年二十多岁，这天乘坐着牛车，带着几位骑士到了市场，当看到赵岐时，怀疑他不是平常的人，于是询问说："是你做的饼子？还是贩卖别人的饼子？"赵岐说："是贩卖别人的。"宾硕又问："买进多少钱？卖出多少钱？"赵岐回答："三十钱买进，三十钱卖出。"宾硕说："看你的相貌是一位有学问的人，不像是卖饼子的，你大概是遇到了什么事情。"于是打开车的后门，招呼两位骑士下马把赵岐扶进车中。当时赵岐以为自己遇见了唐衡的耳目，非常恐惧，脸上都变了颜色，宾硕关闭了车的后门，把前面的帘子放了下来，在车中对赵岐说："看你的长相容貌，本来就不是贩饼子的人，现在你又脸色大变，如果不是有重大怨恨，就是逃命之人。我是北海人孙宾硕，阖家一百多人口，又有百岁老母亲在堂，我能够挽救你，绝不会相负，你必须把实情说给我。"赵岐于是把自己家庭的事情如实相告。其实这里孙嵩对赵岐的看相观察是非常准确的，赵岐是京兆长陵（治今陕西咸阳东）人，他极有学问，所著《孟子章句》至今流传，是当代学人研读《孟子》的重要参考书，还有《三辅决录》也在后世颇有影响，《后汉书》上有《赵岐传》记述了他的不凡生平。

当时孙嵩带着赵岐一同返归，他把车停在大门外，自己先回家对母亲说："我今天外出，遇到了生死相交的朋友，现在大门外面，想请他进来拜见。"随后请赵岐来到家中，杀牛置酒，相互叙谈娱乐。考虑到赵岐是朝廷要抓捕的人物，在自己家中风险太大，于是一两天后，孙嵩安排赵岐乘车到另一田舍，让他藏在夹壁中。清代学人沈钦韩介绍，赵岐注解《孟子》早期的版本中有一段"题辞"，大意说："在我知命之年，天降灾祸，我不得已隐身十多年，活动在济水、泰山一带，不时会温故知新。有德行高尚的君子，同情我的劳苦，看见我头发斑白，施行道义救助我，我在困顿无助之时于是得以焕发精神，能够做出一些典籍研读的成绩。"由此人们认定，赵岐在流亡卖饼之时就没有停止对经典文献的研读思考，他的遗世名著《孟子章句》正是在孙嵩的家壁中完成的。

藏身几年以后（约在165年），唐衡和他的兄弟唐玹都已死去，赵岐才得以出来，回到了自己的家乡。赵岐的名声已经很大了，朝廷三府同时征召准备任用他，他此后在职场有过多次调动，历任过郡守、州刺史和朝廷太仆，为侍从皇帝出入的九卿之一。而孙嵩也从此在东部州郡而闻名，一度担任豫州刺史。在这里，不知是受到赵岐的影响，还是孙嵩自己早先就有研读经典的基础，孙嵩后来也成了当地研读经典的名家。三国名士邴原少年时在家乡学堂接受老师教授取得很好成绩后，他准备去远处游学，首先到达了安丘（治今山东安丘东南）名士孙崧（即孙嵩）那里（参见

241

1.12.7《德纯行直的邴原》下），孙嵩向邴原介绍了豫州学界名人并赠送他书籍。作了豫州刺史的孙嵩其实是一位学者官员，加上他为人侠义，其在东部郡县的出名不是没有缘由的。

大约193年，因为东方部州郡发生荒灾，孙嵩去南方客居荆州。约195年，朝廷安排太仆赵岐随同太傅马日䃅持节去安抚关东各方（参见0.6.1《袁术的称帝闹剧》下），其间赵岐到达了荆州，与孙嵩重新相见。《三辅决录》上说：当时宾客众多，"孙嵩在刘表宾客的末座，刘表不认识他，是赵岐在前面远远地看见了孙嵩"，两人见面后感慨万千，相对流泪。赵岐向刘表陈述了事情的本末，称赞孙嵩为人侠义真诚，刘表自此非常看重孙嵩，对他礼节有加。不久宾硕病亡于荆州，赵岐在荆州为他行丧安葬。有资料记录孙嵩的坟墓在安丘故城北，应该是赵岐于荆州安葬以后再行搬迁而成。孙嵩孙宾硕是富有理想、坚守正义的人物，他不畏风险，以自己的侠勇为人扶持了遭受厄运的赵岐，救助了别人，也成全了自己，推动扶危救困的风气在全社会弘扬广大。

### 1.16（19）杨丰与鲍出的游侠人生

传统社会把为人豪爽、重义轻生，勇于排难解纷的人称为游侠。在那些社会治理严重缺失、国家法律和人间道义被暴力践踏而得不到有效伸张的时期，一些自认代表正义力量的游侠之士往往会挺身而出，与邪恶的一方进行舍生忘死的争斗。他们不可能成为实现社会安定的最终力量，却能在一定范围内抑暴扶正，弘扬社会正气，使人们心中蕴含的道义之火传扬不灭。《三国志·魏志十八》在篇末引注了魏国郎中鱼豢所撰《魏略·勇侠传》的相关资料，其中记述了杨阿若、鲍出两位凉州游侠在不同境况中的某些英勇行为，表现了他们对遥远西部地区的社会稳定所起的作用。

杨阿若，后来改名杨丰，字伯阳，酒泉人。他年轻时就豪爽而喜好交游，经常为人报仇解怨。曹操掌控东汉朝廷期间，酒泉太守徐揖诛杀了本郡中的强族黄氏，当时该族黄昂脱身在外，他利用家中的粮食和钱财招募了一支一千多人的队伍向太守徐揖进攻，包围了郡城（参见1.16.15《庞浒的情仇国恨》），当时杨丰在城外，他认为黄昂的行为不合道义，于是留下妻子儿女，自己去张掖求救。没想到张掖同样发生了反叛，叛军杀了太守，而黄昂其时也攻陷了酒泉郡并杀死了太守张揖，两郡叛军联合了起来。占据了酒泉郡的黄昂心恨杨丰不配合自己，于是以重金募求杨丰，想让张掖郡抓获杨丰将其送来，杨丰则在张掖逃走了。

当时张猛刚被朝廷派作武威太守，他任用杨丰为本郡主管军事治安的都尉，发出檄文讨伐酒泉，让杨丰为张揖报仇。张猛曾与上司邯郸商一同赴任后发生意气之争，最后攻杀了雍州刺史邯郸商，被认为是反叛行为，而这里却完全是一正面形象，他虽然没有划拨给杨丰一兵一卒，但却有力地支持着杨丰对付叛军的行动。杨丰本来就喜欢为人报仇解怨，他接受了张猛的嘱托，因为手头没有得到兵卒，于是杨丰单骑进入南羌（在今河西走廊、甘肃酒泉一带居住的羌族部落），招合众人，得到了一千多骑兵。他们从乐涫（治今甘肃高台县西北）南山中进军，准备出兵酒泉以讨伐黄昂。距离酒泉三十里时，杨丰命令骑兵下马，士兵们用柴禾扬起灰尘，制造军队人多的声势，黄昂的军队在酒泉城远远看见东面路上尘土飞扬，以为朝廷的大部队到来，于是丧失了斗志，全都跑散，黄昂独自出逃，被杨丰手下的羌兵抓获。杨丰问黄昂道："前面你想抓获我，现在反而被我活捉了，你有什么可说的？"黄昂羞愧道谢，杨丰便把他杀了。

其时黄华在本郡东部反叛，控制着酒泉，杨丰知道自己的力量不敌黄华，于是率军投靠了敦煌郡。当时敦煌长史张恭的儿子张就也被黄华扣押，张就暗中写信给父亲张恭要求不要顾忌自己，催促张恭只管发兵进攻酒泉（参见1.16.17《闻名凉州的阎温与张恭》）。张恭依照儿子的建议派出了进攻酒泉的两支部队，不久朝廷派来的敦煌太守尹奉顺利就职，黄华在受到敦煌部队进攻时心中恐慌，最终归降了金城太守苏则，反叛势力大为削弱。到曹丕执政时期，河西之地最终获得了安定，杨丰返回了酒泉。

杨丰有勇有智，他以自己的侠义行为成功制服了黄昂的反叛，并牵制了黄华的力量，在恢复酒泉社会秩序的过程中发挥了重要作用。事后酒泉太守将杨丰举为孝廉，凉州刺史表彰了他的义勇行为，朝廷任命他为驸马都尉，这是国家给他的级别待遇，相当于二千石的官员。过了二十多年后，杨丰因病去世。资料中所记杨丰（杨阿若）的事情并不多，仅仅选取了他一生中最重要和有影响的活动，但已能看到他对国家的忠诚和对道义的执着坚守。

鲍出字文才，是京兆新丰（治今陕西临潼东北）人，年轻时游侠四方。约194年，三辅关中一带战乱频繁，鲍出和老母亲及兄弟五人住在本县，因为饥饿，留下他的母亲守家，带领众兄弟出去采莲子，一起采了几升，遂让二位哥哥鲍初、鲍雅和弟弟鲍成拿着莲子回家给母亲做饭，他自己和小弟留下来继续采莲子。但鲍初三兄弟到家后，发现几十个食人贼已经劫走了他们的母亲，并且用绳子绑着母亲的手，赶着她离开。

鲍初等人害怕，不敢追赶劫贼。过了一阵儿，鲍出回到家中，知道母亲被食人贼抢走，就要去追赶，众兄弟都说："贼寇人多，该怎么办？"鲍出愤恨地说："母亲活着却让贼寇绑着手掠走，带走后会被煮着吃了，我们活着还有什么用？于是卷起衣袖挽起裤腿独自一人追赶贼人，追了几里赶上了贼寇。贼寇望见了鲍出，就列开阵势等待他，鲍出赶到后，从一边砍杀了四五个贼寇，剩余贼寇逃跑，后来再次聚集围住鲍出，鲍出跳出包围狠杀贼寇，又砍死十几个。其时贼寇分散开来，赶着鲍出母亲走到前面，其余贼寇接连攻击鲍出，不能取胜，于是就去与前一批贼寇聚合。鲍出继续追击贼寇，看见母亲和邻居妇女被绑在同一根绳子上，他奋力砍杀贼寇，贼寇询问鲍出说："你想要什么？"鲍出斥责贼寇，指着自己的母亲给他们看，贼寇于是解开绳索释放了鲍出的母亲。

邻居妇女仍旧被劫，她望着鲍出表示求救，鲍出再次砍杀贼寇，贼寇说："已经放回你的母亲，为何还不住手？"鲍出又指着哀求的妇女说："这是我的嫂子。"贼寇于是松绑放她离开。在整个解救过程中，鲍出的胆略、武功和他的拼死精神震服了贼寇，这也是游侠之士所具备的基本条件，如果说母亲是他义不容辞的必须解救之人，那面对邻居妇女的求救表示，鲍出在艰难的关口仍不放弃，敢于同贼寇作毫不妥协的拼杀，这里则进一步彰显了他抑制邪恶行为的侠肝义胆。

鲍出救回母亲,他客居南阳(治今河南南阳市),扶持奉养母亲。到了200年,去关中的路打开了,鲍出准备向北返还家乡,可他的母亲不能步行,兄弟几人打算用车拉,鲍出认为用车走山路很危险,不如背着母亲安全稳便,于是就用竹筐装着母亲,独自背着回到家乡。乡里士大夫都赞扬他的孝道节义,向州郡举荐他,郡里下令征召他任职,鲍出说:"田间的农夫不习惯戴官帽。"应该是拒绝了郡里的任用。

青龙年间(曹叡执政的233-237年),鲍出的母亲一百多岁方才去世,鲍出此时已经七十多岁,按礼节办理了丧事。《魏略》中说:"到现在鲍出年龄已是八九十岁,看上去像五六十岁的人一样。"从原文表述中可以看到:鲍出一生生性潇洒,他长寿,而且长得很显年轻;同时,作者鱼豢见过鲍出本人不止一次,鱼氏大约在250年前后撰写该著,在述写鲍出部分时其人尚在。鱼豢料定鲍出的行为事迹会感动后人,于是为这一活着的老人书写了传记。

# 参考文献

《三国志》（上下册）

　　（晋）陈寿撰，（南朝宋）裴松之注，岳麓书社1990年7月第1版。

《三国志集解》（全八册）

　　卢弼集解，钱剑夫整理，上海古籍出版社2009年6月第1版。

《后汉书今注今译》（三册）

　　（南朝宋）范晔撰，章惠康、易孟醇主编，岳麓书社1998年7月版。

《晋书》（第1-5册）

　　（唐）房玄龄等撰，中华书局1974年11月版。

《中国历史大事年表·古代卷》

　　上海辞书出版社2001年1月第1版。

《资治通鉴》（全二册）

　　（宋）司马光编著，（元）胡三省音注，上海古籍出版社1987年5月第1版。

《文白对照资治通鉴》（全二十册）

　　（宋）司马光编撰，李伯钦主编，北京联合出版公司2016年3月第1版。

《三国志辞典》

　　张舜徽主编，山东教育出版社1992年4月版。

《晋书辞典》

　　刘乃和主编，山东教育出版社2001年1月版。

《世说新语》

（南朝宋）刘义庆著，曹瑛、金川注释，华夏出版社 2000 年 5 月版。

《周易全译》

徐子宏著，贵州人民出版社 1991 年 5 月第 1 版。

《诗经全译》

袁愈荌译诗，唐莫尧注释，贵州人民出版社 1981 年 6 月第 1 版。

《礼记》（上下）

钱玄、钱兴奇、徐克谦注译，岳麓书社 2001 年 7 月第 1 版。

《辞源》（修订本 1-4 册）

商务印书馆 1980 年 8 月修订版。

# 后　记

　　《三国职场探迹》系本人对公元180年至280年一百年间汉末三国时代真实历史人物活动与社会政治演变作出的全面性翻译陈述及分析议论，其中也表达了自己对社会历史的一些认识，反映着本人对这段历史学习和探索的阶段成果。整个书系在表达形式上有一些新的尝试，思想内容上也力图作出更多的拓展和提升。该书系的撰述过程及其特征在《前言》中已做了说明，现当八个分册要一并推出，同时接受广大读者朋友的鉴赏评价和时间光阴的洗磨检验时，内心仍然有些惶恐之感，我是希望该书能像作者以前其他撰著一样经受起两方面的考验，并希望能为三国文化、职场文化和中华历史文化拓展空间、增添色彩。

　　本人自2019年5月开始做三国人物与历史解读以来的两年半时间内，除过参加广东省教育系统一个月的集中活动外，基本上坚持每天有所进展，中间经历了全民抗疫的曲折反复历程，同时也有个人、学界及单位的诸多事务，不能说没有遇到困难和阻力，但客观环境毕竟是提供了很多有利的条件，促进了原初设想的实现。这里要衷心感谢原供职单位广东省社会科学院提供的保障条件，感谢夫人杨春霞所给予的积极协助以及各位家人的理解支持。中联华文（北京）社科咨询中心的樊景良、张金良经理十年前协助出版发行了本人关于春秋至西汉武帝八百多年间历史解读的七本论著，在今年出版业面临巨大困难的前提下，仍然本着兴盛文化事业的强烈使命感，一如既往地鼓励支持了《三国职场探迹》的选题；中国书籍出版社的领导和编辑积极支持了书系的出版，全书的面世成果中凝结着他们的劳动，在此一并表示感谢！

作者
2022年5月8日